·乐山师范学院学术著作出版基金资助·

永远的芳华

中师生口述历史（1979—1999）

赖 伟 著

中国出版集团
中译出版社

图书在版编目（CIP）数据

永远的芳华：中师生口述历史：1979—1999 / 赖伟著 . -- 北京：中译出版社，2023.9
ISBN 978-7-5001-7451-6

Ⅰ.①永… Ⅱ.①赖… Ⅲ.①师范教育—教育史—中国—1979-1999 Ⅳ.① G659.29

中国国家版本馆 CIP 数据核字（2023）第 126234 号

永远的芳华：中师生口述历史（1979—1999）
YONGYUAN DE FANGHUA: ZHONGSHISHENG KOUSHU LISHI（1979—1999）

出版发行：中译出版社
地　　址：北京市西城区新街口外大街 28 号普天德胜大厦主楼 4 层
电　　话：010-68003527
邮　　编：100088
电子邮箱：book@ctph.com.cn
网　　址：www.ctph.com.cn

策划编辑：郑立杰　刘伶玲
责任编辑：张　旭
特约编辑：赵艺瑾
封面设计：邓志慧
排　　版：张　增

印　　刷：北京顶佳世纪印刷有限公司
规　　格：710 毫米 × 1000 毫米 1/16
印　　张：23.5
字　　数：360 千字
版　　次：2023 年 9 月第 1 版
印　　次：2023 年 9 月第 1 版

ISBN 978-7-5001-7451-6　　　定价：88.00 元

版权所有　侵权必究
中　译　出　版　社

推荐序

20世纪80年代以来，农村小学教育的主力是一群中师生（中等师范学校学生），改革开放40多年来，他们与农村教育的普及和发展相伴相生。中师生群体曾经深度嵌入农村教育乃至整个社会，为我国农村教育的普及和发展做出了历史性贡献。"历史是最好的教科书"，追忆与研究我国广大中师生乃至中师教育的历史，从中等师范教育的发展史中梳理其历史成就，总结历史经验，探索基础教育师资的培养培训规律，承前启后，继往开来，具有重要的意义和价值。

我国的中师教育，距今已有一百多年的历史，始终以培养小学师资为基本目的。百年中师，一脉相承，为国育才，值得回味。1897年，南洋公学设置师范院，以"明体达用、勤学善诲"为宗旨，在上海徐家汇正式开办。南洋公学师范院已经具有中师性质，而中国第一所独立设置的师范学校当属通州师范学校。1902年，清末甲午科状元以及近代著名政治活动家、实业家、教育家张謇在江苏南通创办"通州师范学校"。"通州师范学校"的创办是中国师范教育专设机构的起点，也为中国的中等师范教育拉开序幕。中国的中师教育从创立伊始到中华人民共和国成立，培养和造就了以毛泽东为代表的一批批国家栋梁和仁人志士，为中国革命的成功立下了汗马功劳，谱写了一首首壮丽的诗篇。中华人民共和国成立之后，尽管起起伏伏，但是中师教育总在曲折中发展；改革开放以后，中师教育又迎来了发展的春天。1978

年，教育部在《关于加强和发展师范教育的意见》中指出，中等师范学校的任务是要培养小学教师。此后几年是中等师范学校兼招初中和高中毕业生的过渡时期。1983年，教育部在《关于1983年中等师范学校招生通知》中要求，全国中等师范学校招收年龄不超过18周岁的初中毕业生。从此，中等师范学校开始全部从优秀的初中毕业生中选拔人才。在之后近20年的时间里，一批批资质聪颖的初中毕业生进入了中等师范学校，"应届生""高分数""初中毕业"一时成为中师招生的关键词。1988年，全国中等师范学校数量达到最高峰，为1065所，在校生高达80多万人。随着国家经济社会的飞速发展，为紧跟国际教育发展的潮流和规律，1999年，教育部颁布《关于师范院校布局结构调整的几点意见》，提出逐步推进三级师范（高师本科、高师专科、中等师范）向二级师范（高师本科、高师专科）过渡，逐步实施教师资格制度。从此，小学教师逐渐改由高等师范院校培养，大多数中等师范学校走向转型或升格，中师教育和中师生开始走进历史。

20世纪八九十年代的中师教育，为国家培养了400多万名合格的中师毕业生。这些中师毕业生在基础教育和幼儿教育领域大放异彩，成为我国基础教育、幼儿教育（尤其是农村基础教育）的中坚力量。他们当中涌现出一大批优秀教师、特级教师、校长和教育管理者，在普及九年义务教育、推进基础教育改革和发展中起到了中流砥柱的作用，谱写了一首首壮丽的凯歌。

回顾中师教育的历史，可以感受中师教育丰富的历史价值。其一，中师教育注重师德修养，尤其是专业思想比较牢固。中师生入学入教，甘为人梯，具有积极献身基础教育和幼儿教育的志向和行动。其二，注重养成教育。"学高为师、身正为范"，养成教育渗透于中师教育始终。自律严谨、吃苦耐劳、自强不息、勤奋执着、质朴无华……已然成为中师生的精神特质。其三，注重全面素质教育。中师生德、智、体、美、劳全面发展，多才多艺，综合素质出众。其四，注重多能一专培养。中师的课程设计采取"必修课、选修课、课外活动和教育实践四位一体结合"，促使中师生毕业后既能胜任农村小学的全科教育，又能在某一学科上有所专长。其五，注重教师基本功训练。"三字一话"、听说读写讲、吹拉弹唱样样都会。其六，注重知行合一。理论与实际相结合，入学入教，特别注重教育实际能力训练，见习、实习贯穿于中师教育始终。

如今，我国中等师范教育已经完成了其历史使命，退出了历史舞台，小学师资的培养任务主要转由高等师范院校承担。在新的历史时期，高等师范教育如何能够培养一批又一批能够"下得去，留得住，教得好"的小学教育师资，尤其是广大农村小学教育师资，仍然是我国高等师范院校需要积极研究探索的重要课题。

唐京伟

教育部原师范教育司中师处副处长
教育部教师培训处原处长
教育部语文出版社原副社长（副司级）

2023 年 2 月，北京

前　言

研究中师生这一特殊群体，一直是笔者长久以来的愿望。原因有二：其一，中师生群体的历史是研究中国改革开放史的重要切入点；其二，笔者本人亦是其中一员，既是研究主体，又是研究对象。研究这一群体，既有理论意义，也有情感价值。

从个人层面而言之，这段历史可称为"研究者本人的历史"。20多年前，我从某县初中毕业并以全县第一名的中考成绩进入四川省中部某市一所中等师范学校学习，毕业后做了若干年农村小学教师，而后经历长达七年的全国高等教育自学考试，相继获得大学专科、本科文凭，往后若干年再度考入四川大学和中山大学，分别获得硕士和博士学位。我实现了从中师生、乡村小学教师到硕士、博士、大学教师的嬗变。不过，无论同学如何表述羡慕之情，也难以消除我未曾参加高考的遗憾，总是觉得自己走了一段太长的弯路。

从宏观层面言之，研究中师生这一群体，也是留住中华民族宝贵历史记忆的需要。中师生群体曾经深度嵌入整个社会，与国家、民族的命运休戚相关。如今，中国师范教育早已由三级师范改为二级师范，中等师范教育不复存在。加之，当年曾是"时代弄潮儿"的中师生群体在当下的学历导向型社会环境中不愿提及自己"中师"的学历出身。因而，社会各界对中师生群体和中等师范教育逐渐淡忘，新一代大学生几乎不知道"中师生"的概念，整个国家对中师生和中等师范教育正在走向"集体失忆"。即便有少数人提起中师生的经历，也多认为那是"逝去的芳华"。"历史是最好的教科书"，从中师生群体和中等师范教育的发展史中梳理历史成就，总结历史经验，发现教育规律，殊为必要。中师生的芳华从未逝去，称之为"永远的芳华"更为合适。

　　本书具有一定的理论价值和现实价值。从理论层面而言，本书记录和书写一段不为人所熟知的改革开放教育史，将改革开放史的学习和研究推向纵深。2020年1月8日，习近平总书记在"不忘初心、牢记使命"主题教育总结大会上的讲话中指出："要把学习贯彻党的创新理论作为思想武装的重中之重，同学习马克思主义基本原理贯通起来，同学习党史、新中国史、改革开放史、社会主义发展史结合起来，同新时代我们进行伟大斗争、建设伟大工程、推进伟大事业、实现伟大梦想的丰富实践联系起来。""四史"的学习和研究被赋予了特殊的理论和现实价值。在"四史"当中，改革开放史的研究和学习是相对薄弱的一环，因为其人其事发生的时间距离今人最近，研究主体既是历史的参与者，又是历史的观察者，不免有"只缘身在此山中"的困惑。以《改革开放简史》（人民出版社2021年版）为例，全书共七章，在内容上以改革开放以来的重大事件为重点，偏重政治史、经济史、社会史，而文化史方面涉猎有限，在内容上以宏观叙述见长，而中观、微观层面尚存大量拓展空间。改革开放史四十余年，涵盖政治、经济、社会、文化等诸方面，其学习和研究理应在宏观中发现微观、在微观中观照宏观，使其愈加立体而丰满。有学者提出要书写"有血有肉有人有故事的改革开放史"。中师生群体是改革开放的见证者和参与者，以中师生为中心呈现一段改革开放教育史，是一条深入学习和研究改革开放史的独特路径。

　　从现实层面而言，本书至少具有三个方面的价值。其一，有利于社会各界客观公正地评价中等师范教育在农村基础教育方面的伟大成就，理解和重视中师生群体所做出的奉献和牺牲。虽然中等师范学校已经不复存在，但是中师生群体仍在深度地嵌入当今社会之中，他们的影响和意义远没有结束。近年来，有一些中师生在网络上发声，主要是进行一些缅怀青春的情感表达，对中师生的历史贡献做一些感性评价，呼吁解决一些关于农村教师待遇和农村教育改革等方面的政策问题。其观点大致有二：一是认为中师生"用一代人的遗憾，成全了几代人的崛起"，强调贡献和成就；二是重点关注中师生的"悲情",强调牺牲和窘困。总体而言,对中师生和中等师范教育的关注,主要局限于中师生群体内部及一部分教育管理者。以史料为基础,重新梳理改革开放以来中师生和中等师范教育的历史进程,有利于更多的人理性地认识和评价中等师范教育在农村基础教育领域的伟大成就,使社会更能理解和重视中师生为农村教育和农村社会发展所做出的奉献和牺牲,促使各方更有效地解决中师毕业生待遇和农村教育改革等现实问题。

其二,为教育公平、教育分流、农村小学师资等农村教育问题的解决提供有效思路,为乡村振兴提供智力支持。一般而言,农村教育在教学设施、校园环境、办学经费上存在劣势。随着乡村振兴的加速推进,国家向农村投入大量的资源,农村教育在这些方面的劣势已经不明显。与快速的城镇化进程相伴,相当一部分农村人口涌入城市,农村小学的生源随之减少,但是农村仍有相当比例的人口,农村学生和农村小学也绝不会消失,这是由中国的国情决定的。农村教育真正面临的问题是,在现有中师生群体逐渐退休而离开农村小学之后,谁来做未来的农村小学教师。20世纪八九十年代,因为师资不足,中师毕业生在农村小学往往是身兼多门课程、"包班",甚至跨年级授课,因而不得不要求他们做到"多能一专"。在教育公平的新要求和新形势下,尽管学生少了,但要求更高,未来的农村小学教师需要另一种形式的"多能一专"。研究改革开放以来二十年间的中师生群体,或可找到一些急需回答的农村教育问题的答案,比如如何吸引最有潜质的学生投身农村教育,如何进一步强化农村教师献身中国特色社会主义教育事业的信念,如何激发农村教师对学生的无限爱心,农村教师如何养成终身学习、不断进取的精神,农村如何实现有效的教育分流,等等。另外,中师生当年来自农村、奔向农村、扎根农村,在客观上已经与农村社会深度融合,对农村的价值观念、思想舆论、生活方式都产生过重要影响。在正在推进的乡村振兴中,应该如何处理和运用这一历史资源,未来的小学教师又如何认识和处理与农村社会的关系,都可从这段历史中获得启发。

其三,为当下高等师范院校推进教育教学改革提供镜鉴。20世纪,中等师范学校是培养农村教师的主力,如今培养农村教师也成为师范大学的重要职责。中等师范学校的接力棒传到了师范大学，然而21世纪以来各师范大学却出现在师范性和学术性之间徘徊的问题。大约在世纪之交，各地的师专相继开展本科教学（"升本"），近年又忙于争取硕士学位授权点（"升硕"），条件稍好一点的师范大学已经在角逐博士学位授权点。从总的趋势来看，各级师范大学（师专、师院）基本上都在向综合大学转型，师范性正在让步于学术性。著名教育家蔡元培在一百年前曾说："大学者，研究高深学问之机关也。"如有条件走出一条成功的学术之路，固然是好事，然而将学术性作为师范大学（尤其是地处各省地市州的地方性师范学院）的第一追求，学校核心资源投向论文、项目、科研经费等现代学科规训下的所谓学术性指标，是否妥当，尚有可商榷之处。据作者观察和研究，为数众多的地方性师范学院似乎很难走出一条成功的"蔡元培式"学术性发展道路，而与之相对应的是，当下师范大学生的总体综合素质和水平并不高，社会满意度也低于当年的中师生。这种现象不禁令人思考师范大学应如何平衡师范性和学术性的问题。研究改革开放以来中师生何以成才、中等师范教育何以成功的问题，可为当下师范大学教育教学改革的路径提供有益的镜鉴。

就研究方法而言，本书具有鲜明的口述史学的特点。口述历史就是通过笔录等手段记录历史事件的当事人或见证者的回忆，并将之保存下来，具有"以人为本"的价值取向，强调研究人的生命史。口述历史突破了文献资料的局限性，能够关注那些在时代变迁中默默无闻的普通人，进而使重现的历史更为"近真"。

在本书即将付梓之际，笔者对参与访谈的两百多名中师生表示衷心的感谢和崇高的敬意。还有乐山师范学院档案馆、乐山市档案馆、资阳师范学校、峨眉师范学校、仁寿师范学校、隆昌师范学校等单位，参与资料收集和整理工作的乐山师范学院师生、中译出版社工作人员以及其他为本书做出贡献的人，笔者在此一并致以谢忱！

赖伟

2022年12月，峨眉山下

目 录

绪 论
  一、选题缘起 ··· 1
  二、研究现状 ··· 2
  三、资料与方法 ··· 3
  四、概念界定与研究思路 ······································· 4

第一章　中师教育发展社会背景及发展阶段概述
  一、改革开放之初师范人才奇缺的国情 ··························· 6
  二、全国师范教育的恢复和调整 ································ 15
  三、中师教育的繁荣时代 ······································ 23
  四、市场经济条件下中师教育的过渡与转型 ······················ 27

第二章　报考中等师范学校的原因分析
  一、优惠政策的诱惑 ·· 44
  二、家境和身边人的影响 ······································ 59
  三、主动选择 ·· 79

第三章　中师生的生源情况
  一、超低录取率 ·· 84
  二、最拔尖的苗子 ·· 98
  三、勤奋刻苦的学风 ··· 115

第四章　中师生所受教育

一、特别重视艺体 ························· 123

二、教师技能的培养 ······················· 128

三、复合型全科教师 ······················· 136

四、综合素质的提升 ······················· 153

第五章　中师生与农村基础教育的发展

一、最灿烂的年华 ························· 162

二、偏僻荒凉的山乡 ······················· 182

三、简陋的教学条件 ······················· 194

四、洒在原野山乡的爱 ····················· 208

五、知识改变农村孩子的命运 ··············· 219

六、基础教育的支柱 ······················· 223

第六章　中师生入职乡村学校后的日常生活

一、饮食起居 ····························· 257

二、安贫乐道 ····························· 266

三、奉献与收获 ··························· 292

四、恋爱与婚姻 ··························· 298

第七章　中师生的职业发展

一、坚守者 ······························· 303

二、调动者 ······························· 319

三、升学和转行者 ························· 332

结　语 ······································· 359

参考文献 ····································· 363

绪　论

一、选题缘起

几年前，一名小学教育专业的本科学生和我谈到教师资格证考试、教师基本功、工资待遇、社会地位等关于小学教师的一系列问题，从她的神情中可以看到一名"未来小学教师"的喜与忧。

改革开放 40 多年来，农村基础教育取得了巨大的成就，为中国的腾飞奠定了坚实的基础。其间，小学教师的主力是一群被称为"中师生"的人，小学及小学师生主要分布在农村。伴随着社会飞速发展，小学教育的主体、客体以及载体都发生了巨大的变化。一代教育工作者完成了自己的使命。随着城镇化进程的加快，大量小学生向城镇转移。与之相对应，曾经遍布原野山乡的乡村小学大量关闭，甚至某些乡镇中心校也面临生源严重不足的问题。如何解决这种"城市挤农村稀""城市强农村弱"的问题，成为实现教育公平、促进教育发展的重要突破口。

那么，现有的农村小学教师将何去何从？未来的小学教师又该如何培养？农村小学教师的职业吸引力究竟在哪里？过去几十年的中等师范教育曾为农村基础教育做出过哪些努力，其做法能为今天教育突出问题的解决带来什么启发？中师毕业生群体对农村智力开发究竟发挥了多大作用？他们在当下的生存状态和社会心态如何？有何精神价值？

正是考虑到这一系列的现实问题，笔者打算以社会史和心态史的视角，考察 1979 年至 1999 年的 20 年间中师生群体的求学、工作、生活情况，勾稽一段改革开放教育史和农村社会变迁史,并从中追问前述现实问题的答案。

二、研究现状

　　从事教育史研究的学者为数不少,但研究中等师范教育史的却很少,专门研究新中国中等师范教育史的更少。研究中等师范教育史具有代表性的有赵金坡的《声音与回响:我国农村中师毕业生的历史考察(1979—2009)》和康红霞的《中国教育之魂——百年中等师范教育的历史研究与反思》。赵文以1979—2009年这30年间的中师毕业生为观察对象,探讨了农村小学教师的来源、培养、就业和日常生活[1]。康文以福建三明师范学校为案,梳理了清末以来师范教育的发展史,探讨了中等师范教育的办学理念、管理制度、教育精神及其在社会发展中的作用等[2]。金长泽、张贵新主编的《师范教育史》作为一部专门研究新中国师范教育的著作,重在从制度入手分析新中国成立以来中师教育的建设情况,强调对中师教育改革的指导作用[3]。崔运武主编的《中国师范教育史》从师范教育思想和师范教育制度的相互关系出发,以思想家、思潮和制度这三个关键词从宏观上描绘了从清末到新中国成立几十年间的师范教育发展史[4]。马啸风梳理了近百年来中国的师范教育史[5]。另外,还有刘问岫编著的《当代中国师范教育》、高发照所著《我国小学教师职前培养的历史、现状与问题研究》等著作,从不同角度论及新中国

---

[1] 赵金坡:《声音与回响:我国农村中师毕业生的历史考察(1979—2009)》,华东师范大学2011年博士论文。
[2] 康红霞:《中国教育之魂——百年中等师范教育的历史研究与反思》,福建师范大学2007年硕士论文。
[3] 金长泽、张贵新:《师范教育史》,海南出版社,2002年。
[4] 崔运武:《中国师范教育史》,山西教育出版社,2006年。
[5] 马啸风:《中国师范教育史》,首都师范大学出版社,2003年。

中等师范教育。

另外，还有些学者对中师生的就业与择业问题有过关注。如崔培英的《探寻师范生最佳人生格局》、黄英的《师范生从教心态调查分析与思考》、陈青山的《对教师流失现象的思考》等。

值得注意的是，2019年一位署名为"静清斋主人"的作者出版了一本名为《逝去的芳华：一代中师生的回忆》的文学作品。该书收录了87篇由中师毕业生创作的散文和诗歌，诗文大都记述中师校园生活和乡村教育生活，总体透露出年岁已长的中师毕业生们的怀念和忧伤之情。

综上所述，中等师范教育史的研究已经有一定进展，但通常是在宏观的师范教育史中被提及，在教育史中居于"配角"的地位。在研究内容上，已有研究主要面向中等师范教育本身的改革，较少能跳出中等师范教育的范畴，而采用较长时段的眼光来审视中等师范教育。在研究方法上，已有研究较多采用历史比较方法描绘宏观历史，较少将宏观与微观结合，从中师生个体入手探求中等师范教育演变规律。在研究资料上，使用宏观文件和校史资料者较多，注重微观口述史料者很少。在已有研究的基础上，本书则立足中师生个体的微观视角开展研究，籍由众多当事人的回忆文字，以呈现一段平常而不平凡的改革开放教育史。

三、资料与方法

傅斯年曾经提出，"史学即史料学"。虽然不必如此绝对，但真实的史料总会发出最有力的声音。本书属于微观史领域，主体是一群平凡的芸芸众生，他们中的绝大多数个体都未能在历史洪流中留下多少印迹，因而口述史料就显得弥足珍贵。

口述历史，是一种记录历史的方法，也是一种搜集历史的途径，其是历史的叙述者与研究者合作的产物。简言之，口述历史就是通过笔录等手段记录历史事件的当事人或见证者的回忆，并将之保存下来。口述历史突破了文献资料的局限性，能够关注那些在宏观文献中难以记述的默默无闻的普通人，进而使重现的历史更为"近真"。从某种意义上说，口述历史向普通民众敞开了大门，展现出了历史学向下的趋势，这恰是传统史学未必擅长的领域。口述历史的最终目的，在于揭示历史真相。

基于上述理念，本书为了不影响当事人口述资料的完整性，尽量保存历史当事人所述语言的原汁原味，不轻易增删文字，只在某些方言可能影响读者理解时才配以少量文字说明，以期让"沉默的多数"发出声音，在中师生群体的音容笑貌中勾勒出庄严的历史场景。

笔者从2019年起，带领数百名大学生，对四川、重庆、湖南、云南等省市200余名中师毕业生进行了结构化（或半结构化）访谈，收集口述史料60多万字。经斟酌挑选后，形成一批涵盖中师生各方面情形的口述史料，籍由本书尽量保持原貌呈现出来。

本书的定位并非一部意境优美的"文学作品"，而是希望以平实纯朴的甚至是充满乡土风味的语言，呈现一段独具特色的改革开放教育史料，让口述史料"开口说话"。

四、概念界定与研究思路

中师生和中等师范教育在中国并非新鲜事物，自西风东渐以来，其在中国已经有100多年的历史。新中国成立以来，中师生的学制通常是三年制，其中个别年份个别地区实行过四年制。实行市场经济后，中师生也有了所谓"统招生"和"委培生"之分。统招生是指享受国家财政补助待遇的学生，报考难度高，生源质量好；委培生则需要具备一些特定条件方可报考，比如教师子女的身份或者地方政府的特别委托等。1999年，教育部颁布《关于师范院校布局结构调整的几点意见》，中师统招生基本取消。进入21世纪以后，中等师范教育逐渐式微，各省留存的中等师范学校屈指可数，中师生渐渐淡出社会视野，成为一个历史性名词。

本书所称"中师生"，特指在改革开放历史环境下出现的就读和毕业于中等师范学校的人员。考虑到统招中师生是中师生群体的主流，而1999年统招生基本取消，因此，本书的观察时段主要集中在1979年至1999年之间。

本书着力于梳理以下几方面的基本情况：改革开放以来中师生登上历史舞台的社会背景及其发展概况；青少年报考中师的原因分析；中师生的生活情况与基本素质；中师生所学课程及所受训练；中师生对改革开放农村基础教育发展所做的贡献；中师生的饮食起居、恋爱婚姻及社会生活状况；中师生的职业发展及其分流。

需要特别说明的是，大多数受访对象倾向于在一次采访中同时谈及上述几个方面的内容，也不便将某一人的谈话内容强行归入本书的某一方面。因此，本书在呈现中师生的某一方面的口述史料时，往往会兼及其他方面的内容。

第一章　中师教育发展社会背景及发展阶段概述

一、改革开放之初师范人才奇缺的国情

1979年至1999年，我国的中等师范教育经历了一个从恢复、成长、繁荣、过渡和式微的生命周期，也是中国基础教育史上最光辉灿烂的一段时期。

改革开放之初，社会对师范人才的需求急速攀升。邓小平同志复出首先关注的便是恢复高考，中国教育在新时期逐渐起飞。随着城乡改革的不断推进，社会对劳动者文化水平的要求越来越高，对师范人才的需要也随之剧增。1978年，仅按青壮年人口来计算，文盲率就有18.5%。1979年，全国有小学教师538万人，其中学历达到高中或中师毕业的教师有253万人，尚不足一半[1]。尽管这个数字比起1949年要好得多，但是这与立志走向富强的中国来说无异于相差十万八千里。只有大量师范人才的涌现，才能从根本上解决国家发展的所需的劳动力素质提高和人才培养问题。培养师范人才，可以通过师范类高校完成，也可以经由中等师范学校造就。在当时情形下，高等教育发展有限，师范类高校数量较少，不足以解决当时最紧迫的农村小学师资问题。要想快速地培养农村师资，中等师范教育成了最优选择。

关于改革开放之初师范人才奇缺的情况，当事人留下了较为深刻的记忆。现为高校教师的苏博士进行了如下回忆：

---

[1] 何东昌：《中华人民共和国重要教育文献（1976—1990）》，海南出版社，1998年，第1832页。

问：您为什么会成为一名中师生？

答：当时在农村，中师生是一条从农村走向城市的捷径，因为比较快，毕业之后可以直接上班。

问：那您成为中师生有没有后悔过呢？

答：当时没有后悔。因为当时竞争激烈，考上中师生也不容易，中师生的录取分数比考重点高中要高30分。这个成绩既然能上重点高中，说明考上大学的希望也是比较大的。但是，从中师生学校毕业工作几年之后，从1997年起，大学扩招，这个时候发现了一个问题：学历已经不够用了。于是重新考试，再去读书，拿本科文凭。因为中师生只能在乡镇教书，机会比较有限，但是我想在城市工作立足，所以就努力学习，争取拿到更高的文凭，然后再去城市工作。改革开放后，当时机会增多，乡村教师这个岗位就像鸡肋一样，食之无味，弃之又可惜。但在农村的机会还是比较少的，所以我就一直考试，从大专考到本科、研究生、博士，花了接近18年的时间才拿到如今的博士文凭。对于中师生来说，学历贬值很快，这就需要再深造，再深造也很艰难。因为这其中涉及时间成本和经济成本，虽然是公费读书，但生活费用还是要自己解决，而且我硕士时就已经成家，还有小孩。后悔是工作以后的事，因为当时一个学校考上中师生的人还是蛮少的。两三个人，甚至只有一个人，考上还是不容易。

问：您在中师生毕业后的教书时间中有什么记忆犹新的事吗？

答：在我考研究生以前，小学、初中、高中都教过。当时同事考研究生的事情给了我动力，我觉得大家的学习能力都差不多，所以我也去考研究生了。而且在高中学校，中师生会受到歧视。其实，中师生的学习范围相对而言是更广更深的，我在中师生的培训期间总共学了128门课，包括美术、书法、体育等，在我的整个学习生涯当中，都会一直学习这些。中师生的综合素质和教育能力都比现在的本科生要强。

问：根据调查，在我们学校的中师生现在基本上地位都比较高，您觉得这是什么原因呢？

答：我觉得中师生自我学习能力比较强，而且比较自律，情商也挺高的。学习能力强，智力强，自律，再坚持下去，获得一点成就是理所当然的。其实我是比较一般的，还有很多作出突出成就的。成为中师生后，大家对自己的投入都比较大。而且，中师生一路走过来都是十分不容易的。

问：您是怎么理解中师生这一快速成才政策的呢？

答：当时中国的国情是这样的，教育普及的人才缺口比较大，为了填补这一缺口，中师生就应运而生了。那个时期中师生承担起了作为中坚力量的责任，中师生政策为国家为社会培养了一批优秀的人才。

问：国家是否对你们进行了大量的经济投入呢？

答：我个人没有太大的感觉，但是我记得国家当时是给中师生提供了生活补贴，后来从18元涨到了28元，还有粮票。总之，生活成本是由国家解决的。

问：如今中师生政策早已从我们的生活中消失，您认为是什么原因导致其消失的呢？

答：我觉得中师生消失的原因主要有两个：一是，高等教育普及，教育体制改革，大家对大环境的判断发生了改变；二是，基础教育的师资力量已基本饱和，中师生的数量也已经达到临界点了，应培养高等教育人才，所以没有必要再去招中师生了。

（苏祥，2019年9月18日，四川省乐山市）

另一位中师生也讲到了教师严重短缺与中师生兴起的关系：

问：当初您选择中师生是因为您自己的选择，或是父母的建议，还是有考虑经济方面的原因？您的初衷是什么？

答：当初选择主要是考虑到工作问题。因为当时师范专业是包分配的，而且是有国家编制的，为了解决工作问题，很多尖子生都选择了读师范。

问：当时的教育背景是怎样的呢？

答：其实当时这种事情的出现，是在那个教育背景下的一种特殊现象。20世纪80年代、90年代，教师的编制严重不足，在当时那个情况下，国家才出现了中师生这个特有的名词。我们是初中毕业就直接读的中师，然后三年以后就直接参加工作。这样就减少了培养教师的周期，目的就是更快地让更多的人投入到那时的教育当中。

问：听说当时中师生的工资比较低，还会出现半公半农的情况？

答：中师生参加工作，曾经有过半公半农的现象，但后来基本上已经都是全职的。说起工资低，我是1998年才工作的，到那个时候工资应该已经是所有行业当中的中上水平吧，应该不是很低。当然，在我们之前比如说我的老师，他也是中师生，他就是那个半公半农的情况。

问：您对您选择的工作满不满意呢？

答：对现在的工作还是比较满意的。工作环境这些，通过自己的努力，最近也在改善，现在还是比较满意。我也比较喜欢教师这个职业的，自己喜欢的才是最好的。

问：我们班是公费师范生班，其实和当时的中师生在某些方面也有相似之处，都是国家出资推行的，那作为一位前辈，您有没有什么话想要对我们说的？

答：对现在的免费师范生和当时我们的师范生确实有很多相似之处，我们的背景也是差不多的。你们这个免费师范生的出现，主要是因为现在教师的整体素质有些下降，特别是现在出来的很多专科生。说到底，现在的专科生就是在读书的时候可能基础差，或者学习能力稍微差一点儿的。原来优秀的教师，又大量地跳槽。那么，这就导致现在教师队伍出现了问题：一个是质量方面，一个是数量方面。所以，国家启动了免费师范生政策，这也是为了解决师资力量不足的问题。同样的，你们和我们当时一样，也是责任重大。

（沈文刚，2019年10月21日，四川省乐山市）

四川广汉市的一位教师，也谈到了当时中等师范教育对于缓解师资不足所发挥的巨大作用。

问：老师您好，请问可以简单介绍一下自己吗？

答：你好，我毕业于广汉师范学校，现在在广汉市西外小学教一年级。

问：那您在中师的时候主要学习些什么呢？

答：中师的时候学的很多。文化课是语文、数学，还有物理、化学之类的。和初中最大的不同是，中师里边多了很多的课外的东西，音乐、美术等，音乐有很多的乐器可以选择，学习"三笔字"、普通话、简笔画，等等。还有各种兴趣小组，学校也经常组织很多的文艺活动、文艺汇演、各种比赛。可以说，是百花齐放。

问：那您觉得中师这三年对您的影响是什么呢？

答：对我影响很多也很大，我觉得要说中师这三年的影响的话，最多的应该是从眼界上和学习内容上的拓宽。对我的影响最大的是毛笔字和美术，在美术方面，中师校园里面写得最多，练字和普通话也是在中师里面接触的。以前读初中的时候都没有这些，只有文化课。中师，我觉得对我的影响最大的，还是应该说在艺术方面的影响比较大，因为初中没有接触这些。自己接触了之后就重新认识了很多东西，不管是舞蹈还是音乐，鉴赏水平也提高了。我还觉得中师也改变了我们的一些学习方法。

问：您觉得中师教育对当时的教育事业起到了怎样的作用？

答：中师生应该是在20世纪八九十年代的时候大量培养的。那个时代的教育是大量缺乏老师的，我觉得中师生缓解了当时教育师资力量的不足。那个年代考大学是很难的，导致许多人就从初中毕业就开始进入中师，经过三年的培训，就快速地进入岗位。特别是农村出来的，就马上回到农村教书，这样的话农村的师资力量就很快地解决了。我记得我们当时读中师的时候，班上只有一个人是城市户口，其他30多个同学都是农村户口。工作是包分配的，从个人来讲，解决了个人的工作问题。我们毕业过后，基本上就回到了各自的家乡或各自所在的乡镇，所以说中师生最大的作用，是缓解了当时教育师资力量的不足，对农村特别是农村的中小学教育来说，应该是起到了顶梁柱的作用。现在我们学校有大部分的老师都还是当年毕业的中师生。虽然后来也来了很多的大学生，但是我个人觉得，现在的毕业分到我们学校的大学生，还是不如当时我们那一批中师生。现在我们广汉市那些学校里边比较优秀的老师基本上也是中师生，当然其中也不乏大学生，但是都还是以中师生居多。

（刘春林，2019年10月6日，四川省广汉市）

四川省大英县的一位老师说，一个时代有一个时代的发展趋势，改革开放之初的趋势就要求中师生成为主角。他觉得自己和父辈们一样，能为祖国的建设添砖加瓦而感到骄傲。

问：老师，请问你们当时中师生的选拔条件是什么，您是怎么选拔上的？

答：各区预选，预选上的又参加县上的考试。

问：预选是按什么标准选的，还有考试考的是哪几门？

答：各学校成绩好的参加中师预选，考语文、数学、英语、物理、化学、政治。

问：那他们是选多少人呢？

答：县上给我区划分名额，我们这一年大概150人左右。

问：老师，您现在从事这一工作多少年了？

答：已经有30年了。

问：请问您在从事教育行业中给您印象最深的一件事是什么？

答：大概是我以前一位成绩非常优异的学生，他因为家庭十分贫困最终不得不辍学打工。我当时去他家做过思想工作，最后也没能说服他。虽然他现在通过努力生活过得还算不错，但是我有时想起来还是觉得非常可惜。

问：请问当时您的家人是如何看待您选择成为一名中师生这件事的？

答：我的父亲是一位在政府工作的党员，平时对我要求非常严格。我能成为中师生，是我刻苦学习取得的成果，也是我迈向成人自立的第一步，所以当时我父亲及其他家人都替我高兴。

问：有人说，你们这一批成绩优异的学生，放弃了考大学的机会，扎根在乡村。是个人的不幸，却是教育的大幸，说中师生是奉献的一代，您对此有什么看法呢？

答：一个时代有一个时代的发展趋势，我和父辈们一样，都为自己能为祖国的建设添砖加瓦感到骄傲。当然我们教育行业的贡献是培养一代又一代的学生，让他们能够服务社会，发光发热，这是我们自身价值的证明，但也算不上什么多大的奉献了。

问：如果能重来，您会怎么选择？

答：我想我仍然会走上这条道路，不过我一直后悔当初没有一直坚持学习更多，中师学校的学习内容在漫长的职业生涯中有时仍会显得捉襟见肘。如果能重来，我会在毕业后也要坚持更多学习，更好地为孩子们传道授业。

问：您有什么想对现在的青年说的话？

答：你们生在了一个比我们更好的时代，要比我们付出更多的努力和奋斗，为祖国开创未来，让后来人有更多的机会和选择。

（蒋伟，2019年10月10日，四川省遂宁市大英县）

四川遂宁的另一位老师也讲到了中等师范教育在当时兴起的历史背景。他说，国家为缓解中小学师资缺乏的问题，从初中生中选招优秀毕业生到中等师范学校学习，三年后再回到乡村学校当老师。

从1980年开始，国家为缓解中小学师资缺乏的问题出台政策，从初中生毕业生中选招优秀毕业生到中等师范学校，让他们学习三年后再回到乡村的学校当老师，我就是当时选招的一员。那时我初中毕业，16岁，我的成绩也算是比较优秀。当时正好有这种政策，毕竟在那个年代，有一份好的工作算是很好的了，于是我就去了，经过三年的学习之后，我就回到了原来的乡村学校当老师。那时候我年纪小，满腔热血，想着为祖国的教育事业作出点贡献，于是便很快投身于乡村的教育事业中了。在我还没有读中等师范学校之前，我也帮助过老师教学，当时的乡村教师的学历都不太高，教学方法不怎么得当。我读了书出来后，感觉到我的知识确实有些增加，方法也要得当些了。我们那个时候可不像现在的老师，现在的老师有多好，都是公办，由财政统一按标准兑现工资，我们那个时候有代课、民办、公办，而且工资区别很大，不是公办的饭碗还会不保，只有你自己不断上进。那时我们的工资还跟学生的学年成绩挂钩，我的教学方法得当些，学生的成绩也相比其他老师的学生的成绩较好些，所以我的工资也比别的同级的老师每月要多出个十元钱。虽然只是十元，但在那个时候、那个年代，还是很不错的了，我感到很高兴。

以前和我一起在中等师范学校读过书的同学，有的毕业后就民转公，和我一样教书育人，有的在教学了几年后也离开了教学岗位，到别处工作去了。我在教了没多久之后，也因为家庭原因而离开了工作岗位。至于我有没有后悔当初选择去读中等师范学校，而不是选择凭借优异的成绩去考取一个好的、心仪的大学，说实话，我没有后悔过。当时的时代可跟现在的时代不一样，现在有多种选择，但是当时什么都比较缺乏，很多人想有一个好工作还不一定有，能够去读中等师范学校，就已经意味着你自己以后的工作有着落了，以后你的生活有了一定的保障。这样的条件，谁又不想去呢？虽然说中等师范学校的文凭可能只是相等于现在的一个中专文凭，但是那时读三年之后是中师生，再上进一些，就能读高函，高函毕业之后就是大学，不也跟现在的大学生的本科文凭一样的吗？如果再进修，再努力，再上进一些，不就是研究生、硕士、博士了吗？我们那时候的那一批人，肯吃苦、肯上进、肯努力，成绩也很优异，只是选择不一样，所以没什么好后悔的。我觉得，只要肯登攀，就一定能够达到顶点！

（陈永书，2019年10月8日，四川省遂宁市安居区）

当时，还有一部分高中毕业生去报考中师，四川乐山的吴应虎老师就是其中一位。

问：从您考取中师生到现在，大概多少年了，当时选择中师生的背景是什么呢？

答：从考取中师到现在已经37年了，当时选取中师的背景是尽快就业，减轻家庭的负担。

问：当时中师生的培养模式是怎样的呢？

答：当时我是读了高中去考中师的。中师学的语文和数学，比高中略难一点，其余的还学了物理、化学、生物、地理、历史、政治、教育学、心理学、音乐、美术等学科，是针对小学教育开设的学科，很适用，因为小学教师，各学科都要略知一二。

问：这些年来您觉得基础教育行业有什么变化呢？您有什么特别的感受吗，能说一下您对现在教育的建议吗？

答：这几年的基础教育比以前有大的进步，专业知识都很强。但和当年的中师还是有很大的差别，现在的是专才，当时的中师是通才。我建议小学教师还是各学科都要懂一点小学教师，才能适应，应按当初中师的培养模式进行最好。

问：中师生这么多年您有什么遗憾吗，简单总结一下中师生的工作学习文化吗？

答：没有遗憾，只要不断地学习，做好每一阶段的规划，坚持不懈地努力，总会有收获的。一定不能自我放弃、得过且过地过日子，那样到一定的时间就会一事无成。

（吴应虎，2019年10月16日，四川省乐山市）

二、全国师范教育的恢复和调整

1978年12月，中共十一届三中全会召开，确立了解放思想、实事求是的思想路线，这昭示着一个崭新历史时期的到来。中师生的时代机运也随之到来。

当时的情形是，原有的不少师范院校处于停办状态，教师地位低下，大量教学设备和图书流失，甚至连师范学校的校舍也被用作他途[1]。一方面，全国小学教师的缺口巨大，另一方面，师范院校无法培养足够的优质师资。为了解决这一矛盾，优化中师生的培养质量、扩大培养规模等一系列问题，

---

[1] 何东昌：《中华人民共和国重要教育文献（1976—1990）》，海南出版社，1998年，第1834页。

就摆在了新时期的新起点上。

标志着中师教育全面恢复的是，首次全国师范教育工作会议的召开以及《关于办好中等师范教育的意见》的颁布。1980年6月，改革开放之后的第一次全国师范教育工作会议召开。会后，教育部向国务院呈交了《关于师范教育的几个问题的请示报告》，系统阐释了师范教育的地位作用、培养目标和发展方针等基本问题。这份请示报告受到了党中央、国务院的高度重视。8月，教育部颁布了《关于办好中等师范教育的意见》，并向全国下发了《中等师范学校规程（试行草案）》，对中师教育的学制、教育计划、办学条件、教材使用、管理制度等方面作了基本规定。这就标志着中师教育开始了一个崭新的阶段。10月，教育部印发《中等师范学校教学计划》。由此，对中师教育办学的各项问题都有了统一的规范要求，为中师教育的崛起奠定了坚实的基础。

在宏观环境得以改善的条件下，各地中等师范学校开始结合本地情形做好腾飞的准备。各校着力于稳定教师队伍，开始复查冤假错案，制定各种评优的工作方案，让广大知识分子摆脱"臭老九"的精神枷锁。1983年，邓小平同志提出"教育要面向现代化，面向世界，面向未来"，更是促进了各地中等师范学校的发展，各地师范学校陆续拥有了自主招生和独立进行教育管理的职权。

对于以上情形，曾经当过知青的一位老师作了如下回忆：

问：当时您是在怎样的背景下报考了中师生这个学校呢？

答：当时我们是下乡知青，应该是1978年6月考的中师生，那一届中师生说的是中师生，实际上是高师生，专为农村学初中教程而招收的。

问：那您在中师生的学涯中有什么让您印象深刻的事呢？

答：印象很深刻的事就是学习太忙太忙。我刚才说的我们那一届招的高中毕业的学生去读中师生的，开始的时候，把我们叫作高师，后来读了一年之后，又改为中师。所以，课程就是从初中、高中、大学一年级的课程开始学起。两年学了初中、高中、大学一共6年的课程。

问：能不能简单地分享一下您这些年做中师生的相关教育经历吗？

答：后来我们毕业以后，就给我们定成中师生了。当时我们的工资是29.5元，但是我们还是非常非常认真的教书。我们应该是改革开放后第一批出来的，读书的时候就是感觉，要把过去耽误的时间给夺回来。两年学了六七年的课程。然后呢，出来工作的时候，赶上教育现代化。

问：你们觉得当时的教育和现在的教育之间有什么很大的不一样吗？

答：嗯。那个时候的老师工资虽然低，但是很重视自己的工作，很重视培养学生的知识，很重视培养学生学习知识的能力。

问：那您觉得现在中师生淡出这个社会是必然吗？

答：应该是必然的，因为现在是专科、本科生，他们现在既学习了中师的课程也学习了大学的课程，没有单纯地学中师教学的课程的内容了。我感觉现在出来教书教小学初中的老师比较认真，把自己学的东西传给学生也是足够的！

问：我觉得你们那个时代为了国家的教育事业作出了挺大的贡献的。

答：我们那个时代是只要你填了师范专业，其他好的中专都不准录取。必须是师范先录取，其他的什么专业都不能录取，因为当时国家非常急需、也非常重视教育这一块的人才，特别是初中教育，我们出来以后，我教了几十年的初中数学，只教了两三年的小学，其余的时候我都是教初中数学的。

（杨仁琼，2019年11月1日，四川省乐山市）

另一位在乡村小学从教多年的老师认为，当时的国家政策让他们没有过多的选择。

问:"中师生"到底是什么意思呢?

答:中师生就不像你们现在读了大学再当老师,我是初中毕业的就去报考中专,再读高中。当时是因为家庭经济不是很好,中师可以解决我的生活负担,而且我也对教师行业是感兴趣的。

问:好的!我们在搜集资料时对一个话题特别感兴趣,说以前的中师生成绩特别优秀,放在现在都可以考重点大学,想向老师您求证一下。

答:这个应该也不能说得那么绝对,也要考虑时代因素。在我们那个年代,总体来说考大学可不是像你们现在这么容易,录取的人很少,很多人想读书,但是确实没有那个机会。但是当时的中师生成绩要求特别高,你必须特别优秀。我们当年是全县前50名才能有中师生的资格,大家都特别努力,所以你们现在有这么好的学习条件,一定要好好把握!

问:老师,您觉得作为中师生,从事教育职业有什么遗憾或者有过改行的想法吗?

答:确实在某些时候有点犹豫。当时工资不是很高,想过转行,但还是放弃了。随着时间流逝,自己的成熟,这种感觉也没有了。可能你们这一代还不怎么了解,我们中的绝大多数人本来应该是大学的学生,然而,国家政策让我们没有过多的选择。特别是毕业后,在相当一段时间内,不准参加高考,不准改行。我有个朋友参加工作两年后,考上了大学,但不准许上大学,他不得不抛弃工作,挺身一搏。我们只能边工作边拿自考文凭。许多优秀的中师生被选拔到中学任教,但因为学历限制,在评定职称时吃了大亏。不过,后来随着政策不断完善,待遇也在提高。

问:老师,您在任老师期间有什么印象特别深刻的事情吗?

答:有过很多。比如说,在我印象里我们当时师范技能要求特别严格,所以当时的每一位老师硬笔字和毛笔字都写得特别好。每一位老师当时教任何科目都可以。我本来教语文，后来又去教体育，这也算印象很深刻了。

问：好的，谢谢老师，辛苦了，那您对现在的师范生有什么寄语吗？

答：好好学习，为人师表，以身作则！

（何毅，2019 年 12 月，四川省南充市仪陇县）

重庆巫山县的一位杨老师讲到了全国师范教育的恢复和发展期政策的导向问题，认为招生政策的引导是中师生能够"百里挑一"的重要原因。

问：您工作了这么多年，回首往日教书育人的岁月，还能记得当初为什么选择成为一名中师生而不是继续读书深造呢？

答：当时正值招生制度改革，大学与中师、中专只能单独报考，录取时从高分依次录取中师、中专，也就是说考中师中专是先录中师。职业有时自己无法选择。

问：好的，那在这种中师生浪潮退去之后，您有没有觉得从前的选择有遗憾呢？

答：肯定有遗憾。

问：那如果给您一次重新选择的机会，您还会选择做中师生吗？

答：不会。因为当时的中师生整体素质是较高的，从教育岗位走出去转行到公务员，或其他行业的很多人，他们都成了这些单位的领导或佼佼者。虽然呼吁尊师重教，乃至制定成法律，如《教师法》第二十六条规定教师待遇不能低于当地公务员平均工资，可高于 10%，但在现实中教师的待遇及地位对公务员相比还是有很大的差距。

问：希望国家能给这一代的中师生的退休养老问题做到最大程度的解决。那除了工资待遇上遇到的问题，在任教过程中有没有遇到过一些来自学生的困难？

答：有。

问：具体是什么困难呢？可以描述一下当时学生的学习情况吗？

答：在国家提出九年制义务教育之前有一部分学生经济条件差，对学生学习有一定影响。之后，国家实行"普九"后多项惠民政策应运而生，学生及家长对现实的教育改革不能理性认识，违背了初心，造成了老师不敢管，部分学生不想学，甚至视生命为儿戏。

问：受经济、环境的影响，存在此种心理也是有可能的。那可以讲讲您成为中师生之后的任教经历吗？特别是让您难以忘怀的。

答：学生的品德培养多来源于教师的为人师表，教师不只是肩负授业解惑、传授学生的知识，更重要的是在知识的传授过程中教给学生怎样为人。我在任某届某班的班主任工作时，班上一学生没饭吃。当时，我找学校给他申请困难补助，动员同学互助给他赞助饭票，然后这位学生顺利考上了中专学校（当时是铁饭碗），但后来再没听到过他的消息，甚至没有一次问候的电话。这让我难以释怀。我反思是我这个老师做得不够，老师不需回报，但学生对国家、对社会要持有一颗感恩之心，出现这种情况或许是老师的失职。

问：杨老师您在讲台上教书育人，课下还为了学生尽心尽力，真是当之无愧的好老师！那请问杨老师，有人说中师生是"教育素质最好但也最可惜的一代"，对此您有什么看法？

答：比较认同。

问：那如今社会已经没有中师生了，您觉得是一种进步还是退步？为什么？

答：表面看是进步，如：现在的学前教育或小学教育是三加二，师范院校对口培养教师，不存在中师生了。殊不知当时的中师生是百里挑一，可知其难度。能进入中师当中师生的，素质非常了得。现在很多任教学前教育或小学教师是普九中成绩比较差的。师范院校对口培养的也不是高考中的佼佼者，素质好的不会去报师范院校，当然特例除外。所以，我觉得不是进步！

问：那作为教育的中坚力量，您对现在的教育工作者有什么期望或者经验之谈呢？

答：教育关系国家兴衰，在其位就应负其责，努力提升自身素质，适应教育改革浪潮，培养出既有知识又具备高尚品德的一代新人。

（杨小燕，2019年10月6日，重庆市巫山县）

另一位姓李的老师谈到了20世纪80年代初，有些地方政策在中师生招生政策上的男女比例协调问题。

问：麻烦老师先介绍一下自己。

答：各位同学，大家好。我今年53岁。先后担任过学校的教导主任和校长。

问：那您是什么时间参加的工作呢？

答：1985年8月参加工作，从事小学教育。

问：那您从业这段时间教师队伍是怎样的？就是说那时候老师这个团体的构成大概是怎么样的？

答：当我参加工作的时候，学校多数是民办教师。民办教师当时撑起了基础教育的大任。

问：可以讲下您在当时为什么会选择成为一个中师生吗，或者是有什么特别的想法吗？当时成为中师生的过程还记得些吗？

答：至于为什么要当中师生，因为当时属于农村户口，和大多数人一样，为了跳出农门，有一个稳定的工作。所以，初中毕业以后，就报考了师范，当上了当时的中师生。

问：您在进入老师这个行业至今，感觉教育事业有什么变化吗？

答：参加工作以后，教育事业应该说是发生了很大的变化。1985年刚参加工作时，当时正是崇州普及初等义务教育的时候，学校的办学条件非常困难。后来，随着政府对教育的重视、政府投入的加大，教师待遇逐渐有了提高，办学条件逐渐有了改善。现如今，学校应该说是非常漂亮，学生学习的内容也非常丰富，这些当年都是无法比拟的。

问：在那个时候，人们从事中师生的男女比例有没有什么特殊的呢？

答：当时中师生的男女比例，因为政府有相应的要求，男生和女生的比例基本上是持平的。

问：在您印象中最深刻的一届学生是哪一届呢？他们与其他届的同学有什么不同？包括学习态度、性格等，跟老师的交流多不多？

答：要说我印象最深的一届毕业生，那就是我刚出来带的第一届小学毕业生。我1985年参加工作，带这个班的数学，从五年级教到六年级毕业。应该说那时的学生非常单纯，学习也非常认真，对老师也非常尊敬。虽然他们的学习基础差，学习条件也很差，但是，学生上课非常认真，抗挫折的能力也非常强。有时学生犯了错误，老师批评他，他们都乐于接受。下课后，经常和老师一起打乒乓球、打篮球，或者说跳橡皮筋，那时的师生关系非常融洽。我教了他们两年，到六年级毕业，应该说数学考得比较好。在我们乡镇6个班取得了第一名的成绩，那时的小学毕业生仅仅只有三分之二的能够读中学，我这个班有五分之四的同学读了初中，只有几个同学没有进入初中的大门。应该说我对他们的印象非常深刻，到目前为止还有很多学生我都能记起他们的名字。

问：那时候的学生能做到这样，确实也是很不容易了。可以谈谈您作为老师，从业这么多年的感受吗？

答：从教34年来，应该说感受了教育的变化，感受了教师这个行业的艰辛。同时，作为小学教师，有时回想起来还是有满满的成就感，当学生成长的时候、成才的时候，还是非常的欣慰。

（李远，2019年10月2日，电话访谈）

三、中师教育的繁荣时代

经过数年的恢复和调整之后，中等师范教育很快迎来了繁荣时期。1985年1月，六届全国人大常委会第九次会议通过决议，将此后每年的9月10日确定为教师节，从政治和法律上提高了教师的社会地位。国家对尊师重教社会风尚的引导，推动了全社会对教师的关注，使更多优秀青少年坚定了从教的理想和信念。

不仅如此，国家对师范教育和中师生给予了更多优惠政策，中等师范学校的教育改革开始向纵深推进。1985年5月，党中央出台了《关于教育体制改革的决定》，将建设"有足够数量、合格而稳定的师资队伍"作为实行义务教育的根本大计，把发展师范教育作为"发展教育事业的战略措施"[1]。此后，中等师范教育成为党和国家关注的核心问题之一，几乎每一年都出台重要文件，以解决和完善中等师范教育发展过程中的各种问题[2]。在上述大环境下，各地中等师范学校飞速发展，办学质量快速提高，中师生的招生规模也逐年上升。

一名来自四川泸州的小学教师回忆了中等师范教育繁荣时代中师生的高

---

[1] 何东昌：《中华人民共和国重要教育文献（1976—1990）》，海南出版社，1998年，第2287页。

[2] 比如，1986年3月国家教委《关于加强和发展师范教育的意见》，1986年国家教委《关于调整中等师范学校教学计划的通知》，1987年国家教委师范教育司"中等师范学校面向农村、培养合格小学师资座谈会"，1988年国家教委《加速实现中师办学条件标准化座谈会纪要》，1989年国家教委《三年制中等师范学校教学方案（试行）》等。

光时刻。

做一名光荣的人民教师，是我从小到大的愿望。每天看见老师站在三尺讲台上，在黑板上奋笔疾书，中华上下五千年滔滔不绝，为我们授业解惑。我下定决心，要考上中师，做一名光荣的人民教师。

我是一名80年代的中师生。中师生在我们那个年代是很受追捧的，就好比现在的重点大学。一个家庭培养一个中师生，特别是农村，那就是一件非常了不起的事情了。中师生其实就是初中毕业，通过升学考试而就读的中等师范学校，这类学校就是专门培养农村小学教师。在当时，那是很多农村小孩梦寐以求的事，这其中也包括我。

因为那时的中师要求比较高，想考上中师并不是一件容易的事情，不仅要求学习成绩名列前茅，还要思想政治好，各方面都比较优秀，才能报考中师。那时的学习条件也不像现在，有各种各样的学习资料，什么题库啊，解题技巧等，信手拈来，可以刷题。那时就是把课本上的练习题与例题反复做，课文反复地读背。农村孩子的学习条件不好，为了能考上中师，就必须付出比常人更多的努力。为了能当上一名人民教师，我每天早上5点起床，5点半就开始一边大声地朗读课文，一边做家人的早饭，晚上也要学习到深夜。当时没有现在条件好，农村还没有通电，我们无论是看书，还是写作业，都要在忽明忽暗的自制煤油灯下完成。总而言之，为了考上中师，无论是条件多么艰苦，我都愿意克服，努力学习、考上中师是我的愿望，也是一家人的希望。苍天不负有心人，我终于考上了中师，也成了一家人的骄傲。

在中师的三年学习中，我仍然不敢懈怠，因为中师教育一直以来都重视学生各方面能力的培养，体育、舞蹈、音乐、绘画、"三笔"字、普通话、教育学、儿童心理学样样涉及，这是最适合农村小学教育需要的。通过这几年的学习，让我懂得了教书育人的道理，用教书来体现生命的价值。教书是过程,育人是结果,是为国家、为社会培养有思想有能力的人,是为国家培养建设四个现代化的继承人,这也是我们作为教育工作者的历史使命。通过中师的学习,我学会树立正确的人生观,明确人生奋斗的方向,理解生命存在的意义,我把全部心血都交给了学生,交给了我热爱的教育事业,做一名辛勤浇灌祖国花朵的园丁,为祖国教育事业添砖加瓦的孺子牛。

我们教师的目标是教书育人,所以我们的动力就是对育人成功的执着追求,用我们无私奉献的精神,教化学生的心灵,感召学生的心灵。

不忘初心,牢记使命,我作为一名中师生,愿意为祖国的教育事业尽一份力,不仅仅局限于做知识的"搬运工"。成为一名中师生,成为一名乡村教师是我一辈子的骄傲。

(唐心伟,2019年12月,四川省泸县)

四川营山的一位老师说,那时候家里如果出了一个中师生,全家脸上都有光。

问:当初您成为中师生的契机是什么呢?

答:跳出农门,早一点就业,为家里减轻负担。

问:您感觉那些年读中师好吗?

答:中师会分配工作,解决城镇户口。

问:如果当时有条件的话,您会想做别的事情吗?或者说是有什么更想做的呢?

答:那时候家里如果出了一个中师生,全家脸上都有光。

问:也就是说,在那个时代中师生是最好的选择,您的家人也以您为荣。

答:在当时,初中生娃娃哪里能想到其他事情?绝大多数都来自父辈老师的建议，说中师生毕业后就有工作，能够不在家里务农就是最好的选择。

问：也对，当时接收信息的渠道没有现在这么发达。接收信息有限，能够不待在农村就是最好的出路。

答：中师中专都可以，是的。

问：如果您当初没有选择中师的话，您会继续读书吗？如果有条件的话。

答：应该会，我们当时首选中师、中专，其次是高中。因为只要考上中师国家就会发钱了。

问：是因为当时读高中没有读中师中专有保障吗？

答：中师不交学费，每个月还发生活费，读书不花钱。读高中的话，生活费和学费家里不一定有。

问：感觉听起来不错。对农村的学生来说，中师的确是个很好的选择了。

答：我记得我初中的时候，家里卖了两头肥猪的钱，才够我和姐姐一季度的学费。

问：是那个时候的猪太便宜了。

答：那个时候家里一年最多才卖出两头猪。

问：真不容易。

答：是因为那时能出钱的只有猪了。其他的根本卖不到钱。当时也不像现在能打工赚钱。

问：不敢想象你们当时的生活是多么的不易。

答：是的。

问：那您觉得中国哪些变化对中师生的影响比较大呢？

答：是说就业还是招生呢？

问：都讲讲吧。

答：就业都是比较稳定的，中师毕业加入教师队伍。信息技术对教育的影响，60岁左右的老师对信息技术的使用都不怎么会，接受新知识的能力不如年轻人，现代教育理念缺乏。1999年到2000年都没怎么招中师了。

问：后面大学生就开始多起来了。

答：那时候大学开始扩招，国家重视大学生培养。

问：在那之后，中师有不吃香的趋势吗？已经是老师的中师生。

答：中师生老师在农村教育中占主要力量，为农村教育做出了重要贡献。我这么跟你说吧，现在营山各学校的校长领导大多都是中师生，只是后来进修拿到了专科或本科文凭。

问：好的，那您对现今教育有什么看法？

答：这个问题把我问倒了，我不知从何说起。说学生的话，农村留守儿童多，有家庭辅导能力的家庭少。说家长，绝大多数都在外面打工赚钱，想把孩子培养成有才的人，但心有余而力不足，把教育孩子的希望都寄托在老师和学校身上。说国家，国家空前重视教育，对国家教育投入大，但是社会尊师重教的风气还没完全形成。

现在农村教育和城市教育发展不均衡。农村留不住优秀教师，乡镇也留不住优质学生，只要有条件都去城里读书了。

（戚思军，2019年10月2日，四川省南充市营山县）

四、市场经济条件下中师教育的过渡与转型

1992年，党的十四大确立了我国经济体制改革的目标是建立社会主义市场经济体制。与之相适应，经济、政治、科技、教育体制也在综合配套、分步推进的方针下加快改革的步伐。十四大报告还专门就教育问题提出："必须把教育摆在优先发展的战略地位，努力提高全民族的思想道德和科学文化

水平，这是实现我国现代化的根本大计。"为了落实十四大关于教育的决定，1993年中共中央、国务院下发了《中国教育改革和发展纲要》，提出要在20世纪90年代全国基本普及九年义务教育[1]。

为落实上述精神，国家教委在1993年10月召开了"全国中等师范学校深化改革、全面提高教育质量座谈会"，推动中等师范学校深化改革，要在中师教育办学条件标准化的基础上实现中师教育的现代化。座谈会对何为现代化的中师教育做了解释，即中师教育要培养适应21世纪人才需要，适应社会主义市场经济需要的师范人才。具体而言，包括：第一，中师教育观念的现代化；第二，中师教育内容的现代化；第三，中师教育手段的现代化；第四，中师教育管理的现代化；第五，中师教育环境的现代化。

在这种背景下，各地中师学校根据本地实际，纷纷围绕"现代化"进行改革，招生方式和就业制度也开始改革，收取一定学费的委托培养中师生便开始出现。与此同时，不少地方开始试办小学教育大专班。由于委培中师生开始交纳一定学费，加之中国经济在邓小平"南方讲话"之后的腾飞，此后几年间，中师生和中等师范学校的社会作用和社会形象开始不断改变。

随着九年义务教育的普及，时代对农村小学教师提出了新的要求，原有的中师教育在办学层次和教学模式上已不能满足需求。1999年，国务院颁布了《面向21世纪教育振兴行动计划》，明确要求将小学教师的学历提升到大专层次。为此，教育部同年制定了《关于师范院校布局结构调整的几点意见》，提出师范教育要由三级师范过渡到二级师范。三级师范即高等师范本科、高等师范专科和中等师范三者并存；二级师范即高等师范本科、高等师范专科并存。这就意味着中等师范教育进入过渡和转型时期，社会发展和政策导向的双重因素促使中师生的辉煌时代一去难返。

---

[1] 何东昌：《中华人民共和国重要教育文献（1976—1990）》，海南出版社，1998年，第3468页。

经过数年的过渡转型，一部分中等师范学校成功转型为师范专科办学点，更多中等师范学校则走到了尽头。中师生也因就业、待遇等一系列问题，变得不再广受社会欢迎。已经参加工作的优秀中师生，也成了中师时代七彩风云的最后绝唱。

对于中师生政策的变化，云南省安宁市的一位教师记忆犹新。

问：您能不能谈一谈你们那些年关于中师生的事儿？

答：中考在六月份举行，七月中旬，成绩出来了。我在学校见到校长，他说，明天去县公立医院体验，你考得不错。我的成绩是全乡第三名，第一名比我多5分，第二名比我多3分。他们两个都是中学教师子女，照顾20分。那时，父亲在村小学教书，是民办教师，我也享受这样的加分政策。而且，我在初中二年级时，是市级优秀学生干部，再加10分。这样，我以全乡第一名的成绩考上了师范学校。三年学习，毕业之后，回到老家教书，转眼已有26年了。我的好友老团，那年没有考上中师，去了高中，三年后考上大学，现在在县里的一个局当局长。见面不多，但关系很好，见面还要开开玩笑。另外一个好友，也没有考上中师，读高中，上了军校，十年前就知道他已是团级干部，不知现在如何了。大约从1983年开始，为了缓解农村小学师资严重不足的压力，国家在全国范围内，实行从初中毕业生中招收优秀学生就读中等师范学校，学生毕业后到城乡小学任教的招生政策。这个政策执行到了1999年。

问：谢谢周老师，那您成为中师生最大的感想是什么呢？

答：我是一名中师生。教育就是坚守常识。今年正好毕业26年，也在农村学校教书20年。作为一代中师生，或许也有某种不名的高傲，芳华或可不在，内心不可不明。职业的尊严，教师的荣耀，是不变的初心。

（陈授淞，2019年10月5日，云南省安宁市）

四川乐山的翟仟淑老师回忆了 1980 年至 1999 年中师教育的演变过程。

大约从 1981 年开始，国家为了缓解农村小学师资严重缺乏的困境，从而在全国范围内，实行从初中毕业生中招收学生就读中等师范学校，毕业后到城乡小学任教的招生政策。而在 1999 年后，国家陆续取消了中师教育。在十七八年的时间内，全国许多学习成绩优异的初中毕业生，进入了中等师范学校。

这么多年的发展，日子也渐渐好过了。小孩子们不愁吃，不愁穿，被一家人捧在手心里。哪像当年养孩子像养牲畜一样，大人下地干活去了，再小的孩子都会放在家里，一整天不管不问。转眼间改革开放 40 周年了，这 40 年中我们的生活水平发生了巨大的变化，这变化反映出共产党的正确领导。试回忆 40 年前，衣食住行等都与现在相差太远。现在什么都好了，有宽敞的大路，还有摩托车、火车、飞机，哪里像当年，没啥交通工具，全靠走路，全是些狭窄的泥巴路，晴天一身灰，雨天一腿泥。当年的孩子哪里有读书的机会，现在一般的孩子只要想读书，都能实现自己的愿望，而且政府还会有各种资助。以前整个社会都很穷，现在家家户户都能吃饱穿暖，日子过得有声有色。总的来说，如今的社会比当年好了太多了。除了一些外在的变化，还有一些本质的变化——思想上的转变。正是因为有了思想上的变化，才会有今天这番富裕的景象，才会有人人脸上的欢笑。新与旧的交换是必然的，这 40 年里我们国家的新旧交换也越发频繁，这就体现出我国的变化之快、国家之强。

总之，这 40 年里人们不论是从衣食住行上还是从思想精神上，都发生了翻天覆地的变化，正是这一系列的变化，才使我们更加富裕。但我们最应该感谢的还是党！感谢伟大的党做出的伟大决策！

（翟仟淑，2019 年 10 月，四川省乐山市）

一位广东的中师生直截了当地表达，新世纪国家教育政策的导向是中师教育起起伏伏的关键因素。

问：老师您好，请问今年您多少岁？

答：我今年55岁了。

问：您的学历是什么呢？

答：我的学历是大学本科，我1985年中师毕业，1989年毕业于广州外国语学院英语专业，1996年毕业于广东教育学院外语本科教育专业（函授成人自考本科）。

问：请问您现在从事的是什么职业呢？

答：我是一名高中英语老师，现在就职于廉江市廉江中学。

问：请问您做老师这个职业已经多久呢？

答：我从事教师这个职业已经34年了。

问：请问您当时为什么想考中师，而不是去读高中，再考大学呢？

答：主要是三个原因，一是中师在当时的地位是很崇高的，分数比当时的重点高中还要高，读中师是一件很荣耀的事；二是当时家庭状况不好，一家六口人，劳动力少，家庭收入少，支出大，而自己作为长姐需要尽早为家里承担部分经济开支，以供养弟弟妹妹读书；三是中师毕业后包分配，中师毕业后就能得到一份稳定的工作。

问：您觉得当了老师后对您的生活带来了什么影响？

答：总体来说，老师这个职业时间比较自由，有寒暑假，方便照顾家里的亲人。当老师压力较小，每天和学生在一起，心态也会变得年轻。但也有局限性，没有办法像考大学的同学一样，去大城市开阔眼界，生活过于稳定，自己容易丧失奋斗进取的精神。

问：您觉得为什么中师已消失？

答：最主要的原因应该是国家教育政策导致的，国家取消分配，实行社会化自主就业，大学人数扩招。中师生首先在学历上就比大专、本科生们低了一截。取消分配后，还要同大学生们竞争岗位，中师生优势全无。随着政策的调整，中师的录取开始同步甚至让步于高中了。中师的地位自然日薄西山、一落千丈了。

问：您觉得中师与现在的师范有什么区别？

答：中师是中等师范教育，是培养小学教师。现在的师范包括了学前教育、初等教育、中等教育、高等师范教育，是培养各类教师。

问：支撑您当老师这么多年的信念是什么？

答：工作比较轻松；心情愉快；能够得到社会的尊重。

问：您做老师这么多年了，肯定遇到过各色各样的学生，您觉得让您现在还印象深刻的学生，能谈谈您当时怎么教育他们的吗？

答：刚开始被分配到乡村小学当老师的时候，我曾经遇到过很多很调皮的学生，一开始我对他们十分严厉，但后来我逐渐意识到不能对学生一味地严厉，需要松弛有度。

问：在您当班主任的时候，您觉得学生应不应该把手机带进教室，为什么呢？

答：学生不应该把手机带进教室，因为学生年龄较小，自控能力较弱，难以控制玩手机的欲望，需要老师和家长的监督。

问：您怎么看待学生早恋这件事呢？您觉得老师需要直接制止吗？

答：我不支持学生早恋，我觉得老师不需要过于干涉学生的早恋，需要和学生强调理性对待学习和情感，做一个对自己负责、对家人负责、对喜欢的人负责的人。

问：以您在教育领域的多年经验，您对即将进入教育事业的新老师有什么建议吗，需要掌握哪些教师技能。

答：当今社会科技越来越发达，新老师们在掌握学科知识基础上，还要掌握常规教学媒体的使用，与发达的科学技术接轨。除此之外，还要多多了解学生心理发展问题，尽量一视同仁地对待每一位学生。

（陈晓，2019年10月16日，广东省廉江市）

四川广安的一位黄老师讲到了1995年中师生招生时的户口和分配政策问题。

问：您介意告诉我一下您现在的年龄吗？

答：现在的年龄是41岁。

问：那算是比较晚一批的中师生了。

答：应该算是吧。我们是1995年的时候考的。

问：您当时教书的地点在哪里？

答：刚开始分出来的时候是在太和中心学校。

问：您现在还在教书，还是已经退休？

答：还在教书。现在在西天学校教书，西天中心学校。

问：您至今从业多少年了？

答：21年，从1998年出来的。

问：那您20岁就开始出来教书？

答：对，差不多。

问：那时比较小，那您记得您是大概多大的时候考上中师生的？

答：嗯，我们那时候读书岁数都比较大，应该是17岁那一年。

问：17岁。嗯……你们好像都在17岁左右。

答：应该差不多。因为那个时候应届生一般考不上，就要复读一年或者降一个级，那时候我们大概都是降了级的。本来我们应该是1994级的，降级就到了 1995 级的时候才考。那个时候要考上很难，中师不是很好考，比普高还要高一些，那个时候能考上邻中的不一定能考上中师。

问：这个我知道，你们当时那个中师生一般都是取那些班级比较优秀的那几个同学，而且还有名额限定对吧？

答：对的，好像我们学校当时就只考了两个中师生。一个是考到广西去了，我是在岳池师范。

问：那当时邻水县有一个固定的名额吗？

答：一个县，我不知道。我们那个时候一般是埋头读自己的书，其他那些方面都不去了解，不像现在信息比较开放，可以通过各种渠道去了解，那个时候就没有这么方便。当时就只管自己把书读好，争取考上中师生。我只记得我们那一个年级考中师的就只录取了两个。

问：那你们肯定很优秀。

答：是，而且都是复读生。

问：复读？

答：嗯，复读，而且就是没有应届生考起的。都是有复读一年或者是两年，可能甚至三年、四年都有的。

问：复读的话，他们有人就是为了考取中师生，去选择复读很多年吗？

答：有的是。有的考中专的，可能要复读三四年、四五年的都有。我记得有一个同学，好像是他们说"抗战" 8 年就读了 8 年，初中读了 8 年！因为那个时候，条件在各方面都要差一些，教学条件比较落后，所以有些同学为了考上中专就要读很多年，不是一两年就能把它拿下。

问：那黄老师介意告诉我你们当时那个学校有多少人？你们那一届的？

答：我们那一届记得不是很清楚了。我只记得我们那个复习班好像有四五十个人吧。应届班可能也差不多四十几个人，那一个年级可能还是有 100 多个人。那个时候我们一个级一般就有 3 个班。那时候的生源还比较多，不像现在，一般山里面的人都向城里面跑，上学的生源就比较少。像那个时候，我们那里生源还比较可以，所以一个年级的话有100多人。

问：那您读的初中是在乡里面的，不是城里面的吗？

答：我们是乡初级中学，就是我刚开始说的那个太和。

问：您当时选择当一名中师生的主要原因是什么？

答：其实那时候我们的想法很简单，就是觉得走捷径。因为如果读高中的话还要读3年，然后考大学。那时候农村上的父母都希望孩子早一点出来，早一点找到自己的工作。那个时候读中师包分配，还比较稳定，是铁饭碗。这也可能是一大原因。当然还有一个原因，就是觉得当老师也比较可以。

问：您自己比较偏向于想要选择这条路吗？

答：比较喜欢，觉得老师这个职业比较清闲，因为有寒暑假，但是最大的原因我觉得还是因为我们农村的孩子想要跳出农门！我们女孩子到了高中的话完全有可能越读越差，完全有可能有这现象。那时候的父母都建议我们读中师、读中专，读了就出来找工作。父母是这样建议的，然后自己也是这样想的。早一点给父母减轻一点负担。中师只读3年，3年后就可以出来工作。可那个时候，如果我们要考高中的话，高中还要读3年，读了之后还不一定能读大学是不是？

问：对，当时是的。

答：那个年代更不好考，大家这样建议，我们也觉得还可以，再加上那个时候老师也会这样给你建议说考中师、读中专的话，比起读高中比较有捷径一点。

问：学校鼓励你们去读中师生，是不是因为中师生有一些优惠政策？

答：嗯，有一点优惠政策，就是那个我们读中师好像那个国家都要给我们生活上的补助。但读高中的话就没有，只有读中师才有，好像中专都没有。

问：在你们毕业的时候，国家还提供一定的优惠条件吗？

答：我们1998年毕业的时候，可以包分配。一般来说，你是哪个地方出来的，你就回到哪个地方，比如说我在太和的话，然后我就在太和。

问：那也真的是个不错的选择。

答：现在老师的待遇好多了。刚开始刚出来，我们那儿老师的工资只有两百多一点点。现在好多了，一般都有四五千。

问：您当时考上中师生的心情大概怎样？

答：很高兴，因为确实考上自己理想的。我觉得自己真正跳出了农门，然后有一份稳定的工作收入了，觉得可以给父母减轻点负担了，肯定是非常高兴的。

问：为什么你们当时考上中师有一个跳出农门的说法，是要给你们一个城市户口吗？

答：是的。因为你考上了中师之后，然后你的户口就被迁走。

问：迁到城市去吗？

答：对，迁到学校去，然后你回到哪个地方上班的时候就会给你转回来。当时就是这样的，好像你考上了师范之后要把农村户口然后转成城市的城镇户口。

问：除了上高中，你们只能考中师吗？

答：可以考中专。要分家庭条件，如果家庭条件好一点的，还是会选择去读高中。因为读高中然后考大学的话那样选择的范围就更广一点。其实当时它没有强制性的要求我们必须去选中师。就算你成绩很好，也不会强制性要求，只不过那个时候，老师会帮你在这方面做考虑，他会建议你根据你的成绩，根据你的家庭情况，他会这样提出建议，会觉得你读中师、中专会比读高中更好。这样一建议，因为那时候我们当学生的非常单纯，都觉得老师说的话都是真的，就觉得他们说的话肯定有他们的道理，所以我们一般也会考虑老师的建议。

问：如果您当时家庭条件允许的话，您会不会有一个重新的选择？

答：肯定会有这样的选择，肯定会选择自己更喜欢的专业去读。因为那个时候比较有局限性了。好像我们女生选中师的比较多，男生选中专的比较多。

问：男生选中专？

答：对，那个时候男生读中专比较多。中专因为有很多专业，有机械方面的，还有什么电器，各种专业都有。那个时候中专还是比较吃香的，出来之后的话工资比我们中师生高得多。

问：那高考呢？

答：选择高考的人，我记得好像读高中的就是因为他没得选择了，就是说中师、中专考不上了，他才会去读普高。

问：这个意思是说，其实当时你们报考是中师生的分是较高的。

答：中师生他是这样要求的，好像必须要有学籍。也就是说我们那个时候就是办的降级，他就不是叫复读，只是降级，必须要有学籍。中专就不需要，中专复读生都可以。有这样的限制，所以说选中师的相对来说没有读中专的那么多。

问：其实普通的高中是最好考的，反而是中师和中专更难考。现在就是反过来了。

答：对。那个时候我们如果不复读，应届生的话，一样也能够考上邻中、二中，最起码就能够考上二中，但是就不一定能够考上中师、中专。所以要考中师、中专的话，老师都要给你降个级，然后就说你应届的时候你去参考，但是不算成绩，也只是去考一下，去试一下那些题。我那个时降了一年，之后就考了中师，我本来是1994级，在1995级时候毕业，就是多读了一年初三。所以我刚刚说的读了四五年的那些，实际上他们都是考的中专。

问：就是你们学校那一百多个人就考上了两个中师生，另外一个也是女生吗？

答：有一个男生，那个男生他是在广师校，我们那个时候有一种两年师范学校，还有岳池师范学校。

问：只不过现在都取消了？

答：嗯，现在都取消了。因为现在至少都是大专了，我们那个岳池师范学校现在读出来之后好像就是大专。

问：您当教师应该有20年或21年了，您在教学过程中有没有遇到一个比较让自己感动一点、开心一点的事情？

答：让我们老师觉得感动开心的事情就是教到的学生比较懂事、比较听话，在学习上也比较用心、比较努力，我觉得这就是比较让我们感动开心的了。长大了之后，他至少知道回母校来看一看我们，还是有一点感恩的心，也让我们感到很欣慰。其实，也不需要他买什么东西，只需要他回来就行了。

我们一般教的小学，如果你是从一年级开始教的话，一直教到六年级，还很有感情。慢慢地你就看到他们的成长了，当老师的看到孩子成长进步，就会很高兴。

问：那老师您在从业过程有没有遇到过什么困难？

答：我们当老师还比较单纯，按自己的方法来教育他们。但现在这样那样的法律规定老师不准体罚学生，你要想抓质量，又要想不违规的情况下，有时候就会发生一些冲突。有时候孩子确实不听话，如果你不给他一些教训，他都有点放任的那种，如果他放任了，肯定成绩惨不忍睹。

问：成绩要下降，有些学生必须要管。

答：不严管，肯定成绩都会提不上去。现在很大的困惑就是，家长信都比较明朗化，他孩子在他们家庭中都是宝贝，老师你摸也摸不得、碰也碰不得、骂也骂不得。因为现在的孩子有点脆弱，如果你话说重了，可能他心理上要受点打击，或者想不开，老师也困惑。所以说，现在的孩子你只能哄，但是有些时候，你该严厉的时候要严厉，如果不严厉，确实对孩子没有益处。

问：那老师您是用什么方法呢？

答：我们平时就是和家长多沟通，让家长配合。在学校也教育一下，但是毕竟孩子小了，你给他说多了，有时候他也不一定听得进去，也听不明白。所以说在这个方面也有困惑，不知道该怎么办。我们小学阶段还好，基本上对这些孩子来说老师严厉一点，他还是比较听的。到了高一点的年级，他就更叛逆一点。

有些家长说：孩子不听话的时候给我打，给我怎么怎么样。但是，你一旦惩罚了，他一心疼孩子，就又来找你老师的麻烦了。所以当老师也是两难。

问：你们一个班大概有多少学生？

答：我们乡里的班就只有二三十个人。

问：人比较少，那整个学校呢？

答：条件好一点的都是往城里送。因为我们那里离城里面也不是很远，我们西天学校离城里坐车的话就只要十多分钟。他愿意来城里租个房子，或者条件好的有些买了房子就在城里读了，所以说城里面的学校爆满，我们乡里的空着。他们想往好的地方走，你也阻拦不了。

问：你们的同事大概有多少人？

答：我们因为是中学、小学混在一起的，我们也有初中，中学、小学一共有五十几个人，包括学校的领导。

问：那你们当中的中师生大概占了多少？

答：中师生至少占了百分之八九十。因为我们大部分平均年龄的话都是四五十岁，因为那个学校不准你走，实际上也没有很多新老师进来。因为学生少了，老师都不能增加。然后就逐年退休，本来我们那里老师超编了，我们那里就只有初中有几个年轻一点的老师，有两三个四五十岁以下的。一般四十岁以下的肯定就是那种考大专出来的，四十岁以上的基本上都是中师生。只有几个人是从大学里面出来的。实际上他们都是后来拿的本科，那时候都是专科出来的。

问：还是中师生占的比例较高。

答：一般乡里中师生占的比例比较大。城里那些学校都还很缺编，都还在大量的招老师，所以他们那里新鲜血液就比较多一些了。

问：流动性比较强，那些流进来的。

答：他们那儿大学生就很多。而我们乡里的还基本上中师生比较多，所以我说基本上百分之八九十都是中师生。

问：您自己作为一个中师生，对中师生这个群体的看法是怎样？

答：我觉得我们中师生这个群体，其实都是很有能力的。只不过，就是因为受了那个时代条件的限制。往宽了说的话，可能八九十年代的中师生不亚于现在清华北大出来的，是很有能力的。而且那一代中师生在工作上也是比较认真负责的，就是说教良心书的那种。凭自己的良心来教，就是想把学生教得有出息。

问：在教学过程中，您有没有一边教学一边自己去考那些大专文凭？

答：我们出来还是要拿文凭的，有些是通过自考，有些通过成人高考。现在那些都不是中师文凭了，一般至少像我们小学的话就是专科，教初中的至少都是本科。我们那个年代出来的，很多都是通过自考，因为自考不是很花钱。函授那种的学费要几千元，我们那时的工资才两百多元钱一个月，几千的话都要一年两年的工资。那时候你出来了工作后就不能靠父母了，所以说那时候就只能通过自考。自考就是自己去买点书买点资料，几百元钱，比起其他方式费用要低一些，但是自考要难些。那个时候为了节约钱，就只有选择自考。

问：评职称文凭上面有没有一定的影响？

答：这里有点要求，有点加分那种，比如说你是中师加0.5，你专科加1分，本科加2分，还是有点差距。

问：相当于你们的文凭还是要影响你们的评教的。

答：它有一点点加分，而且有时候又是个硬条件。小学都必须要专科文凭以上，最起码拿到专科文凭。像一些老教师要退休了，没有去拿文凭，他就觉得那个文凭花几千元钱"买"，觉得没必要。有些又觉得因为文凭没达到就没有评成高级，还是很遗憾。因为在退休前如果评了高级，在退休过后工资要高一些。我们老师的工资跟职称也是挂钩的那种，你职称高一点的话，工资就要高一些。还说那个文凭不重要！有时候平时不觉得，考核的时候，都还不觉得那个文凭很重要，一旦说要改革，文凭就很重要了。

问：那假如现在给您个机会的话，让您回到过去，您会选择走怎样的路，就是让您重新选一次的话。

答：如果让我们重新选一次的话，可能还是会想读高中。还是想去圆一个大学的梦，还是觉得读了高中考大学，在大学里面去学那种，肯定那氛围还有那种不一样的感觉。

问：据您了解，你们中师生与非中师生在政策有什么区别吗？

答：现在已经没有中师生这个说法了。如果是像大专或者本科毕业的也是没有区别的，这些老师就算不是师范出来的，只要考了教师资格证，与这些中师生都是一样的。以后退了休都是一样的待遇，退了休之后他的工资只是与他的职称挂钩，跟他的文凭没有关系。看的是你在职时的文凭，不是读书时候的文凭。在职的时候是中师，读了大专就是大专文凭。总的来说就是没有什么区别。

问：老师您从教这么多年，有没有什么感想？

答：我们感想最大的就是老师这个职业被社会越来越认可和尊重，这对我们来说就是最大的欣慰。刚开始出来的时候，各行各业的人都不是很看好教师这个职业，有点瞧不起我们老师。说白了，我们当时老师的工资少，相对于那些事业单位要低很多。而现在，老师地位高的原因可能是老师收入比原来收入高，反正现在很多生活水平也在提高，工资提高也是很正常。总之，现在教师的地位逐渐在提高，这对老师来说是一点欣慰，被大家所尊重。而且现在录取师范院校的分也比较高，这说明现在的人还是愿意选择老师这个职业的。

问：感觉现在的老师都比较偏向于女性化，女生更愿意选择教师这个职业。

答：特别是小学，女老师占了多数。可能初高中男老师的比例稍微大一点，反正小学的话，男老师真的特别少。感觉从教这么多年，选择这条路还是很幸运的。从最艰难时刻走到现在，教师这个职业被认可被尊重，自己心里面还是很满足的，选这条路也还是比较让自己骄傲一点的，说实话还是桃李满天下，到时候能教很多学生。平时有时间可能有的学生还是会回来看一下，至少遇见还是会喊一声"老师"。在这方面还是心里面安慰比较多的。

（黄慧，2019年10月8日，四川省广安市邻水县）

从改革开放之初到新世纪，中等师范教育经历了几个不同的发展阶段，中师生群体也呈现出了不同的心理特征。在恢复发展期，中等师范学校恢复生机，年轻的中师生在奋发学习的同时，开创了属于那个时代充满希望和浪漫色彩的精神家园，文学、书法、体育等学生团体层出不穷，处处呈现出时代弄潮儿的蓬勃朝气。这一代中师生虽然年龄较大，但他们对中师生的生活是充满回味的，普遍热情、乐观，不会怨天尤人，充满着成就感和自豪感。繁荣时代的中师生则更多的有一种幸福感。对他们而言，时代的红利比较明显，毕业时能够分配到比较满意的工作，他们回忆中的中师生活充满了生机和活力。由于他们整体素质较高，加之因缘际会，适逢社会主义市场经济的突飞猛进，这一代中师生群体调动工作或者转行的人数相对偏多。过渡时期的中师生因为工资待遇问题和社会的急速发展，一定程度上存在某种矛盾、焦灼甚至自卑的心理。加之，校园里逐渐出现委培生、自费生，时代宠儿的地位摇摇欲坠，有一些中师生开始在"灵魂工程师"和"商海弄潮儿"之间徘徊。1999年，统招师范生取消，财政补助和分配工作等国家配套政策随之取消，中等师范学校再难以吸引资质最优的学生。传统意义上的中师生逐渐演变成为一个历史名词。

第二章 报考中等师范学校的原因分析

回望改革开放中等师范教育的 40 余年，不禁追问几个问题：第一，就读中师的决策，对于一个农村家庭来说意味着什么？第二，中师生及其家庭看重中等师范学校的原因是什么？第三，报考中师对农村学子和农村家庭究竟意味着什么？从当事人的回忆中，可以找到这些问题的答案。

一、优惠政策的诱惑

中等师范教育的各种利好政策是吸引农村学生报考中师生最重要的原因。最具吸引力的，莫过于各地方政府"包分配工作"的配套政策。"包分配工作"意味着轻松地进入体制内，成为所谓"公家人"。中师生们的回忆录中还出现过类似的表达，比如"铁饭碗""跳农门""吃商品粮""农转非"等。

四川凉山的苏老师回忆说："考上中师，就是跳出农门，就吃国家'皇粮'。"

问：您为什么选择读中师？

答：我们那个年代的人，当时身处农村，非常艰苦。考上中师，就是跳出农门，就吃国家皇粮，当时师范生先录，一个班上成绩优异的才能考上中师，所以我选择了中师。

问：您选择中师之后有没有后悔的感觉？

答：我当时的状况，作为一个农家子弟，能考上中师已经很满意了，没有后悔的感觉，更多的是自豪。

问：考中师难不难？

答：难。当时我就读的那所农村中学，我们同一届毕业就考上两名而且其中一名还是复读生，应届生升入中师的就只有一个，就是我。

问：您作为一名老师在给学生讲课的时候是什么感觉？

答：站在讲台上，作为一名教师，总是想把自己所懂知识全部传授给学生，在和孩子们相处时也是一种平常心，诲人不倦。

问：在走中师这条路的时候除了正常的学习有没有什么特别大的收获？

答：正常的学习，只是老师教会基础的知识，更重要的是以教师课堂教的为基础，课外自我提高，做到举一反三，扩大自己的知识面。

问：您第一次上课的时候紧张吗？

答：我第一次给学生上课，很兴奋，也很激动。提前把教案写好，试讲给指导老师听后，听取指导老师建议，然后再上台讲给学生。当然还是有点小紧张，这点紧张不是怕，而是重视这份工作，不能误人子弟，力求做好。到现在就成常规操作了。

（苏增平，2019年10月15日，四川省凉山彝族自治州）

四川洪雅的一位李老师表示，读中师是为了跳出农门，改变他自己一生的命运。

问：您当年为什么选择了中师生呢？

答：我们当初都是农村初中毕业生中的佼佼者，但是我们都是为了改变农村与城市的差异，为了改变农村之间的差异而改变自己的现状，尤其是我们这种跳出农门的那种说法，最主要是改变我们自己一生的命运。

问：您当年做了中师生后，对生活有什么改变吗？

答：从考入中师生之后，我们的学习、生活等各方面都有着较大的改变，包括我们现在的生活条件。但是从以前的情况来说，不是太理想的。随着年龄的增长，我们从一名普通的青年教师，过渡到中年教师、老年教师，生活条件都得到逐步改善，相比之下随着社会发展进步，各个地区的物质文化发展的不同，人们生活水平的发展不均衡我们现在的经济收入状况和地区文化也显得相对落后。

问：当初作为中师生您接受的教育是什么样的？

答：我们当初考入中师的时候，接受的是全日制教学，也是和现在的义务教育一样。中师是当时全国正规性的师范教育，而现在都是本科专科之类的。说句实话，如果当初不是那种情况，那么我们这个群体的大多人也是211、985的学生。

问：您对于当初做中师生的选择后悔吗？

答：说实在话，从当初到现在经历了几十年的时间，不管是教学还是现在面临的生活状况，都有很大改善，所以，选择当一名中师生是不后悔的。在当时的情况下，我们都是为了吃商品粮，让自己的生活水平过得更好一点。社会进步了几十年之后，虽然我们的收入较少一些，但是我们的精神财富是比较多的，也一点都不后悔。说实话，从过去选择中师生这个职业（也就是我们现在所说的小学教师）到现在经历了20多年的时间，社会都是在进步的，对学习的要求也是在不断提高的。

（李学东，2019年10月6日，四川省眉山市洪雅县）

不但中师生及其父母将中师生与"铁饭碗"画等号，当时的社会舆论也有类似的看法。四川乐山的一位周老师谈到自己考上中师时，周围的人都认为她"端上了国家的饭碗"。

问：您能讲一下自己对中师生的理解吗？

答：我认为的中师生是这样的。它可以培养全面发展的，有一定教学教研能力和管理水平并且能够适应小学教育改革发展需要的，具有现代教育观念和创新精神的小学老师。

问：中师生的课程主要包括哪些？

答：主要包括一些必修课和选修课，以及教学实践课、活动课。具体有语文、语文教材教法，数学、数学教材教法，少年儿童心理卫生、化学、生物、物理、英语、音乐、体育（小学课程）等。

问：中师生毕业以后主要从事哪些工作？

答：主要当小学教师和幼儿教师。

问：工作是国家分配还是自己找？

答：是国家分配的，我是国家分配的最后一届。

问：您读完中师以后是做什么工作的？

答：从事小学教学工作，然后一步步提升学历。

问：您现在的工作是什么？

答：教师进修学校的老师。

问：中师生提升学历有哪些途径？

答：主要有这几个：读全日制大学、成人高考、高等教育自学考试、远程教育、国家开放大学。这些都是国家承认的学历，而且在普通高中都有同样的效力，都可以根据自身情况选择合适的方式。

问：您现在的学历是什么？

答：大学本科。

问：您觉得成为中师生以后对自己的生活有什么改变？

答：心态年轻，生活有规律了，节假日多，有足够的时间可以去学习，远离了一些世俗，经常从事教学教研工作，可以和小孩子打交道。

问：成为中师生后周围人对您有什么看法吗？

答：周围的人认为我们考上了中师生，就端上了国家的饭碗。而且当时由于国家分配工作，周围的人看我们的眼光都不一样。在当时初中毕业后，要么读中专，要么读中师。当时是成绩优异的读中师，和现在的模式不一样，现在是成绩好的读高中后上大学，差一点的读中职。

问：您觉得国家对中师生的政策有什么变化？

答：过去国家大力扶持中师生，因为在那个年代，国家教育行业人才欠缺，急需一批教育者对中国教育进行复兴，中师生应运而生。现在由于义务教育普及面越来越广，社会受教育者越来越多，文凭越来越高，中师生也就会退出历史舞台。

问：您能谈一谈中师生对中国教育的影响吗？

答：中师生以教书育人为主，是人类文化的一个传承，对于学生来说，他们是人类灵魂的工程师。所以说，他们在几十年的教育中起着重要作用。中师生的教学质量，关系着年轻一代的身心发展水平和整个民族素质的提高。

（周娥瑜，2019年10月5日，四川省乐山市）

四川宣汉的一位赵老师对就读中师的国家优惠政策充满了感激之情。他说，那个年代读师范国家包生活费，吃饭不要自己交钱，可以减轻家庭负担。

问：您为什么要读中师呢？

答：当年读师范的原因，主要是那个时候家里经济困难。你是知道的，我们老家地处穷山村，那个年代我们老家的农民都不富裕。我们那个年代读师范专业国家包生活费，吃饭不要自己交钱，可以减轻家庭负担。还有一个原因是师范毕业国家包分配，毕业后马上可以工作。

问：那您选择中师生的过程中有没有遇到什么困难？

答：我是初中毕业读的中师。我们那个年代没有现在升学考试这么复杂，总共好像只填4个志愿，要想读什么专业，只要把志愿填在前面，分数达到录取线，体检政审合格，就基本上没有什么问题。要说困难，也肯定是有的，但没有什么大的困难。主要的困难是在经济上，虽说师范不交生活费，但学杂费和生活上的其他开支还是不可少的。另外，我进师范刚满16岁，远离父母，一开始在生活上还是有些困难。

问：在那个年代，选择中师的人是不是很多呀？如果要去读中师，是不是有点困难呢？

答：我们那个年代无论哪一层级的学生都没现在多。那个时候，多数初中毕业生家境都不是很好，所以都愿意选择免交生活费的中等专业学校，如中师、卫校、农技校等等。更重要的是中师中专毕业后就分配工作。

问：那个时候的中专和现在的是不是不一样呢？

答：那个时候因为社会上人们文化程度没有现在高，所以有中专文凭的人还很吃香，并且我们那个年代的中专生，多数人还是有真才实学。随着社会的进步，现在大学专科生都不好找工作，再过几年，本科毕业生都不好就业，所以现在的中专生和我们那个年代的中专生可以说差别很大。现在除了一些中职学校以外，原先的中等专业学校多数已不存在。中专肯定比大学层次低。所以读中专没有读大学好。

（赵邦清，2019年11月2日，四川省达州市宣汉县）

四川南江的一位林老师高兴地回忆到，当时读了中师，就跳出了农门，成为国家干部。

问：您当时为什么要选择考中师？

答：读了中专或中师，就跳出了农门，成为国家干部，吃商品粮的人。这是立刻能够达到的目标。如果读高中，虽然收获会更大一些，但是，那是一个远期的目标，夜长梦多，变数太大。当年，计划生育政策刚刚实施，改革开放伊始，我们家的家庭经济条件不好，孩子比较多，考上中师中专，就可以尽快工作，补贴家用。读了中专或中师，拿到铁饭碗，发展前景非常的广阔。我小时候对于老师这个职业还是非常期待的，父母也建议我考上中师后去从事教育，父母和社会对我的影响还是比较大。

问：您读中师时有什么感受吗？

答：凭心而论，当时的师范教育还是相当不错的。首先是入校的条件比较严格。我当时是拼命地学习，在学习过程中没有一次看过电视，每天还坚持锻炼，全身心地投入学习，这个和现在的高考差不多，甚至更严格。当时我们的竞争力很强，筛选出来的中师生都是学习能力挺强的一批学生。但是要把一大群从小没有接触过正规音体美教育的青年，在短短三年的时间里培养成德智体美全面发展的合格教师，难度可想而知。但当时的中师还真做到了，而且做得相当不错。那时的中师，有一些刻苦学习的学霸，但更多的是平时按部就班的学习者、喜欢吹拉弹唱的文艺青年和驰骋赛场的运动达人，大家算是真正在实践素质教育。

问：您刚工作时有什么感受吗？

答：说句实在话，当时的我们个个都深感自己身负沉重的历史使命，那就是振兴我国的乡村教育事业。那时的我们虽然被分配在穷乡僻壤的农村学校，生活条件比较恶劣，但我们并没有失落感，反而觉得这是一份值得奋斗的职业，我甚至有时候会觉得自己身上自带光环，因为我们的心中燃烧着一盆熊熊烈火。当时学生的学习态度和纪律意识是我在几十年的教育生涯中觉得最好的，我很幸运在那个年纪遇上了那一批学生。用小煤油灯照亮山村的夜晚，用粉笔描绘人生的坦途，用嘶哑的声音唤醒一批批生命的精灵。

问：随着时代的发展，现在您对当年的中师生有什么看法？

答：日月如梭，时光如梦。转眼间，我们的国家日新月异地发展起来了，从一个贫穷的农业国变成了现在的东方雄狮。可我们这些当年的中师生，除了年龄增大了不少，皱纹增多了不少，黑发减少了不少，好像其他的并没有什么变化。还是那样的生活环境，还是那样的一本书加一支粉笔，甚至于还落后了不少。多媒体教学我们有点懵懵懂懂，电脑设计我们迷迷瞪瞪，我们的学历拖了后腿，我们的职称拖了后腿，我们的工资也拖了后腿，我们从当初的骄傲变成了如今教育教学的悲伤。现在中国的教育是越做越好，有些是在当时的我们都不敢想象的，但是现在注重人才强国的建设，人才培养方式越来越成熟，比如现在的大学生越来越多。我观察了近几年各省的高等教育录取率越来越高，简单来说只要你的高考成绩排名在全省的前50%，就可以上大学。助学贷款审批基本没有上限，只要能够提供全日制高等院校大学录取通知书，你就能够贷到没有利息的几千元。国家如此支持你们，你们一定要努力！

（林雪华，2019年10月1日，四川省巴中市南江县）

四川兴文的一位刘老师讲到，当时社会环境就流行考中师和中专，他本人当时也认为考中师是更好的出路。不过，几十年之后回望当时的选择，感觉"落寞""酸涩"，表示"如果再给一次机会的话，要考大学"。

问：您当时为什么选择了走中师生这条路呢？

答：中师生是当时初中毕业生最好的选择，毕业后还可分配工作，而且当时的中师生免学费，为了减轻家庭负担，所以就选择了走中师生这条路。而且可以早点毕业，18岁毕业就可以工作了，可以吃商品粮，当公家人。

我身边的同事就有一些20年前的中专生,现在仍在乡村小学教书,其中一位考了过全县第三名。现在是我的同事,为了教育事业奉献了自己的青春。他们当时也是受当时的环境影响,觉得读中专更有出路,才不读高中读中专的。他们说起来,心里有些落寞,有些酸涩。如果再给他们一次机会的话,他们要考大学。

问:您在读师范期间有什么印象深刻的事情吗?

答:有一次,为了看一个同学的《平凡的世界》,同学白天看,我就趁人家睡觉了夜里看。寝室熄灯了,就偷偷地点上蜡烛,躺着趴着容易犯困,就坐着看。看着看着,竟然坐着睡着了,一手端着蜡烛,一手放在书上,打了一个激灵,惊出一身冷汗。第二天,我跟同学打趣:差点把自己火葬了。三年里,我通过各种方式,读了很多书。读书,丰富了我的文化底蕴。我坚信:只要能够坚持用丰厚的阅读充实自己,用深厚的文化沉淀自己,用深邃的思考反思自己,天道酬勤,总能走向远方。

(刘勇,2019年10月5日,四川省宜宾市兴文县)

以民办老师身份考进中等师范学校的雷老师回忆说,当时的社会环境就是优先选择中师,能养活自己,充满确定性。

问:您在哪里教书呢?

答:隆昌桂花井镇,在黄家,就靠近牛佛那里,原来的氮肥厂,在那里教小学。

问:您读中师时多大年龄?初中毕了业吗?

答:不是的。原来读小学,读八册是初小,高小又是读四册,读两年,一共是五年,是后来才改成六年。那会儿,我只读了四年的样子,因为特殊原因就没怎样学习了。又过了两年去读初中,初中读了两年,因为读初中的时候年龄偏大了，也因为中间停了两三年，就没读高中，就回农村教民办小学。1973 年 8 月开始教的，直到 2013 年 8 月，我就教了 40 年的书了。到了 1980 年，以民办老师的身份，考上隆昌师范学校，读了两年，1982 年毕业了。辗转了几个小学，最后到桂花井当小学老师，一直到退休。

问：这与时代有很大的关系呢，这是时代推着您走呀。在中等师范学校，您学习些什么内容？

答：就像读高中，学七八科。就是多了教育心理学和教育学。读了两年，通过考试，拿了毕业证。

问：如果再给您一次机会，还会选择成为一名中师生吗？

答：愿意。教书只要你勤勤恳恳，你会培养很多人才，学生遍地，很有荣誉感。

问：成为中师生，有什么后悔的事情吗？

答：没有后悔的事情。因为只要你跟着党的教育走，一直都想为教育事业努力。

问：您身边的人怎么看待中师生呢？比如长辈、同龄人、后辈等。

答：还是始终有些人觉得不好。20 世纪 90 年代，经济发展了，家里人和一些人就觉得老师只有那一点固定的工资，挣不到多少钱。

问：怎样看待网络流传的"历史欠中师生一个说法"？

答：在乡村里，对这方面并不了解。九几年的时候，中师生分数很高，是最优秀学生的选择。剩下的考不上中师的，才会读普通高中，2000 年以后，情况却变了，成绩好的学生大多选择读高中，上大学。

问：过去中师都是成绩顶尖学生的选择，而现在成绩一般才会选择做老师，对于这个现象您有什么看法？

答：2000 年以前，大家都觉得中师生出来之后，做老师这个工作好，觉得这是个铁饭碗，能养活自己。那个时候，参加工作的人少，其他工作没有当老师稳定。现在经济发展好了，人们的选择多了。

问：愿意自己的后代也从事教育事业吗？

答：我的女儿和女婿都是老师，他们是读的师范。

问：您认为作为一个老师最重要的是什么？

答：主要是责任心，对工作负责。

（雷本艮，2019年10月5日，四川省内江市隆昌市）

四川岳池的一位黄老师清晰地记起当时"上学不交学费，毕业后包分配"的优惠政策。

问：请问您毕业于哪所学校？哪一年毕业？毕业后去向。

答：1997年毕业于岳池师范学校。毕业后在四川省广安市岳池县高升初中教书一年，四川省广安市岳池县技术学校教了几年初中，后到四川省广安市岳池县兴隆中学教书至今。

问：当时考中师的时候竞争大不大？

答：那个时候，考上大学的人是很少的，主要是教育条件较好的大城市孩子，还有那种成绩非常好的。还想继续读书的话，中专就是我们这种在农村孩子的一个机会。还有当时的政策，考上了中师生，上学就不交学费，毕业后包分配，直接安排到学校当老师，那时候的中师福利还是很好的。但是，那时候中师是真的不好考。可能全县上万考生，前50名才有希望考上。如果放在现在，考那样的成绩的人基本都可以上985、211。可见那时候考师范学校有多难。我当年考中师的时候，政策是初中毕业报考中专要进行预考筛选，成绩好的才有资格考。各个学校成绩排前20名的基本都去读中专了，中师因为是师范类学校而且条件又好，所以就有更高的要求。在当时，考中师都是有名额限制的，每年只收那么一点点人。很难考。

问：为什么想考中师？在读的时候最大的感受是什么？

答：我当时考中师，最开始是想继续读书，想毕业之后就能有工作，读中师出来就直接分配工作。也有一点家庭原因，女娃娃当老师也是不错的，在当时老师是非常吃香的，工作稳定，还有固定假期。家里面也非常支持去读的。到现在想当时去读也是不错的，没有后悔过，是当时继续读书最好的选择。

当时的中师教育，就是要用国家的资源培养出一个什么都能教的老师，去农村地区发展教育。这些老师既要会教语文数学，音乐体育美术这些课也要会教，思想品德课、自然课当然也要会讲。中师实施全科教育，就没有主科和副科的区别，每一科都是主科。除英语之外，语文、数学、物理、化学、历史、地理、生物、音乐、美术、体育都要考试。在读中师的时候，学习怎么教学生上课是最难的，要在一个学期里面怎么把一本书教完，还要把学生教会。因为当时我学的是数学，怎么教小孩子乘法和除法，怎么教他们方便的数学方法，是我当时遇到难题。

问：教书之后的变化，比如说最先前的几届与最近教的几届在教书观念上以及教学方法的不同。

答：最开始教学没有经验，就想把自己学过的尽量全部教给学生，就想把书上的内容都教给他们，也想教一些学习方法给学生。可能就有一点像填鸭式教学，教学进度跟其他老师比要慢一点，过去就是自己想自己教，教的内容也大部分是书上的，课外的很少去拓展。最多就是自己学校交流，学生人数也少，基本上每个学生都能照顾到。现在条件好了，在农村的娃娃条件也好得多了，跟外面的接触也多了。农村的教学质量要跟上，我们老师就不可能只教书本上的东西了。小学生数学虽然简单，但是在我看来是他们以后学习数学的基础，既要把书上的知识点教给他们，还要补充相关的数学知识，培养他们学习的方法、思维的方法。现在都是鼓励式教学，让学生自己学习，自学书上的知识，自创方式，自己摸索。老师讲学生听，让学生自己悟，不懂的再来问。就像我教他们除法的时候，让学生教学生，学习小组每个人轮流当老师，这样可以调动学生的学习积极性。调整他们的心理状态，培养他们学习数学的兴趣，让他们不仅仅是学习知识，要理解透彻已学的东西。现在的制度和思想观念都跟以前不一样了，要多和不同的人接触交往，自己要去发现、总结和归纳，我们老师也要多出去交流，多接触外面其他学校的教学方法，吸收优秀的教书育人方法。

（黄琼，2019年10月13日，四川省广安市岳池县）

四川安县的一位赵老师回忆到，许多像她一样的人都想"跳农门"，而读中师是最快捷的通道。

问：赵老师，您现在多少岁呢？教的科目是什么呢？

答：我今年52岁，教的是初中英语。

问：您是因为什么想从教呢？

答：我们那个年代找工作机会少，家里特别贫困，多数像我这样的人，都想跳出农门，当时读师范是唯一的快捷方式。

问：您为了从教做了哪些准备呢？

答：为了从教也没有做一些特别的准备，就是把师范学校学到的东西，慢慢在教学中实践。根据教学需要不断提升自己，先后通过了成人高考取得了大学专科和本科的学历。

问：您从授课开始到现在，授课方式发生了哪些变化呢？

答：授课方式随着时代在不断地变化，从一支粉笔满堂课讲，到现在的多媒体、学生自主学习。

问：和您一起去读中师的人多吗？

答：和我们一起读师范的安县、北川两个县，大概有100多人。

问：您后悔去当中师生吗？

答：我很幸运能够考上中师，要不然安县就会少一个优秀教师。

（赵琦琳，2019年10月4日，四川省绵阳市安县）

四川的一位李老师回忆到，当时考上中专（师）就能实现"农转非"，就是"国家的人"。

问：请问您的年龄和所教的科目。

答：我是1966年生。一开始教数学，后来教英语，再后来教政治。

问：您当时为什么选择读中师？

答：客观原因有两条：第一是体制如此。当年初中毕业升学，是先考中专，再考高中，就是说学习成绩好的学生优先录取；第二是经济条件不允许。当时农村条件差，很多家庭温饱都是个问题，高中要到县城或外地去上，要交学杂费，要带干粮，因为离家远，当然还要带被子，而这些条件都是大多农村孩子所不具备的。主观原因是，当时考上中专就能实现"农转非"——农业户口转成非农业户口，上学国家出钱，毕业国家包分配。

问：当时您是怎样授课的呢？和现在授课方式相比，您更喜欢哪一种方式呢？为什么？

答：20世纪80年代，条件比较艰苦，教室授课就是"三个一"，即一本课本、一块黑板、一支粉笔，授课方式主要是讲授式（填鸭式，灌输式）。新课改的授课方式自主探究，合作学习，教师上课抛出学习内容或问题，学生先自我学习，然后和同学交流，共同对问题进行讨论、理解、探究，如果实在有问题解决不了，教师会进行适时点拨，然后在小组内或向全班同学展示自己学习或探究成果。这种教学方式，把学生看成是一个思想者，让他们主动思考，自我吸纳并理解新知识。这种教学，学生不仅学会了知识，更学会了思考，学会了学习，同时也学会了创新。

问：您作为中师生，感到自豪吗？为什么？

答：我在农村从教33年，说真心话，现在真的爱上了教育，觉得教师这个职业真的很重要。后来，我们农村学校也分进了专科生、本科生，甚至还有不少研究生，面对高学历的他们，我仍是一样的自信。

问：如今中师生不被人所知，没人知道你们的艰辛和奋斗，您有何感想呢？

答：我很知足，我不后悔当年上中师，我现在越来越喜欢做一名教师了！

（李玉柱，2019年10月4日，网络访谈）

四川雅安的一位刘老师也回忆起当年中师生"都是包分配的"。

问：老师您读的哪个学校呢？

答：读的函授大学，后就读于雅安师范学校。

问：您当时为什么会选择中师生呢？

答：一个是分数，另一个是我觉得当老师还是好，我也比较喜欢。

问：中师生的这一段经历对您现在的生活以及教育事业产生了哪些影响？

答：读完了就有了工作，对子女的教育也有了一些自己的方法，对教育孩子是有作用的，也学到了很多工作中有用的东西。

问：在20世纪八九十年代，十七八岁的年纪，其实很多人心理都还未成熟，便要肩负起培育下一代的重任，您当时的心情是怎么样的呢？还有对于现在的青年教师您有什么期望呢？

答：参加工作时没想那么多，跟老同志多学习。现在的青年教师也要跟老教师学习。

问：国家当时对中师生实行有哪些相关的政策？现在国家对中师生还有没有一些特殊的政策呢，比如补贴之类？

答：当时中师生都是包分配的。愿意到边远山区去的还要涨一级工资，而且没有试用期。

问：您在学校读书那段时间压力大吗？

答：不大。学校原来让我们学中师教材，大家没有专心，后来就学的专科教材了。再后来教初中要专科以上学历，就去读了函授大学，学的是物理教育专业。

问：当时在学校的学习氛围怎么样？

答：还是可以的，都很努力。

问：您现在有没有后悔选择读中师？

答：没有。

问：您觉得在那样一个特殊的年代特殊的历史背景下，当时的中师生具有哪些精神呢？

答：不怕吃苦，积极向上。

（刘勇，2019年10月14日，四川省雅安市）

二、家境和身边人的影响

家庭的经济状况及父母的教育观、价值观是影响农村学子进行教育选择和职业选择的一个重要因素。1979年至1999年的20年间，农村家庭往往有两个以上的孩子，而处在转型时期中的农村家庭可支配收入并非很高，教育投资能力通常极为有限。农村家庭供养孩子考上大学固然是好，但对农村孩子进行中等师范教育的投资却拥有更实惠的投资回报。另外，端上"铁饭碗"会给当时的农民带来一种强烈的荣耀心理，父母基本上都非常愿意送自家孩子去上中等师范学校。

四川仁寿的一位张老师谈到，自己报考中师的原因主要是"听了父母的安排"，以及家人"世代都是教书的"。

问：在当时那个年代，是什么在机缘的巧合下选择了中师？

答：我们那个年代能考上中师，已经是不错的选择了，至于是什么原因要选择中师，可能每个人的定义不一样，不可一概而论。我当时为什么要选择上中师？第一，我是听从了我父母的安排。当时我们那一届，是最后一批包分配的中师生，可能父母在这方面考虑的比较多，主要想自己的子女有一个铁饭碗。第二，就是性别原因，女孩子教书挺好的。第三，我们家世代都是教书的，我读中师也是一个好的传承。

问：那你们当时为了考上中师，有没有什么新奇的事情，有没有什么求学经历呢？

答：当时读书也没有什么新奇的事情。我当时为了考上中师，就是放弃了在区上读书，从而转学到县城里读中学。

问：当时的中专生难考吗？

答：也许吧，当时中专生是不是很难考我也不清楚，反正我是一下就考上了。

问：请问您第一次站上讲台的感受是怎样的？

答：激动、骄傲、自豪，当然还有一点点的小胆怯。从初中毕业考上师范后，从十五六岁开始，我们就在没有任何压力和焦虑的状态中学习、快乐、成长，毕业后没有任何担忧就走上了三尺讲台。从第一年开始到退休，三年一茬，六年一轮，就有源源不断的儿童和少年来到我们的教室学习、成长，我们的激情在燃烧，我们的智慧在迸发，我们的心灵在启迪。因为终身与少年儿童为伙伴，我们始终保持着清纯和天真；因为始终以教书育人为己任，我们终身修养自己为楷模和导师。我们没有名利的进取心，因为我们的教师地位足以让每一届新来的天真的学生仰望。

问：在那个时代，中师生有很多优惠政策，你们是为了追求名利选择读的中师吗？

答：我们中师生没有名利上的进取心，我们从不在意校长的评价，从不在意上级的评价。我们只在意学生的变化，只在意学生的评价，因为我们深知我们的价值是在三尺讲台上，是在学生的眼睛里，是在家长的内心里。我们多数清高自傲，自以为自己就是"水到无边天作岸，山登绝顶我为峰"的当世高人，自以为自己就是那个"高手在民间"的民间高手。我们多数清风傲骨，看不起那些唯利是图、斤斤计较的世俗之人。自以为世人都是"天下熙熙、皆为利来，天下攘攘、皆为利往"之人，而自己才是那"桃李不言、下自成蹊"之人，我自花开，清风自来。退休后，最洋洋得意的一句话是"桃李满天下"！我们没有土豪心，我们工资是政府规定的，发财发身，与我们培养教育学生成长没有任何关系。

问：那么多人追求中师，这对你们就业有什么影响吗？

答：读了中专或中师，拿到铁饭碗，发展前景非常广阔。那时，中师中专毕业，即使分配到基层，因为有学历的人少，所以发展不会受到局限。

（张堃，2019年10月2日，四川省眉山市仁寿县）

四川眉山的罗老师回忆起报考中师的原因时，坦言是父母决定的，父母觉得走中师生这条道路会比较轻松，也更加好就业，因而做了如是选择。不过，言语之间透露出一些遗憾，认为如果去考大学，至少可以考个211大学。

问：在当年中师生中，您的成绩和同龄人相比是什么水平呢？

答：当时我的成绩要比一般的同龄人要优秀很多，成绩基本保持在班级前三。在那个年代都想有一条好的出路，所以就更加努力，成绩自然就上去了。

问：您当年为什么要走中师生这条路？

答：主要是由家里决定的。因为当时自己比较小，多数时候都会听取父母的意见。父母觉得走中师生这条道路会比较轻松，也更加好就业。因此我就走上了中师生这条路。

问：中师生对课程有什么感想？

答：我读的英语班，课程轻松。其实当时自己比较认真，因此对于学习是比较轻松的，没有遇见过什么比较大的问题。再加上本身对于英语就有比较大的兴趣，因此学习起来就相对轻松很多。当时的英语老师跟我关系很好，在私底下的时候，我也经常会去他的家里补课，在这个过程中，学习到了不少东西，因此对于我自己的课程学习，我是比较有信心去学好，并愿意学好的。

问：平时课余安排如何利用？

答：大部分时候都在学专业课。当时学校对我们的管理还是比较松的。其实能够走上中师生这条路的人，在当时都差不多是佼佼者，每个人都有自己的时间安排，每个人都能够做到严格自律，加上当时家里的人对自己期望较高，自己心里也不敢去松懈，因此将自己的大部分时间都安排在了自己学习专业课上。偶尔也会抽时间跟同学一起出去打打球，在放长假的时候会抽时间跟家里人一起出去逛逛。大部分的时间都是这样度过的。因此我印象中并没有那么多印象深刻的课余活动。

问：当年走中师生这条路，对现在人生有什么影响，后悔走这条路吗？

答：影响了整个一生，如果当时不读中师，工作会比现在好得多。谈不上后不后悔,因为不是自己的意愿。如果没有去走中师生这条路,和现在的你们一样去参加高考的话,至少应该可以上个211吧。不过既然都走上这条路了,就没有必要去谈什么所谓的后不后悔了,人要懂得向前看,不能只会一味地去回味过去。换个方位来说,其实走上中师生这条路对我来说也有很好的一面,比如说,遇见了自己知心的朋友,也学习到了许许多多影响自己一生的东西。既然走到了这里,走上了中师生这条路,就应该把它走好,不愧对于自己,毕竟我身后还有那么多人需要我。不能说后悔,然后就放弃,对吧。

(罗新,2019年10月5日,四川省眉山市)

四川广元的陈老师也谈到选择中师生,是考虑到家庭的经济状况,作为长子想早些参加工作帮父母承担家庭责任。

问:老师您可以具体讲一下关于您成为中师生的经历吗?

答:是这样子的,我是1992年初中毕业,因为来自农村,那个时候最主要的目的就是跳农门。那时候我是在乡初中,成绩是很好的,在年级上是名列前茅的。当时班上的老师动员我考高中,但是我们家里面包括我自己,都想早一点摆脱这个农民身份,于是就是想考中师,所以我当时的志愿全是填的中师,没有报高中。虽然我的中考成绩是在广元市旺苍县里排前几名的,并且后来也有高中给我发通知书,但是我没有报这个学校,所以我把通知书扔了,没有去读。那个时候我是报的是绵阳师范学校。但是机缘巧合,我考上了中师,而且我还顺利通过了中师校区的复试,复试考画画、素描,还有体育,这些都是以前没有学习过的,但是我还是顺利地通过了复试。

问:请您谈谈当时身边人对您成为中师生的看法?

答:当时人们的传统思想是越早工作越好,而且教师是一个相对稳定的工作,也就是人们所说的"铁饭碗"。再加上我又是农村的孩子,作为家中长子，要帮父母一起承担起两个妹妹、一个弟弟的生活负担，家中以务农为生，收入微薄，家里比较贫困，早点出来工作能减轻家里负担，而且成为中师生，政府会帮我们把户口转成城市户口，所以就当时情况来说家长们都比较支持我想要成为中师生的这个想法。

问：那您有没有后悔过没有报考高中？

答：要说没有后悔过那是假的，但是就当时状况来说我并不后悔。因为我选择了中师生并且顺利考上，从而早了好几年出来工作，多挣了这几年钱，供上了我的弟弟妹妹们上大学，他们帮我完成了我没有完成的学业。并且中师生出来是做老师的，而老师这个职业放到现在来说也是受人尊敬的，所以虽然老师们都说我是重点高中重点大学的好苗子，而我没有走这条路我也并没有太过后悔。

问：那您对中师生有什么看法呢？

答：当时的中师生大多都是来自农村成绩优秀但家庭条件比较困难或因其他种种原因无法继续求学高中的，所以选择了中师生这个在当时比较体面的身份。我觉得以前中师生出来的教师们都是非常优秀，非常有专业技能的。

问：在读中师生时，有没有让您特别难忘的经历？

答：当时最难忘的是，记得要骑自行车集中学习。去的时候没下雨，回去时天下起了大雨，又没带雨具，身上淋湿了。当时的道路都是泥土路，自行车根本走不动，需要扛着近一百斤的自行车走出泥泞不堪的土路，走了近十里路，回到家里又冷又累，晚上感冒发烧，真想放弃啊！

问：那您为什么没有放弃呢？

答：回来后觉得父母供我上学不容易，再说自己也需要更多知识。比起父母来，所有一切困难都不是事。

（陈瑜，2019年11月3日，四川省广元市旺苍县）

四川宜宾的一位邓老师也是考虑到兄弟姐妹众多、打算提前就业以承担家庭负责而选择就读中师的。回想起当时的选择，邓老师表现出的情感很复杂，用了"大概是幸运的，也是不幸的"的表达。

问：怎样才能算是一名中师生呢？

答：中师生其实也就是我们那个年代，通过当年的中师招生考试后被录取的，担任中小学教师的一部分人。在当时实行从初中毕业生中招收学生就读中等师范，毕业后到城乡小学任教的政策，对于我们农村出身的孩子，高中不是那么好上的，最好的出路就是初中毕业考上师范。

问：那您当时为什么选择走中师这条路呢？是因为家庭条件吗？还是其他原因呢？

答：还是因为我的家庭原因，当时我们家孩子比较多，家里有4个子女。父母的负担比较重，而且当时高中学费还是比较昂贵的，我就想着初中毕业后就去考中师，考上了出来也就是吃国家饭了，可以减少家里的负担。当老师在那个年代也是一种荣誉。

问：那您觉得做教师难吗？

答：20世纪七八十年代，我们国家教育水平还是比较低，学校工作环境也不是特别好，而且老师人数也少，教的课都比较杂七杂八，什么课都会教一些。学校需要我们带哪门课，我们就带哪门课，我们也不怕课多课重，无非就是多带几节少带几节的事情。

问：那学校的待遇如何呢？第一次上课时感觉如何呢？有没有一种自豪感呀？

答：在我当老师之前，待遇都还是很差。其实国家在师范生待遇最好的时期是1985年到1996年，因为那个时候是最缺人而且又是国家最需要发展教育的时候。而从1997年开始国家开始不给包分配工作了。比如说在1994

年以前，我们这些中师生上学不但不用花钱而且还有生活补贴，毕业包工作分配，所以说对于当时来说影响力也是非常的大。在1995年后学校开始要收费了，而且对于工作分配一是要看成绩，二是要看哪些地区缺老师，就把你调过去，多数都是一些发展非常落后的地区，待遇明显没有前几年那么好。而在1998年后中师基本上招收不到什么学生了。

第一次上课还是会紧张，不过我们那个时候学生比较质朴，也很尊重老师，后来习惯就好了。考上中师也许是我一生最值得骄傲的事情。尽管这一生我都是一个农村中小学教师，但是看着我教出来的学生一个个都有出息，我就感觉我还是值得。

问：那您觉得当初的教育与如今的教育之间有什么差异呢？您对如今教育的发展有什么想法呢？

答：我觉得最大的差异就是现在的教育条件太好了，我们国家是真的在教育这一块投入了太多，所以你们要好好珍惜。我记得当时因为好多人家的孩子因为家庭条件差，就早早地辍学打工补贴家用了，很多人都是初高中文化水平。教室里面也没有灯，晚上还是点的油灯看书，更不要说有现在的手机电脑这些了。我现在也不怎么会用电脑，连手机都是慢慢学会的。你不要不相信，当初刚开始用手机我都不习惯，现在就好了。我对现在的教育发展也没有什么太大的想法，就希望你们能够珍惜我们国家提供的这些学习条件，认真学习，将来也能够出来为社会做贡献。希望那些当老师的能恪守本分，诚诚恳恳地教学，教书育人。

问：那些以前在初中学习并不好的同学考上了高中，后来上了大学，最后的发展、生活状况、社会地位都比如今的中师生要好得多，那您后悔走中师这条路吗？

答：遗憾还是有的，毕竟1977年恢复高考还是给了我很大的触动。我也并不是在意他们的社会地位和生活状况比我好，只是想着能完整地走完我的学生生涯。但是我不后悔当中师,现在也挺好的,虽然人老了,退休了,但是我那些学生每年还是会回来看我,我很高兴他们还能记得我!

问:您觉得当年的您顺着历史的潮流走了这样的一条道路是您的幸运还是您的不幸?

答:大概是幸运但的也是不幸的。幸运的是当时我为我们家减少了负担,当上老师给家里带来了荣誉,也教出了一大批有为的学生。不幸的是因为时代所束,我没有完全度过我的学习生涯。

(邓红梅,2019年10月15日,四川省宜宾市)

四川绵阳的一位李老师回忆到,当年自己很想去考大学,后来读了中师,"心里是很不愿意的",但是"家庭条件比较困难,只能为家里分忧"。

问:您是什么时候考上中师的呀?

答:1981年初中毕业考上。

问:那当时您多大呀?

答:14岁多。

答:初中毕业那么小?是怎么考上的?看成绩吗?

答:差一点15岁。成绩可好了,当然是看成绩,为了吃国家供应、为了穿皮鞋。

问:按当时的政策,中师福利很好是吗?

答:读书不要钱,毕业分配工作,是国家的政策。

问:那你们当时考上中师生的人多不多呀?

答:全县就几十个人。

问:要求还是比较高是吧?

答:初中毕业,成绩好的都考中师、中专,考不上的,再去考高中,基本上都是这样。

问：这样的呀，那您考上中师觉得怎么样？

答：那个时候初中毕业都有复习班，我可没复习！

问：当时考上是不是全家都很开心？您是裸考呀？

答：我觉得考上中师是我的悲哀。

问：是吗，怎么说呢？

答：因为我想考大学，那个时候只有凭分数，当然是裸考。

问：您想考大学，但是考了中师生就不能了，是吗？

答：说的时候都是理科好。

问：您是理科考上的呀？

答：读了中师，就不能考大学了，而且参加工作后也不行了，只能等到自己去函授学习。我读书的时候理科非常好，那个时候初中是不分文理科的，就考语数外物理化学，我的语文学得很不咋样的，但阴差阳错教了语文。

问：那您还教语文，教得好。

答：惭愧惭愧。

问：不要那么说，我觉得您教得很好的，方式很好。

答：很是惭愧。

问：那您其实是不愿意去读中师的是吗？

答：我是不愿意的，但是家庭条件比较困难，为家里分忧！再加上考上中师条件优厚。

问：想来也是，当时肯定好多条件都不好，才读了中师，那您读了几年中师呀？

答：3年。

问：读中师主要是教你们什么？就像我们现在读大学师范生学的这些吗？

答：什么都学，凡是教小学要用的都要学，音乐、体育、小学数学、小学英语文的教材教法。

问：都是统一教小学的课程？不培养教初高中的内容吗？

答：那个时候给我们说的是教小学，但我毕业教的是初中语文。

问：但您现在教的是高中语文，这个跨度好大。

答：我毕业的时候学校初中教师又缺小学教师，教初中教了6年，然后自己函授学习，拿到本科学历，再教的高中，误落尘网中，一去30年。

问：那您是毕业了就一直在教书是吧？

答：现在已经教了36年了。

问：那您当时算是读了大学吗？

答：我们那个大学是函授的，不是全日制的。那个时候，国家也鼓励我们学习，去函授学习的时候，国家要报差旅费，还要给补助，还要发给一笔奖金，毕业后，领奖金。

问：函授是什么意思呀？

答：函授就是一边工作一边学习，然后每学期期末了，去参加学校的考试。

问：那您是读了三年中师再读的函授是吧？

答：一共学了五年。

问：那好辛苦，那您在哪读的函授呀？

答：这就是生活所迫，自己想有一点点追求，我读的是四川师范学院的函授，现在叫西华师范大学。

问：您是好样的，读那个肯定很辛苦的，真不容易。

答：算不上好样的，比上不足比下有余吧！是不容易。

问：您一直都在绵阳教书吗？您当时读中师直到后来读函授有没有什么让您印象深刻的呀？

答：从中师毕业，先在乡下教初中，然后到镇上教高中，后来调到县城教高中，现在调到绵阳教高中。印象深的，要看是哪个方面。

问：都可以，什么印象深刻说什么。

答：读函授的时候，就是颠沛流离；中师，就是懵里懵懂。

问：是因为读中师的时候比较小吗？

答：因为读的不是自己喜欢的学校，因为想考大学，所以读中师就没什么开心的。

问：不管怎么读的中师，您这也是为教育事业奉献多年，所以您后来就去读了函授吗，那您读函授的时候是不是很开心？

答：是的。

问：算是圆了大学梦，您读函授的时候怎么颠沛流离呢？

答：当时想的还是争取改变一下自己的环境，争取去教高中，争取调一个比较好点的地方，也算是一种奋斗吧。有可能到射洪县，有可能到蓬溪县还也有可能到梓潼县，也有可能到南充市，还有可能到其他地方。期末函授学习的地方是不一样的。

问：你们当时读函授是在不同的地方学习呀？还是只是考试在不同的地方？

答：最后一次回到西华师大本部学习，算是进了大学校园，学习考试的地点都会有变化。

问：那您去其他县的时候，就是在那个县边工作，边备考是吗？是一年一变是吗？

答：就是边工作边备考，一学期一变。

问：那么快，那好频繁，那就是如果您不读函授，就中师毕业一直待在一个地方教书了是吧？

答：最后一次考试结束，从南充回到三台。我们3个同事一起，所有的钱加起来只能买到射洪的车票，这大概给我印象最深刻，到了射洪，我们又给一个货车司机说好话把我们载到了三台。

问：那么困难，不是有补助和奖金吗？

答：补助和奖金不足以支撑学习的开支。现在想来教高中比教初中、教小学辛苦太多。如果不读函授的话，那可能就只能教初中，也最多只能教初中，最终还有可能只教小学，现在就只能去教小学了，因为教书的文凭要达标。

问：还好您读了函授，现在教高中。读函授时在工作有工资吗？

答：工资是有的，教高中确实累，都没有假，一直在补课。只是那个时候，教师的待遇也很低，参加工作的时候只有33元5角。

问：33元5角算是现在的多少呀？

答：1984年，那个时候物价很低的，还有很多人没有工作呢。那个时候吃一个肉片只要两角钱，大米一角三分八一斤，好像是。自己生活是足够了，生活费一般只用12元左右。

问：那你们当时的车费报销吗？

答：车费到教师进修校报销，到教师进修校领补助。

问：那情况还算比较好吧，那您后悔读中师吗？

答：不后悔，我觉得还是可以。当时只有那个眼光，这也不是哪一个人，只有那个眼光，是当时国家的政策，因为当时农村很缺教师。

问：嗯嗯，积极响应国家政策。

答：我们就相当于速成班，快速为农村培养教师，我想个人的理解，中师就应该是这样的。

问：那会儿主要是扫文盲是吧？

答：不是扫盲，是农村学校缺少师资。

（李成强，2019年11月2日，四川省绵阳市）

对于因为就读中师而丧失上大学机会而感到遗憾的，还有一位邱老师。邱老师表示，其实自己不是很情愿做中师生，因为向往的是大学生活，但又因为家里的经济原因不得不选择中师。

问：请问您了解中师生吗？

答：中师生，一是指中等师范学校的学生，一是指毕业之后出来从事教书育人的。它是有一定的培训课程的，这里面的课程是比较系统的。我们读中师的时候，首先要学习心理学，要研究心理学。还要学习教学教法，语文就有教学教法，它是我们原来的课程叫"文献"；还有就是数学的教学教法，当时叫"数教"。中师生主要是学习这两门教学类的课程，这就是专业技术了。还有就是学习高中的课程。其他课程就是技能课程，"图、音、体"都要学习。

问：请问您当时为什么选择从事这一职业？

答：当时从事这个职业，主要是为了有工资领，是国家饭、铁饭碗，可以不做农民；还有就是有些向往教师的生活，向往这个职业，对我来说是一种理想。

问：在硬件设施差、社会环境艰苦的条件下，您是怎么坚持下来的呢，或者说是什么让您坚持下来的？

答：坚持下来的一个原因是中师生的生活丰富多彩，有一定的吸引力。另一个原因是靠自己的毅力。第三个原因是想丰富自己的知识。

问：请问您曾经有没有那么一瞬间想要放弃当教师的想法，转行做其他行呢？

答：其实自己不是很情愿做中师生，因为自己向往的是大学生活，又考了几次高中。但又因为家里的经济原因，所以没有考上大学，而选择做了中师生的行业。曾有想过做其他的行业，但受到父亲的逼迫，又因为中师生的职业有稳定的收入，所以还是选择坚持下去。

问：您做老师这么多年，肯定遇到过各色各样的学生，您觉得让您现在还印象深刻的学生，能谈谈您当时怎么教育他们的吗？

答：对待调皮捣蛋的学生和学习很优秀的学生，教育的方法是要有耐心，讲道理。跟他们讲，以后出了社会若是没有文化将寸步难行，以后的社会都是知识的时代，没有文化将很难走，就像自己的父辈一样，很多是没有文化的，将会永远在农村。

问：您认为当老师最有成就感的是什么？

答：学生多，能教出优秀的学生，能令自己感到自豪。

问：您认为这项工作需要具备什么样的素质、技能和经验？

答：学好心理学。有真正的教学技能。有丰富的知识（社会知识与教材知识）。具有社会知识可以面对学生的家长，因为家长对自己孩子的认识，还有怎样管理自己的孩子，这都要有丰富的经验去应对刁蛮的学生和不理解的家长。

问：那老师您有什么经验分享吗？

答：一定要有丰富的知识与内涵，自己的涵养和修养是必备的，不然你面对的就是多种多样的困难。

问：可以分享一下您考中师生的经历吗？

答：我的经历很无奈。

问：您从事教学这么多年来很不容易的，有没有遇到什么困难呢？

答：有的，太多了。考中师在我们那个年头是很难的事，能考上的都是成绩佼佼者。还要有一定的图、音、体的才能。最大的困难是整天面对无知的孩子和不理解的家长，家长们溺爱自己的孩子，捆住老师教人的手脚，堵住施展知识能量的嘴巴。

问：所以说老师您真的厉害，那你们当年考中师是不是比我们现在考大学考还难啊？

答：难得多，相当于考上现在的211。

问：当时是因为没有那么重视读书，没有读书风气，所以很多家长都不理解对吗？那对比现在是不是要比当时轻松？毕竟现在国家和社会都挺重视教育了的？

答：现在更难，家长有更多的不理解，学生更难教育。加之，教师的社会地位又不是很高，收入又相对较低。

（邱寿坚，2019年10月10日，网络访谈）

四川自贡的一位廖老师则明确表示，当初自己没有什么主张，选择就读中师是听了老师和亲戚的建议。

问：请问您当时为什么选择成为中师生呢？

答：在当时那个年代想法很简单，因为考上了中师、中专，是包分配的。考上以后就相当于有一个铁饭碗，铁饭碗在那个时候是很吃香的。那个时候就是想要脱离农村。选择中师生，因为他的招生比较多，要好考一些，机会更多。那个时候，身边的一些亲戚朋友看来，老师不管是什么时候，不能说过好好的生活，但是别人对老师还是比较尊重的，不管是社会怎么变化，老师这个饭碗都比较稳当。我选择读中师，有老师的建议，也有亲朋好友的建议。我们当时考中师才初中毕业，那个时候才十几岁。再加上农村娃没见过什么世面，要说自己有多少主张，多少见识，也谈不上。所以是听取了别人的意见而报考中师的。

问：当时对于中师生，国家有什么政策，比如像您说的铁饭碗之类的吗？

答：说老实话，对于农村，当时招收的分数还是相当高的。当时有政策是中师生先录取。这个就相当于现在的中专，是先录中师，再录中专。每一批的中师生的分数在考生中的分数还是最高的。那个时候的教育基础很薄弱，中师的招生分数很高。那个时候不管是中师、中专，不收取任何学费，国家还有钱和粮食的补助。考出去了，家里面几乎没有什么经济负担，不像现在大学要交学费、生活费、住宿费等，那时全部都没有。只用带上被子，每个月有粮、有钱，这些国家都是有规定的。国家的这个政策不仅是对中师生，中专、大专都是一样的。

问：那您觉得成为一名中师生，您后悔吗？

答：这个不后悔。从中师走上教师这条路已经30多年了。回头看这30多年，虽然很辛苦、很累，但是也有很多收获。特别是遇到那些学生也很乖，几年后或者几十年后说起老师都是对老师很尊重，还是很欣慰。我还从不后悔走上这条路。

问：您觉得当时国家对你们的政策与现在比起来，您觉得有什么亏欠吗？

答：你不能这样比。说老实话，那个时候工资很低，这是肯定的。那不仅仅是中师，应该说整个都是那个水平。社会发展过后，工资还是比较高的。所以我觉得不在同一个时代、同一个条件下，是不能比的。现在的工资比以前我们刚教书的时候高了十倍百倍，那个时候才四十多元钱。不论是老师，只要是国家工作人员，工资就是那个水平。所以，我觉得不存在什么亏欠。

问：当时除了工资以外，国家对中师生的其他福利都是比较好的对吧。

答：谈不上好与坏的问题，因为那个时候国家就是那个发展水平。

问：您可以给我讲一讲您当时读书生涯的故事吗？

答：那个时候读中师，相当于现在读高中，心智也差不多。只是说当时不像现在高中有升学压力。读上中师了就有了稳定的工作，国家包分配。不像现在是双选,所以就没有就业压力。所以读书的时候就要轻松多了,甚至比现在的大学都要轻松一些。像我是读中师,那个时候是三年制,读完以后,国家政府就包分配。没什么压力,只要上课认真听讲,做好笔记,考试不费什么力就可以完成,就可以及格。那个时候就不存在现在的这个学分制。该考的学科都考及格了,就可以毕业。那个时候,同学关系也处得很融洽,师生之间关系也很融洽。所以我觉得那个时候,给我留下了非常深刻的印象。学业很轻松,关系也很融洽。

问:老师您说得很好。我对您当时学习内容也很感兴趣,您可以给我讲一讲吗?

答:可能有些记不得了,只记得一部分。当时中师生,无论是哪一个学科都可以上,因为那个时候不像现在的大学很专业化。该学的学科都要学,只有美术和音乐这两个学科是分了的,要么选择音乐,要么选择美术。其他就是教学法,比如语文教学法,数学教学法;物理、化学都要学。语文有语基、文选。物理化学内容就相当于现在高中的内容。其他的像心理学、教育学这些都要学,做实验都要学。相当于现在的语数外政史地理化生,教育学、心理学这些都要学。但是没有侧重点,没有分文理科的。

问:那中师生有没有区分教小学、初中或者高中的呢?

答:那个时候中师生教小学和初中都是一样的,都不具备教高中的资格。毕业后,那个时候的教育局,当时是区文办,将我们分到小学。那个时候小学里是有初中的,不是纯小学。这些学校没有高中,不会直接把我们派去教高中。那么就是把我们派到学校去后,根据学校的实际情况,安排我们教初中或者是安排教小学。

问:现在我们考教师资格证是要分小学、初中,都是分了科的,当时的教师资格证有分科吗?

答:那个时候还没有教师资格证,教师资格证都是很久以后才有的。当时只要是从师范学校出来的，都是分配工作。分配到那个地方，学校让教什么就教什么，没有明确的分科，它需要语文老师就教语文，它需要外语老师就教外语，听学校的安排。

问：看来你们那个时候教书都是比较全面的，那廖老师您可以给我们分享一下您的教书经验吗？

答：没什么教书经验，只能说教了这么多年书有一些体会。教书首先要做好课前准备，也就是备课那些。这个备课肯定是多方面的备，在上课之前你要对你的教材、教学目标很熟悉，还要分析一下你的学生现在是什么样的学习状况。然后你要设想一下，在你讲课的时候，学生可能会出现一些什么情况和什么问题，要准备好应对的办法，这就是做教师最重要的。第二点，你要教书也就是走上教育这条路要用心，因为你用了心之后学生就会有回报，我说的回报是一种精神上的回报。

问：就是说这种回报不是物质上的？

答：肯定不是物质上的。当一些不懂事的小孩在你的引导下成长成熟，长大了，这就是你获得成就感的地方。

问：也就是欣慰感，对吧？

答：对。你看在国庆期间，我曾经的学生他以前在学校的时候老师是多次批评过他的，但是他在走出校门以后他没有忘记老师，还和老师一起聚会什么的。你看，这就是老师的成就，这就是学生的回报，这就是一个老师不枉自为一名老师的最值得骄傲的地方。这就是我的一个感受，谈不上什么经验，只是有些体会。

问：您怎么看待现在的本科生呢？

答：说实话，教育是百年大计，关乎我们国家的发展，需要我们这一代做的就要慢慢地交给你们了，需要你们来肩负起这个教育兴国的重任了。

问：我顿时感觉我肩膀上的责任很重了。

答：教师的责任真的很重。最近你只要关注新闻的话，就知道香港的暴乱分子，那就是教育问题。所以说国家的命运前途问题，教育就是根本。香港的暴乱问题实际上就是给我们提了一个醒，教育非常重要。

（廖和忠，2019年10月7日，四川省自贡市）

四川泸县的一位徐老师说，当初愿意进入中师就读的绝大多数都是家里穷的农村初中优秀毕业生。

问：您可以说说当时您去做中师生的一些情况吗？

答：可以。中师生就是初中毕业通过升学考试就读的中等师范学校的学生。在我们那个时候，愿意进入中师就读的绝大多数都是因家里穷的农村初中毕业的学生，从中师毕业的学生绝大多数都会回到农村，在自己的家乡农村小学成为小学教师。我们那时读中师，都重视各方面能力的培养，体育、舞蹈、音乐、绘画、"三笔字"（毛笔、硬笔、粉笔）、普通话、教育学、心理学样样都涉及。国家每月补贴30元钱生活费，30斤粮，基本够吃。

问：那您做了中师生后有遗憾吗？会不会不做中师生，您会选择一些其他的职业呢？您有没有想着以后跳出那个圈子呢？

答：是的。当时考中师需要成绩特别好。主要是要跳农门，吃国家粮，工作有保障，当时，家庭有钱的都去读高中考大学。刚开始是觉得遗憾。有三分之一左右的毕业生参加工作后，都改行了。我们那时，因为各级学校都缺正式老师，老师文化相对较高，所以国家禁止老师考公务员。我当时去考上了公务员，都没有放我去，你说遗憾吗？

问：中师生阶段结束后，国家还对你们实行了优惠政策或者补贴吗？

答：只有包工作分配，没有其他政策优惠和补贴。刚参加工作一月68.5元。可以去粮站买粮，比市场价便宜近三分之一，每月30斤。中师生以出类拔萃的优异素质,却选择上中师,主要目的就是为了解决一张饭票,时代啊……当然,不客气地说,一代中师生,顶起了中国的基础教育的一个时代。

问:嗯嗯,是的。老师,中师生政策的实行磨没了您对其他的职业的一些向往,您在接受这个事件时有怎样的一些心理历程呢?

答:面对现实,去认真做自己的事,调节心理,适应时代。实际上任何一块土地都能找到珍宝,只要你以农民的信心去挖掘。人生的快乐不是做自己喜欢的事,而是去享受自己在做的事。每个行业都有其优缺点,关键是以什么心态去面对。

问:当时和您一起被招入中师院校的中师生现在会聚一聚谈谈各自的感慨什么的吗?或者在一起相互鼓励鼓励之类的呢?

答:同学会都感慨时间太快,回忆读书的美好时光,一不注意就老了。

(徐怀海,2019年10月17日,四川省泸州市泸县)

三、主动选择

尽管有上述政策和家庭的因素,但是当时的学生选择就读中师并不全是冲着优惠政策而去的,有些学生也是因为单纯喜欢当老师而选择就读中师。考虑到学生在选择报考中师还是高中时,往往没有形成比较稳定的世界观、人生观和价值观,学生最终做出的选择更多的是学生本人与父母家庭博弈的结果,是冲突与协商的产物。因此,在父母、老师、亲戚和个人的综合抉择中,个人的主动选择仍然是非常重要的因素。

四川叙永的罗老师就是主动选择就读中师的。回忆起当初的选择,她表示"成为一名中师生非常开心"。

问：请问您是哪年参加中师生这个队伍的呢？

答：1991年7月叙师毕业，8月工作。

问：那当时您多少岁呢？

答：1988年进入叙师，当时18岁。

问：那是什么原因选择加入中师生的呢？

答：我中学在鱼凫读，基础很差，复读了两年才考上。生于农村，知识改变命运，跳出农门。

问：当时成为一名中师生有什么条件吗？

答：统一中考，和现在考大学一样，不过名额很少。一个班只有15个叙永人，15个古蔺的同学。文考上线的，还要参加音体美面试，合格才录取。

问：那在选择中师生的过程中，家里是否支持呢？

答：非常支持。

问：请问您在哪开始的中师生生活呢？

答：叙永师范学校。

问：从当中师生到现在，您的心境有什么改变吗？

答：成为一名中师生非常开心，从不后悔，说实话我挺热爱教育也喜欢教书，对工作认真负责，一直都得到领导好评。

问：那时才18岁的您就进入教育行业，有没有一点担忧不能胜任自己的工作呢？

答：从没这样想过，因为读中师三年，也学到了些知识及教育方法。

问：那当时学校的生活环境还好吗？你们吃什么？住哪里呢？

答：我们吃住都免费，国家经济那时不发达，每月给饭票和菜票15元，全体学生住校，每天要上晚自习。

问：在教育过程中有什么事情给您留下深刻印象吗？

答：在中师期间还是工作后？

问：都可以的。

答：毕业分配到合乐小学，收学费困难，学费收不齐，要自己掏钱交给出纳，辅导学困生要花很多休息时间。

问：当时都是这种情况吗？

答：偏远地方都这样，那时农民还没出去打工，现在没有这种情况了。

问：中师生的那段时间应该比现在辛苦得多吧？

答：读书挺轻松的，现在的老师比我们前些年的老师管事还要多得多。

问：在中师生的这段时间您有什么收获和感受吗？

答：收获了专业知识，知道当老师的责任。站在讲台上，不能误人子弟。

（罗德会，2019年11月7号，四川省泸州市叙永县）

并非每一位学生的选择都受到了家庭和学校的决定性影响，有些学生必须自己对前途做出选择，而他们的抉择会受到自身见识的影响。四川乐山的一位陈老师回忆说，她当时所知道的职业除了教师，就是护士，再有就是供销社的售货员，粮所的营业员，其他则一无所知，几者权衡之下选择了就读中师，去当个老师。

问：请问是什么让您就读中等师范学校成为一名中师生的？

答：其实这些年有很多人问过我这个问题，我想这里面有客观的原因，也有主观的因素。客观原因有两条，第一就是当时体制如此，第二就是当时经济条件不允许。主观的原因是：第一，我们农村娃"见识短"，所知道的职业除了教师，就是护士，再有就是供销社的售货员、粮所的营业员，其他则一无所知。因此，当时报志愿，也就这些选项；第二，当时可选择的学校极少，而师范类招收指标较多，所以我就这样去选择读了师范。

问：您可以谈谈您对改革开放以来中师教育改革成就的看法吗？

答：中师教育已成为过去，但并不等于中师教育生命意义的完结和凋零，也不意味着对中师教育传统否定。有着百年积淀和传承的中等师范教育，也为我们在新时代办好师范教育提供了重要的启示。

问：那请问您认为中师生教育对新时代的教育能提供哪些启示呢？

答：第一，要提高教师职业吸引力，强化师范生专业情怀；第二，要坚持属地培养，明确师范毕业生的就业方向；第三，师范生要一专多能；第四，师范专业课程设置应该重视实践；第五，师范生源的可塑性一定要强；第六，师范教育与教师专业发展紧密结合，职前和职后有机统一。

问：您对未来中国教育事业有什么看法或者建议？

答：千年大计，教育为本。教育大计，教师为本。师范教育任重而道远，教师教育之路漫漫长。当前，师范教育已经跨入教师教育发展阶段。但中等师范教育留下的宝贵经验与财富值得充分借鉴和吸收。

（陈秀丽，2019 年 10 月 16 日，四川省乐山市）

20 世纪的农村社会与今日颇有不同，农村在农村学生及其家人眼中并非一个充满诗情画意的地方，使他们刻骨铭心的是"田间地头不得休，一年四季不保收"的生活方式。尽早脱离农村的一切，是当时农村子弟的梦想和追求，也是其家庭进行各种决策的直接原因。对报考中师生原因的回忆中，出现了大量诸如"国家的人""公家人""吃'皇粮'""跳农门""吃商品粮"等字眼，其本质都是一个，即离开农村。早在新中国成立后不久，国家就有"农业人口"和"非农业人口"之分，"非农业人口"就是吃国家计划供应粮的人口群体。"非农业人口"享受副食补贴、医药补贴和更多的就业机会。尽管改革开放以来这种城乡二元结构已经逐渐打破，但是农村人对这种政策优势记忆犹新，观念仍然没有改变。国家对中师生的优惠政策力度非常大。第一，中师生毕业即包分配工作，学生立即获得一个永久性的"非农业人口"身份。这一点是最具有吸引力的。第二，不收任何学费。这使得农村家庭不用考虑中师生的教育投资问题。第三，每个月发放一定数额的学生补助及其他待遇。显然，国家给了一名中师生在当时条件下令人艳羡的待遇。这种"荣耀"的社会心理成为农村学生及其家人选择报考中师的最重要原因。

农村传统的权力结构也是影响学生及其家庭决策的重要因素。长期以来，乡村知识分子在农村中拥有重要的话语权。改革开放以来，乡村知识分子与农村干部有融合的趋势，乡村中小学教师在农村中尚拥有一定的威望。乡村中的知识分子及其背后的身份地位，对农村家庭而言是一种无形的资本。而就读中师，是拥有这种话语权的成本最低、回报最快的现实选择。

在报考中师的决策中，尽管学生及其父母拥有最终的决定权，但是身边的劝导和以身示范起到了重要作用。那些已经就读中师并成为教师的亲戚和朋友会给学生及其父母的选择提供一种"现身说法"，进而促使他们更加坚定报考中师的想法。

通过以上史料梳理和分析，我们可以受到不少启发。教育事业是一项特殊的公共事业，关系重大，正如习近平总书记多次提强调的"教育是国之大计、党之大计"。国家的资源投入和政策导向会对每一个普通家庭的决策产生最为直接的影响，进而关系到能否将资质最好的青年吸引到教师队伍中来。因此，教育不应该"产业化"，反而应该成为财政资金投入最集中的领域。国家的政策应该最大限度地考虑低收入农村家庭的投资策略，维护教师身份的光辉头衔、体面生活和荣耀心理。只有如此，才能广泛地吸引农村子弟加入到农村教师队伍中来，为推进乡村振兴和夯实基础教育奠定基础。

第三章　中师生的生源情况

当今社会对曾经的中师生存在两种不同的看法。一种观点认为，中师生不过是中专文凭，在高等教育普及化的今天视之为"早已过去的人和事"。持这种观点的认为，本科大于专科，专科大于中师中专，中师生处于所谓"鄙视链"的最底层；另一种观点则认为，2000年以前的中师生"可以媲美211、985大学生"，甚至有人说中师生是一群"错过北大清华的学霸"[1]。那么，中师生的生源资质究竟如何？回到历史的现场，综合考虑各方因素，可对中师生的生源素质有更加全面客观的认识。

一、超低录取率

正如前文所说，当时社会的固有心理和国家对中师生的激励政策已使报考中师成为农村学生的最优选择，与之相随的是报考中师的激烈竞争。

四川成都的一位王老师回忆到，当时报考中师的录取率极低，他所在的双流县每个乡镇只能分到2—5个指标，而且地方政府规定只有应届初中毕业生才能报考。

在1980—1999年，初中毕业考中师，是所有初中生的理想，要不县里的领导，他不会让自己的孩子不读高中考大学而来考中师。当年，我们乡有

---

[1] 微信公众号"学术志"登载的一篇名为《中师生，一群错过北大清华的学霸》的文章提出该看法。

大概150名毕业生，一共才出了3名中师、中专生，可和现在河南高考1%的985大学录取率、4%的211大学录取率相比。过去考中师中专的难度，放到现在应该不输于考上一个重点大学。近年来，大学本科生越来越多，中师中专文凭，再没有往日那般的地位，但是，大凡经历了那些拼搏岁月，了解那一段历史背景的人，都会明白那些年的中师中专文凭，有着多么崇高而重要的分量。

1988年，我在乡镇上一中学读初中三年级。在中学读初二时，我的成绩在全校中还算可以，是几个班中的前几名的样子，甚至有的时候可以进入前三。后来，接近中考的几次考试成绩退到了年级的30名之后。幸好当时我的班主任王老师开导我说：你的水平没有什么太大的问题，那些排名在你前面的学生基本上都是留级生，跟你不一样，他们毕业时排名再高只能报高中，但是你是应届生就可以报师范。1988年过完年，就陆续开始报名中考了，学校按往年的惯例，要组织一次中师中专考生的预选。

当年报考政策的规定是这样的，中师和中专生每一个乡镇分2—5个指标，能够报考中师中专的初中毕业生，只能是应届毕业生，也就是说没有参加过中招考试，没有读过初中三年级的学生。选了一些学生在志愿填报中报考中师中专，其他人只能报高中。我们乡镇当时分了不知道几个指标，但是校长说，我们中学只能选出20个人能报考中师和中专，所以要先行预选。学校组织了一次预选考试，校长和教务主任从外地拿回来考试题目，让所有愿意报名中师中专的同学都参加预选考试。考试结束后，大约有一个多星期，校长和主任又从外地批改好卷子回来了。然后，一张大纸，写有20个人的名单，贴在校长办公室门口。只有这些学生有资格可以报考中师中专生。

我作为一名中师生，教育就是坚守常识。从我毕业到现在也已经过了好几十年，我在学校教书育人也已经过了很多个年头。我心中几十年对常识的坚守。作为一名中师生，我们也许有某种不可名状的高傲。岁月已逝，内心明净如初，教育的尊严，教师的荣耀，是那一颗永怀初衷的心。

（王立德，2019年10月4日，四川省成都市双流县）

四川眉山的一位杨老师也讲到，中师生的录取率在5%左右。

问：请问您当初为什么会选择中师生？

答：因为当时家里贫困，读中师生的话，在读书期间国家会补贴生活费，而且三年毕业之后国家会包分配。

问：您当初被分配到了哪儿教书，那里环境怎么样？

答：我毕业后被分配到了仁寿清水区里仁小学教书。那里地处一个很偏僻的乡村，条件艰苦，办公室、厨房、寝室三位一体，一学期下来，围帐黑得洗不白。不过当地民风很淳朴。

问：你们那个年龄段的人是不是大多数都选择中师？

答：其实当时愿意当老师的不多，家境差一点的很多人会首选中专，其次才是中师。

问：杨老师您那一届中学毕业的有多少人呢？

答：具体不知道，大约300人吧，结果中师中专考上了19人，升学率是相当低的了。那个时候的升学率5%左右。

问：中师生是中学毕业之后考的，考上了才去读，那您觉得中师生和现在的免费师范生有什么区别吗？

答：一个班，成绩最好的考中师中专，其次考重点高中，再其次考普通高中。要说与免费师范生的区别，那就是中师生在一定范围内，比如一个学校、一个县，都是那一届成绩最好的部分，也就是说，整体素质高一些。而且进师范后，教学基本功，如"三笔字"、课堂设计等等都要认真训练，不像免费师范生学理论多。

问：您觉得选择了中师生，对您今后的人生有什么改变呢？

答：改变就是雄心壮志慢慢被磨灭，因为学校都流行60万岁，再加上工作包分配，一般没关系的被分配的地方条件要差些。那个时候中师生是很自卑的，他们大多是因家境贫寒才选择了中师生，有许多很有雄心壮志的人被迫去教书，但是离校后转行的也不少。

问：那您是怎么来车城教书的呢？

答：中师生毕业后，被分配到里仁小学教书。在里仁小学教了两年，后来自己努力自学拿到了专科文凭，就被调到了里仁中学教书。因为当时的眉山还没发展起来，作为眉山的一个小县城，仁寿的条件就更加不好了，所以后面转去了眉山土地中学教书。在自考专科之后，这期间的几年，又自学考取了本科文凭，在拿到本科毕业证后，就想去试试高中老师，却不料被调到了职高教书。后面职高升为普高成了太和高中，后面又与车辆厂中学合并，变成了车城中学，并任职至今。

问：现在还在教书的中师生多吗？

答：好多退休了，没退的也没几年了。中师生45岁以下的很少了。中师取消我不知道是哪年，反正2000年以后没中师生了。

问：中师生取消后，就来了很多大学生当老师的，有没有对你们那代的中师生造成什么冲击？

答：有。最先受冲击的就是国家要求文凭了，于是中师生又被迫函授、自考等拿了文凭，不然，评职称吃亏。

问：这可能也是有部分中师生转行的原因，现在国家给中师生的待遇还是挺好吧？

答：具体教学工作上的压力冲击倒不是很大，是有部分中师生转行了，他们转行的主要原因是待遇太低了。至于中师生的待遇高低要看怎么比，纵向比还好，横向比不好。

（杨火明，2019年10月13日，四川省眉山市仁寿县）

四川成都的一位杨老师，则将报考中师生录取率之低与今日211、985大学的录取相提并论。

问：您能讲讲作为中师生一些过去的经历吗？

答：当年我是考上的成都幼儿师范学校。作为一个农村人，能考上中师已经很不错了。现在你们对于中师生可能还不清楚，那个时候的中师生就相当于考上985、211的学生了。当年，看到父母在田里那么辛苦地干活，自己也干过活，心里面就在想自己一定要努力读书。想起割麦子的时候，我是老大，还有个妹妹，当时她很小，所以只有我去帮妈妈割麦子，凌晨3点就去地里干活，一直干到天亮。早饭也没来得及吃就去读书去了，当时我还记得我妈妈喊我吃了再走，但是怕迟到就没有吃，直接去了学校。

问：您能讲讲您的学习生活吗？

答：我成绩不算好，落下很多账，特别是英语。当时没钱，不像现在可以去补课，以前全靠自己。我还记得我为了补英语，向同学借了本语法书，拿到就开始抄，抄了3天，每天都是晚上十一二点才睡。落下账了，只能这样靠自己补回来，真的是好不容易把英语成绩提起来。苦，每天都有，当时想过放弃考中师去考高中，那时候家里穷，没钱供我读高中。考上了中师就不用当农民了，我就是不想当农民。我一路也走过来了，苦也值得。考上了，家里人也开心，还办了个小酒席庆祝了一下。

问：您能讲讲您考上之后生活上有什么变化吗？

答：自己有工资了，可以为父母分担了，生活越来越好了，从以前没电视看，到可以自己买电视，从摩托车到汽车，从没房到有房。

问：那请问您对当时的教育政策有什么看法？

答：当时国家正需要大量的人才，所以我坚信读书才有出路。考上就不会当农民。师范生是有补助的，委培生、师范生出来都有正式工作，国家分配工作，是计划分配工作，你是哪里的就被分配到哪里，所以当时的政策还是很好的。如果换成现在，你毕业了还要自己去找工作。

（杨佳玉，2019年10月21日，四川省成都市）

四川德阳的一位马老师回忆起当时中师生的录取率时说，因为录取率太低，有不少学生选择了在初中阶段就复读，以期次年继续报考中师，颇似于今日高考复读。当然，复读的初中生能够报考中师以及是否在录取名额上有限制，要视各地的政策而定。

问：您好，请问当年您是读了中师吗？

答：对的。我当时读完初中，就去读了三年的中师，然后就去教小学。现在国家发展了，教育进步了，学校里又来了好多新老师，我也好久没教书了。

问：那当时您是因为什么而选择了读中师呢？

答：那时候家里穷，吃饭都成问题。本来也没什么钱供我读书，我那时候成绩好，大家都说读中师有出路，吃香得很，读了出来就可以去教书，还有城里户口，听起来很好。于是，我们班就我和另一个女生考上了。

问：那当时您在哪里教书，都教哪些科目？

答：开始先是在宝华寺那边教小学，后面改革了又被调到新华镇去教初中了。什么都教，数学和语文我都教，之前还带他们上体育课。我给你说，当时那个操场都是纯天然的，哪有现在条件好，但是那时候那些小孩还是多喜欢上体育课，一个球踢得稀烂了都还在要。现在他们好多都带小孩了，还有些也回来教书了。

问：那您当时的其他同学都干啥去了啊？

答：有的直接读完初中就回去种田了。一般成绩最好的都读中师去了，剩下的考高中，但是当年考取大学的少得很，你想那时候在农村哪晓得那么多，就想到拿个铁饭碗就好了。

问：在你们那时候中师生很吃香吗？

答：中师生肯定很吃香。那个时候我们班应该五六十个人，连中师中专考取的只有六七个。

问：那为啥要选择读中师呢？

答：因为那些年有机会参加高考也很不容易。在我们农村，考取大学的少之又少，几年都出不了一个大学生，我记得我们有一年我们村出了两个大学生都轰动了整个大队。所以说，考中师是个捷径。

问：他们读中师出来就教书吗？

答：他们一般读三年出来就出来教书，分配到小学或者初中。

问：现在中师生是不是差不多都没教书了？

答：应该最早的一批都有五六十岁了吧，如果稍微小点的也有四五十岁了，应该还是在继续教书，不过应该也快退休了。

（马世顺，2019年10月6日，四川省德阳市）

通过当年某些地方对中师生的录取政策，也可以窥见中师生竞争之激烈和录取率之低。四川省万源市的裴老师回忆说，当时当地的录取政策是最先录取中师，接下来才录取重点高中，最后录取普通高中。裴老师报考的那一年，整个万源市有一万多人参考，最后只录取了60人。优中选优，并非虚名。

问：您是哪一年考的中师？那一年您多少岁？

答：1979年报考中师生，当时14岁。

问：当初您为什么选择了考中师？

答：就是为了跳出农门。

问：当时考中师时竞争大不大？可以详细描述一下当时的情况。

答：当时是成绩最好的考中师，然后才录重高，最后录普高。当时竞争非常激烈，全县有初中毕业生一万左右，中师只招60人。

问：您为考中师生付出了哪些？

答：说实话，并没付出多少，只因成绩的确很好，不过上课从未放松过，课余时间大多在看小说。

问：那当时家人态度怎么样？支持您考中师生吗？如果支持的话，家人又为您做了什么？

答：家人当然是赞成。因为家中弟兄4人，我是老大，农村当时还是大集体生产，生活水平很低，家中很穷，所以相当支持我读中师，出来后可以带带弟妹，为家里减轻负担。为了我在学校能不比其他同学差，连自己的老屋都是卖了的，鸡蛋从未吃过一个。

问：那您工作后，家里的情况有什么改变？

答：工作后父母的担子相对轻了一些，我从教书的第一天开始就带3个弟弟读书。

问：当时有朋友和您一起考中师生吗？他们发展得怎么样？

答：当时我们一个班有6个同学同时考上了万源师范，后来有4个同学先后走上了领导岗位。

问：那可以讲一下您读中师生时的感受吗？

答：当时我们读师范时没有统一的师范教材，前两年是学的高中教材，后一年才学什么教育学、心理学和一些教学法。前两年成绩仍然很好，很想考大学，可不行，所以后一年学习就没那么认真了，当时就一个目标：60分万岁！

问：可以谈一谈中师结束之后您的工作经历吗？

答：工作时刚17岁，不懂事，教学没经验，好在当时学校校长是我原来的老师，对我们很是爱护，教学的事可以说是手把手地教，所以我很感谢我的恩师。这样就学到了很多，后来在石窝教了三年小学之后就调到玉带去教初中了，原因是玉带的校长是我初中的数学老师，玉带又差人，所以顺理成章就调过去了。在玉带初中教了五年，教学水平不断提高，教学成绩也很好了。当时在全县就小有名气了，教的学生后来有好多都考上了重点大学，在外发展很好，就是回万源的现在的民政局、人社局的局长就是我那时的学生。五年后调回石窝直到现在，其间有很多机会，一是可以当官，二是可随时去万中、三中，我都放弃了。原因主要是家属没工作，去了城市难以维持生计，所以直到现在都在石窝。现在有些事想通了，可人老了，就这样吧。

问：那您有没有后悔过考中师生？

答：很后悔。如果当时读高中，一定能考上很好的大学。或者，不读师范可以读省属中专，结果可想而知！

问：现在呢？后悔吗？

答：现在后悔也没用了，那就算不后悔了，因为我有这么多好学生呀！

（裴刚，2019年10月1日，四川省达州市万源市）

贵州遵义的一位张老师回忆起中师生的录取率时说，那时候只有4%的人能够考得上中专、中师，并表示"如果当年我们这些去考大学的话，就是现在的985、211的人才"。

问：您为什么想当老师？

答：那时候没想过喜不喜欢当老师的事，就想早点工作，从初中就考中师就可以早点工作了。

问：所以那时候没想好要干什么，只是想提前上班。

答：那个时候班上前几名能考中师和中专，然后就是技校，技校的录完以后才读高中。如果说班上一般都是前一二名考得起中专中师，后面的可能考得起三四个技校，下面的考得起两三个高中，那时候只有4%的人能够考得起中专中师，不像现在，考大学的话，有30%、40%的考上大学。

问：那个时候那么难考啊，100个只要4个。

答：对，那个时候考大学100个也只有4个能够考上。

问：那您当老师以来，令您印象最深刻的事是什么？

答：指的哪方面？

问：您觉得很困难的时候是什么时候？

答：上有老，下有小，才开始上班那些年要面对提升自己的问题。那时候就是非常的忙，要带孩子上学，要努力把自己的文凭提升到本科，然后每年都要上一节公开课，都有人听课，不管是教学上还是其他事，也不论是什么时候，都很忙。

问：那您的家人支不支持您的工作呢，工作有没有影响家里的时候？

答：支持，但是很多东西他们也帮不上忙，只有自己努力的完成。

问：也是，这事他们也不懂，只有亲力亲为。

答：嗯，你们好的是一下就把文凭提高到现在，基本上就是去考大学，中师技校就是考大学剩的人去，就反过来了。

问：所以以前很好的学校到现在都没什么好生源了。

答：我们现在这些老中师都是这么说的，如果当年我们这些去考大学的话，就是现在的985、211的人才。

问：您最初当老师的心情，通过这些年，有没有什么变化？

答：反正就是变了。从开始我们参加工作的那时候也就是刚满19岁，就是现在的高中毕业生，那时候也没有很大的想法，工作多年以后，慢慢地就热爱起来了。

问：那您遇到什么样的学生比较让您头疼？

答：懒的学生，就是安排什么也不做。永远都是，就算是脑子不聪明的学生，只要勤快努力，最后都很优秀。懒的学生不管再聪明，最后都变得比笨学生还要笨。

问：所以只要肯努力，大家都可以。

答：踏踏实实的人，以后都发展得很好，很稳定。

问：您上学的时候有没有特别喜欢哪个老师，就是对您影响很深那种？

答：有。谈不上影响力深，就是印象很深吧。我初中时候的语文老师她的谈吐，讲课的样子，对我们来说，30来年了都历历在目。

问：对，我也觉得语文老师给人印象很深的感觉，言语谈吐与众不同。

答：老师都一样，也有数学老师。我记得当时我数学成绩还可以，没觉得老师有多特别。但是有一次，有比赛的时候，身边突然有个老师肯定你，说你可以参加这个比赛。于是，我参加了比赛，还得了市级二等奖。要是没有那个老师肯定我推荐我的话，我可能就没参加那个比赛，没有得奖的机会，就没有现在的我了。

问：伯乐遇上千里马，再正常不过了。老师您教书多少年了？

答：马上30年了。

问：那您教书开心不？

答：都往开心想，反正都得干，干就干到最后。

问：也是，开不开心都得过。那您觉得是教占主体还是学占主体？

答：如果是站在孩子的角度看，学比较重要，老师只是起一个辅导作用，在学生学到一定的时候指导一下方向，避免他们走歪。

问：您最有印象的是哪一届的哪一个学生？

答：刘文瑞。他经常回来看我们，当时是我一直教他们，从一年级教到六年级，毕业到现在一直都保持联系，比如他们高考考了多少分，考了什么大学，我都知道，我们还有个群，他们的最近动态什么的全在里面。

问：真好，就像妈妈一样。

答：大家都像家人一样，也是我的幸运。

问：那您喜欢什么样的学生呢？

答：谈不上喜欢吧。只要你肯学，我就会认真教，没有特别喜欢这种说法，我都是一样的对待。

问：反正就是没有放弃过任何一个学生。

（张咏梅，2019年10月5日，贵州省遵义市）

曾在四川省新都师范学校就读的一位彭老师说，一百个报考者中只有两到三个能够成功进入中师。

问：当初您是在哪里读的师范学校？

答：我当初是在四川省新都师范学校。

问：当初您选择去读师范是因为什么呢？

答：在我上小学的时候，就特别的羡慕以及仰慕钦佩我的老师，当时就觉得他们很厉害，不仅可以给学生们讲课，还可以带着学生们玩各种各样的，尤其是一个音乐老师，他既可以弹也可以唱。所以当时我就立志我要成为一名老师。在后期的不断努力中，在国家政策的支持下，我终于考上了师范，并当了一名老师。此外当初就是听说当老师更容易，就业比较轻松，而且家在农村，想尽快找到一些合适的工作，不想给父母增加一些额外的负担。

问：当初您所在的班级里面有多少学生是选择去报考师范学校的？

答：当初班上大概有 40% 到 50% 的学生都选择了报考，但是由于当时的条件是比较严格的，所以 100 个中只有 2 到 3 个能够成功地进入到师范。

问：当时您上师范的时候，大概会开设哪些课程呢？

答：当初会开设语文、高等数学、生物、化学、物理、美术、音乐等。在一年级的时候，每一科都是我们必须学的，然后到二年级的时候就会进行选修一些课程，我选择的是音乐。

问：那您毕业后出来面向社会时的就业情况大概是怎样的？

答：因为当时农村学校严重缺少规范性培养出来的老师，很多老师的一些教学能力以及基本功方面都是较弱的，所以就我们这批从师范院校出来的老师，在基本功以及教学能力等方面较之没有上过师范的老师都是比较强的，所以当时我们的就业率就达到了百分之百。而且我们毕业过后就是教育局直接给我们分配工作，所以我们是不用担心未来毕业后没有工作。

问：当时您考上师范后，国家政策给予了哪些支持？

答：当初我们考进学校过后就会转户口到学校，不用交学费的，并且学校每个月会给予我们 31 斤粮食的粮票。也就差不多一个月 30 元钱。

问：那您出来工作后的福利待遇又是怎样的呢？

答：我们毕业出来后就是在 1985 年，是第一届教师节，当时学校这方面是非常重视的，所以我们当时的荣誉感这些都是很高的。当时的工资是 45 元每个月，而且相较于其他行业工资都是比较高的，而且教师这个工作是比较稳定的，当时我就是非常满意的。

问：当老师这么多年，您有哪些收获与感想呢？

答：总而言之，当老师就是苦中有乐。因为老师的工作是比较单一与单纯的，没有怎么和社会上接触，每天都只是和孩子们接触。

（彭老师，2019 年 10 月 17 日，四川省成都市新都区）

四川乐山的一位陈老师回忆到，一个镇才给两三个中师生的名额，一个县城能考上的也没多少，以至于有些农村家庭会因为自家孩子考上了中师而摆一次酒席。

问：成为中师生的时期中，什么事让您印象深刻？

答：其实当年很多事情都已经记不起来了，印象最深刻的还是在偏远山区当教师的那段时间。当年中师毕业生分配动员会后被分配到边远山区教小学，我当年学的是英语，去那里教授英语。当时那个年代是没有现在的班车通到那里的，坐完车后我一个人还要步行很远才能到达，当时刚进一个村，村口就有一位好心的老农用老驴帮我拖行李，还一直把我送到学校。到了学校，当时我的家庭条件也不是很好，但我看了那里的条件后，我觉得非常惊讶，教室破旧不堪，全是土块建设的，条件非常简陋，学生坐的是纸浆桌凳或土凳或坐在教室的土地地面上写字读书。但是学生都非常认真努力，山里的孩子不会英语，教起来有点吃力，但是当时我被她们那对知识的渴望感动了，可惜后来离开了，不知道她们现如今是什么样。

问：我从您的话语中读出了您的不舍，那您当时为什么会离开那里呢？

答：因为家人的原因，当时父母不舍得让我吃这份苦，恰巧当时在家乡又有合适的岗位，父母就想让我回去。再加上我是独生子女，在我在偏远山区当老师时父母生病了，我都是过了几个月才知道，觉得自己当时挺不孝顺的，就离开了。

问：成为中师生对您未来的人生有什么影响呢？

答：成为中师生后，我走出了我们那个小小的农村，看到了更大的世界，也认识了很多朋友，也是中师生这个身份才让我现在能够在市区拥有自己的房子和家庭。特别是在山区当教师的那段日子也一直停留在我的脑海中，提醒我不忘初心，不要忘记当时成为中师生是想要学习知识，改变命运。我现在还受影响,要每天看新闻,每天读书,经常和朋友约起去市图书馆看书。

问:有没有后悔成为中师生,为什么?

答:不后悔。那时候的中师生,一个镇才给两三个名额,一个县城能考上的也没多少。放到现在都是985、211。竞争是非常大,现在都说物以稀为贵,中师生的名额就是这样。很多人都羡慕能去城市,这个机会,特别是对我们这种农村孩子来说是很有吸引力。离开农村,考上中专就可以转户口,还带干部指标,又能解决口粮、分配工作,听起来特别好。当初我们的入学年龄普遍在14—15岁,17—18岁就能毕业,并且能被分配到各地中小学任教,只有极少部分会进入高一级大专继续深造。后悔吗?真的不后悔,我还觉得很骄傲,哪怕后来我的学历不算高,但我在教育事业的付出却让我觉得自己成为中师生不是不堪的经历,而是难以忘怀的。

问:当初,您的周围人知道您成为中师生,有什么反应?

答:我的父母还有我的姐姐都很激动。我妈还给我烙了饼子,买了些肉,我爸给我买了一双新的布鞋,后来我是穿着布鞋离开村的。我的老师们又送笔又送本子给我,告诉我好好学习,校长也过来了,发了一张三好学生奖状,因为学校只有我一个人考上,我还进行了全校演讲。对了,当时铅笔都很珍贵,有个老师还送了支钢笔给我,我现在还留着。我隔壁村的朋友,到我们院子过来看我,手里拿着菜。村上还办了席,隔壁村的也来了。

(陈进兵,2019年10月3日,四川省乐山市)

二、最拔尖的苗子

激烈竞争的结果是最优秀的苗子进入了中等师范学校,中师拥有了一批资质最好的生源。已经成为高校教师多年的廖老师回忆起中师生的生源质量时说,那个年代能够考上中师的都是佼佼者。

问：您是什么时候就读中师的？

答：我是1982年入学，1985年毕业的。

问：老师您在中师期间有什么事情令您印象比较深刻的吗？

答：因为我们当时包分配的。你知道考上中师生，只要能够毕业，拿到毕业证，就肯定有工作的。我们当时包分配，不像现在是双向选择，你们要去选单位，单位要选择你们，我们那是分配，所以就意味着你只要及格，能够毕业，工作是不愁的，所以就有些同学没什么追求。当时我们流行一句话，叫60万岁，只要考上60分，就能够毕业，工作就包分配，所以我就感觉到我们好多同学实际在里面就是玩过去的，混过去的。那我当时就是看小说，我不喜欢玩，我就喜欢看书。当时办了两个借书证，我们学校有一个借书证。我们是安岳县，四川省安岳中等师范学校。我在安岳县文化馆又去办了一个借书证，我就两个借书证，借来看书，上课看，下课看，老师在上面讲课，我就在下面看小说。印象深刻，就是这个。

问：听说当时是成绩很好才能去读中师，对吗？

答：当时我们那个年代，能够考上中师生都是佼佼者，成绩非常优秀的。

问：那请问您选择这条路有没有后悔过？因为如果当时您参加了高考，学历、职称可能不太一样。

答：我当时初中毕业的时候，就填志愿，因为我成绩非常好，我的同学也建议我能够读高中、考大学。说实话，我也希望读高中、考大学，但是我和我父亲说的时候，父亲就很严厉地批评我，他说考上中师生，哪里不好，考了中师，就吃国家粮了。当时国家和农村差别很大，现在好像无所谓，当时那个就是两个世界。他跟我说，你考上高中，我也不让你读，所以说我是万般无奈之下读的中师。因为我们当时考试的时候，就是很多学校根本没有开设英语。你如果考中师、中专，就压根不看英语，一分都不考，一分都不看。你如果是考高中，假设你要考重高，那么英语只是参考分数。如果你的分数线达到重高分数线，那么英语只要有 45 分，就能考上重高。考普高压根就不看分数的。当时在考试的时候，因为我父亲和我说得很清楚，考上高中也不让我读，所以我当时在做题时都知道，考试有规定，半个小时之后才能交卷，我当时考试的时候，半个小时做完一面的题，另外一面的题做都没做，我就交上去了，我还得 60 多分。中师生的素质真的是非常不错的，这些中师生假如是考大学，很多都肯定能考上重点大学。中师毕业以后主要是在小学工作，也有教初中的。后来有些同学经过自考拿到大学文凭，也有教高中的，应该说是我们这个行业的佼佼者。我们当时是安师，安师可以说是安岳县的"黄埔军校"。安岳县的很多领导都是安师毕业的。为什么呢？当时大学很少，考上大学的都是很有出息的，到外面去了。条件就是安师毕业的就只能待在安岳，那时候就是安岳县的各个部门都有我们的同学。

问：那你们这个是分配工作，就是分配到一些乡村去工作吗？去教小学吗？

答：以村小为主。特别是我们那一届比较糟糕，大部分都是村小，我都被分到村小，那个村小是四个乡交界的地方。

问：当时您读中师的时候十几岁是吧？

答：15 岁。我们那一届收的还比较小。之前就是考中师真的非常难，所以说当时比较流行的做法就是，万一考不上就选择初中复读，复读一年再复读第二年，第二年复读了复读第三年。但是我们那一年恰恰规定只招收应届毕业生。我们那一届怎么说呢，我们的年龄小，但在我们学校里面是最难管的。

问：中师学校里面是教什么呢？除了教语数，还有其他吗？

答：中师是都要学的。因为当时我们是到小学里面去上课，好多老师还到村小，所以说相当于就是全科教师，什么都必须懂。

问：您被分配到农村学校的时候在那个地方教了多久？

答：4年时间，就是1985年到1989年。

问：在这期间您有没有很特别的记忆，对您很深刻的东西的什么？

答：就是开始写小说，不成功。写小说写诗歌不成功，搞创作不成功，后来就打算参加高考，又没有那个胆量。所以说后来就没有办法，就去参加自考去了。

问：您之前写的是什么题材的？

答：小说、诗歌什么都写。80年代，文学青年在当时非常非常受欢迎。那个时候如果说你是文学青年的话，别人都对你刮目相看，就好像现在看亿万富翁一样。我们那个县都有份杂志——《安岳文艺》，县城都有杂志。当时是文学时代，当时喜欢搞创作的人很多很多。

（廖久明，2019年10月16日，四川省乐山市）

同样从中师生走向高校教师的徐老师也谈到，当时去读中师的都是"最优秀的人"。

问：您觉得作为一名中师生的职业生涯中最值得骄傲的事情是什么？

答：目前没有感觉，我只是觉得我在那个中师三年的生活中非常幸运，每年都遇到一个很好的班主任老师。这三个不同的老师都是不停地鼓励我。他们对我说你学习成绩很好，你要坚持，要不断努力，争取能够保送。我就是在他们的一路鼓励下走过来的。后来我就保送去上了那个大学。不说最骄傲吧，就是最幸运的一件事情。

问：许多年后当面对那些迈入了高中和大学校园的同窗，有没有失落与不平？

答：从高中进入中师我是这样来体会的。首先，我认为中师生的政策对于培养一个人的综合素质，促进德智体美全面发展是很好的。你在中师里，你会觉得你的校园生活是丰富多彩的，很充实，甚至觉得身心都很愉悦。第二，那个时候音体美书法这些都是得到了全面发展的。第三，就是中师同学都是受限于那个时候的教育政策，为了将中小学的师资做强，选拔的都是最优秀的人就去考中师和中专，所以，整个校园的氛围是非常好的。最后，国家对这一政策也有专门的投入，我们上中师是不用交学费的，而且每一个月的生活费补助都是用不完的。就总体而言，中师生这一政策促进了人的全面发展，培养了一批全能型的人才。但是呢，还是有缺陷的，最大的缺陷就是发展的空间受限。比如说我们一个年级4个班，180个人，这些都是来自全乐山市各地的、各区县的初中里面最优秀的人才，但是我们保送大学只有两个名额。所以更多的人可能都是一辈子默默无闻的扎根在小学或中学校园里，很少一部分从政。我给你们的建议就是，一定要上高中、上大学，这样空间就更开阔些，你可以选择考研考博，你后面的空间平台就无限了。像我就不行，虽然说我被保送去了大学，但是因为中学的时候数学、语文学习的深度和难度不够，我们一方面可能多侧重于广度，还有一个就是你们研究的是 $1+1=2$，而我们研究的是为什么 $1+1$ 等于 2。我们那个时间就没有学英语。所以我在上大学的时候要考研考博，英语就受限制，我们学习高数也很艰难。所以说，我觉得这个有利有弊。

问：国家教育给您最大的感受是什么？

答：就这样来说吧：从开始教书，国家教育给我最大的感受就是教育是改变一个人的命运很重要的途径。就我们目前国家这个大的教育环境、大的形势、教育的现状来说，不管你的出身是什么样子，背景是什么样子，教育真的是改变一个人一生命运很重要的渠道。

问：从做教师以来，您认为教师的价值体现在哪？在多年的教学中，有什么样的心得体会？

答：我主要的工作不是关于教学，可能偏行政多一些，我认为做教师的价值就是改变学生的命运，我认为这是我们最大的价值所在。举个例子，我们任何一个老师都不能忽视工作中的每一个细节，每一个环节。我前不久看了一篇文章，这篇文章的题目就叫作找工作和弱关系。他们做了一个调查研究发现，好的工作都不是在那个招聘会上找来的，好的工作多数都是从生活中一些弱关系来的，这个关系不是说我家里谁是什么什么局长，谁是什么什么厅长，或者说咱们人脉很广，有什么朋友可以帮我，不是我们熟络的那个关系，而是说一些弱关系。所谓弱关系，就是说你今天找到我，我们在聊的过程当中可能就发现了一个好的什么机遇，无意给你透露了一个好的平台，你通过这样一个联系，你找到了一个好的工作，这就叫弱关系。我是有深刻的体会，原来我在物电学院的时候带过一个学生，这个学生后来考到西政去读研了，他本科是学物理的，考到西南政法大学去学思政。然后他在西南政法大学里面，就那么三年的时间，他说他在图书馆里就泡化了的那种，他就把那个司法考试给通过了，现在他在成都一家律师事务所当律师。如果说不是因为他在物电学院读书的时候，那个时候我们组织辩论赛，我对这个事情很感兴趣，我就把他们召集起来，层层选拔，然后他被选出来作为二辩三辩出场的。通过这个辩论赛呢，我们就在政法大学找了一个老师，经常电话给他们指导。就通过这样一个事情，他认识了西南政法大学那个老师，他考研也是那个老师帮他联系导师，反正帮了他大忙的。在我看来在自己的工作当中，一件不起眼的事情可能会改变学生一生的命运，所以说，这能够给学生今后的发展带来深刻的影响或者改变他一生命运，我觉得这是很有价值的。

（徐秀云，2019年10月15日，四川省乐山市）

四川成都的一位周老师更是直言，当今师范生与当年中师生在生源质量上的不同："当时是优中选优，想要成为一名中师生非常的难，当今是没有其他选择了才去做师范生。"

问：请问老师您当初为什么会选择成为一名中师生呢？是您自己的选择还是有其他原因呢？

答：选择上师范是自己的选择。农村贫困，主要是想要脱离农村，早日走出农村，有个稳定的工作。同时，也是因为对教师这个职业非常的感兴趣。

问：成为中师生需要什么样的条件呢？

答：那时候要想成为一名师范生，需要品学兼优，多才多艺。

问：您是在哪一年毕业并成为一名教师的呢？如今已经在这个行业从业多少年了？

答：我是1992年毕业于四川新都师范学校，它是一所中等专业教学的学校。从毕业至今，我从教已经27年了。

问：当下许多人都在说，当时成为一名中师生和现在成为一名师范生需要的条件不一样了，您觉得最明显的差别在哪儿？

答：最明显的差别是，当时是优中选优，想要成为一名中师生非常的难，而现在是没有其他选择了才去做师范生！

问：您能通过您的中师生经历给当今师范生提一些建议吗？

答：当今师范生，需要真的去热爱教育，自身要全面发展，一专多能。

问：您对同学们有什么寄语和期望吗？

答：祝愿并且相信每一位同学都能用自己的勤劳和智慧，书写新学期工作和学习，并在期末考试中得到满意的成绩。同学们应该练好基本功，多读书，提升自我内涵。希望你们大学生把握好在大学里的美好时光，积极地去提升自己。你们要像习近平总书记提出的"不忘初心，牢记使命"那样去努力学习、奋勇前行！你们都要好好加油！愿你们未来回忆这段时光，也能无悔！

（周俊，2019年11月3日，四川省成都市新都区）

四川峨眉的两位老师谈起中师生的入学成绩和生源素质时说，当时中专生和中师生质量都很高，而中师生更为了得，"当时的中师生个个都很厉害"。

问：中师生是在什么背景下产生的呢？

答：因为当时正处于国家改革开放初期，国家需要发展，各种资源匮乏。国家教育资源缺乏，不允许中师生考大学。20世纪90年代中期，对中师生要求低，教育由均衡转向专业性教育。

问：当时学校条件怎么样呢？

答：当时一个学校只有几张课桌，还要自己搬凳子。一个班大概50个人，3、4个人住一间（中师生不出钱）。吃饭的话是8个人一张桌子（一个月14元），一个星期吃得了一次肉或者是血旺。三年都是发的饭票、菜票。

问：学校的教材是怎么分配的？

答：当时实行了教材更新、教材改革，把教材中所有不合时宜的文章删除了，是教师自印的教材。

问：中师生是不是初中成绩优异的学生，是出于个人意愿还是学校推荐的？

答：不是推荐，中师生是由考试产生的，就像现在的高考一样。在初中毕业，有的人选择初中升高中，有一部分人选择中师生是因为当时的时代需要，所以当时的中师生是毕业包分配的，不管你读的是什么专业都会给你分配工作。

问：当时对中师生要求是非常高的吗？我在查阅资料时注意到当时的中

师生相当于现在的一本大学的水平吗？

答：是的。当时的一个县城最多有几十个人考上。像峨眉、峨边这样的小县城最多只有十几个人。由于体制的原因，当时是读了初中以后考中专，成绩优异的学生读了中专以后才叫中师生。当时是很不好考的，记得当时峨眉的中专生有几十个人，但是考上中师生的只有4个人，所以当时的中师生个个都很厉害。

问：请问你们二位从中师毕业到现在教了多少年书了？

答：我教了8年就转行了。当时教的是代数、几何和全校的美术。由于当时学校单位的老师基本都配备够了，所以我们没有教几年书就作为青年干部被下放基层去了。

问：那如果读了大学出来的和中师生相比有什么差异呢？

答：肯定有。国家有工资标准，当时读了大学出来的工资就和中师生有差异。但是当时是没有办法的，我家当时有五姊妹，家里人口多，负担重，你有能力赚钱肯定就要出去挣钱，而且并不是所有人都能考大学，成绩不好的早早地就要出去打工挣钱养家里的弟弟妹妹。

问：国家当时有没有补偿呢？

答：没有的。当时的中师生只是中专生里面的一个称谓，只要你的志愿里有填报一个师范类的专业都会录取你的。因为国家需要人才，单位就会安排你让你转业，不像现在你想干什么就可以去考。由于当时是计划经济体制，就算你当时是青年干部或者是单位内部指定送出去的人才，都是不被允许去考大学的，理由是你已经有文凭了，不能和其他没有文凭的抢文凭。后来改革开放了，市场经济和计划经济相结合，这种情况就开始改变了，有些开明的单位和学校就允许我们去参加考试了。就像我原来的一个同学就去参加了考试，最后考上了大学，现在就在眉山一所学校当校长。所以当时的工作气氛是很压抑的。我记得我刚刚开始工作的时候实习工资是30元钱，一年转正之后是 38 元 5 角，只有 38 元 5 角。

（范庆春、梁歌，2019 年 9 月 21 日，四川省峨眉山市）

四川内江的一位李老师坦言，中师生不好考，一个顶最尖的那一拨人，才能够考上中师生。

问：您当时为什么要考中师生呢？

答：家庭贫寒，解决农村户口，端上国家的饭碗。

问：那您考上中师生就能把户口迁到城里面去吗？

答：对，就可以把农村户口转成了城镇户口，就是可以迁移户口到学校。那时候中师生是包分配的，所以就可以直接端上国家的饭碗了。

问：哦，好的。那时候的中师生好不好考呢？考的人多吗？

答：那当然不好考。我们全县的话，大约当时一年就五六万中考生吧，大约是五六万，可能还要多一些，就五六万里面呢，一年在一个县，它只收 120 人左右的中师生。就是这些老师，最后就可以在本县担任小学、中学的老师。当时考五科，那个时候不算英语。五科大约要 460 多分吧。就是五科加起来 460 多分，比当时的那个重点高中要高出十到二十多分。所以，考取是很不容易的。

问：那你们那个考上中师生就是也像我们现在读大学一样，是可以选专业的吗？

答：中师没有专业，中师什么都行，全能。所以中师生被称为"万金油"。"万金油"懂不懂？"万金油"就是我们的清凉油，哪儿痛了、哪儿痒了，都可以抹一下。也就是什么都要学，除了英语之外，语文、数学、物理、化学、政治、历史、地理、音乐、美术都要学，要求我们的是叫作"能说会道，能歌善舞，能言善辩"。

问：那还是挺辛苦的。

答：就是全能。所以毕业出去之后，工作，学校缺什么老师，你就教什么。我们当时有三个同学都分到棠湖中学，有一个选了英语，那个老师特别喜欢学英语，他主要就是自学，就这样担任了英语老师。有一个老师就选了政治，现在去考了律师，做了一个律师，开了一个律师事务所。而我，当时学校差个语文老师，我就当了语文老师。

问：那您当时考的是哪一所中师学校呢？

答：当时，每一个县几乎都有一所中师，也有的县没有。我记得，内江比较大，就有内江师范、资中师范、资阳师范、简阳师范、隆昌师范、安岳师范。比如说乐至县就没有师范学校，那里的学生就只有考其他县的师范。比如说，考简阳的师范或者是考哪一个县的师范。

问：您是多少岁开始出来教书的呢？

答：18岁。一般就是高中毕业的时候。我们那种师范生是不收往届生的，如果有往届生，或者是超龄的，超过18岁的，就不能考师范。我记得我们班上就有一个同学，年龄超过了18岁，最后被查到，学籍被除掉了。

问：那您现在工作多少年了？

答：从1988年开始算，有30多年了吧。

问：从教这么久以来，您觉得当时的中师生和现在从师范学校毕业出去的学生有差别吗？差别很大吗？

答：中师生跟现在的大学生当然差别是有点大的。因为以前作为中师生来说，那是一个县最尖子的那一拨人才能够考上中师生，甚至或者是中专。比如说资阳县，我们5万多人，可能就考中专和中师也就200人左右，所以剩下的，或者实在不行没有办法考上的就只能回去读高中。就是比较拔尖的那一拨人去读了中专中师。而现在的师范大学，除了比较有名气的一些重点师范大学之外，常常都是学习不是特别突出的那一拨人或者是中等一点的才回去当老师。所以从根源上，是有差别的。还有不同，中师生不是正规的大学出来的，它基本上就是师范类的，它的专业系统比较差。所以我们就专业系统性比较不如现在的师范生。因为我们的知识常常是在工作之中学习，基本上都存在这样那样的不足。

问：现在中师逐渐消失，您对这有什么看法呢？

答：中师生毕竟是一个时代的一个产物，因为中师生是存于一个社会阶段的特别的教师群体。在那种背景之下，被时代孕育的这么一个特殊群体。所以随着时代向前发展，它的消失也是可以理解的。并且，中师生对我们这一代人来说过早地断送了我们的发展空间。这其实也是应该被取消的。

问：您觉得对它还是要有一个积极的态度是吧？

答：嗯，对。我觉得当然这是时代进步的一个体现。现在人的素质高了，大学生也会更多了，所以这是一个文明发展的一个必然趋势。

问：您带了这么多届学生，也教了这么多年书了，您觉得有什么感想和收获呢？

答：最大的收获那就是看着自己许多的想法，由那些学生不断在实现。

问：那您还记得在教学过程中那些印象深刻的学生吧，可以举一两个例子吗？

答：我30多年印象很深刻的就特别多，例子一下子也举不完。有从乡镇农村出来上清华北大的，也有那种智商不是很高通过自己的努力能够考上大学的，改变自己命运的。当然，也有特别聪明的娃娃，因为不专心、不认真，之后很贫困的，很多。

问：您觉得现在的教学环境和以前的教学环境相比有哪些改变？对这些改变您有什么看法？

答：确实环境在我们刚刚进入师范的那几年，或者是刚刚参加工作的那几年，那几年是中国的一个发展，是处于一个物质极其贫乏的发展，人民都渴望改变自己的一种现状的。如今呢，也可以经济、社会发展向前的一种体现。

问：就您觉得现在的"00后"的孩子们和您就以前教的那些学生像零几年的时候教的学生，他们有什么样的区别呢？

答：区别就是以前的孩子信息接收的来源少，所以他们就很信任老师。现在的孩子，对接受各种观点信息的来源比较多，比较灵活，很多传统的东西都遗失了。

（李进，2019年10月2日，四川省内江市）

四川江油的一位李老师回忆起当年的中师生入学考试时说，中师生考试要先进行文考。她讲到不是每一个学生都有资格去参加中师考试的，有些地方政府还要单独组织预选考试，只有通过了预选考试的人才能参加中师中专的考试。通过了残酷文考的考生进入面试，面试的内容涉及"书、写、画、唱、跳"等许多方面，表示"比现在考大学难多了"。

问：您是哪一年考上的中师生呢？

答：1985年。

问：当时考中师生的整个历史背景是怎样的呢？

答：那时刚好才恢复高考几年时间。国家尤其是农村里面需要人才。所以初中生，尤其是农村里面的初中生，成绩好的学生基本上都去考中师中专去了。那个时候改革开放没几年，才恢复高考，成绩好的可以说是鲤鱼跃龙门，如果从国家层面来讲的话，就是急需人才。从自身、从国家来看，那个时候需要中师中专教育。初中生基本上可以去考这些，尤其是乡镇和农村的，基本上就报考了中师或中专，但是二者不能兼报。中师也是中专里面的一个系列，我们这些人基本上就是历史里面讲的"那一代中师生"。20世纪80年代中后期，基本上都是各个学校师资的主要来源。我们学校除了我还有很多个，高中、初中、小学都有。毕业出来后有的人继续参加自考，比如说我们都是通过函授和自考拿到专科或本科文凭的。

问：那你们那个时候考中师生难不难呢？

答：肯定难，比你们现在考大学难多了，一个学校录几个人。一般那种乡村中学，比如以前江油的几个中学，小溪坝中学是江油五中、二郎庙是江油三中，像这些学校录的人就要少一些，多的话也就是考几个人。招生的人数没有那么多比例。可能江油中师中专加在一起都还没有我们太白中学的人多。那个时候考中师要先经过预选，争名额，预选名额分到学校，要先预选上了才考得了，才能够参加，不是所有学生都去考。像我们这种考中师中专的人，第一轮要先经过预选，预选一般是在四月份左右。预选了之后才说毕业考试考高中。这些都是分开的，但是后面好像合在了一起，我后面教的学生他们都合在一起了。以前的中考是七月份，高考也是七月份，现在只是时间提前了一个月。我们以前在中师学校里面是样样都要学的，绵阳有绵阳师范，现在也已经并在绵阳师院了，江油师范就是现在的江油幼师。你们现在考师范不面试，我们那个时候要面试，什么书、写、画、唱、跳都要考，要先文考再面试，文考成绩和面试成绩加在一起再决定是否考得上。

问：那您当初考中师生有没有遇到什么困难呢？比如说学习方面的。

答：困难一般都是学习上的。那个时候学习的自主性要强一点才行，没有什么强制性，不像现在都是强制学习。外界的作用很强烈，自身的要求要强一些，老师讲的话要听。最多的可能就是担心考不上怎么办，考不上的话就读高中。像我们考中师就是跃龙门，一个是国家需求人才的迫切，第二个就是自身的一种追求，减轻负担，早点儿出来工作。比如说我和我们同龄的人，我就比他们早工作好几年，你们读高中就相当于我们读中师中专的年龄。他们读三年我读三年，他们读高中还要读大学，专科三年，读本科四年，那些读高中的人能够继续考起本科的也是很厉害的。我们这批人去考中师中专了，主要是家庭条件，减轻父母的经济负担。

问：您也教了几十年的书，有没有什么特别印象深刻的事？比如说和学生或者还有其他方面的。

答：我教了32年书了。我们出来分配主要是面向农村，我最早出来是在教初中，然后又通过自己考试，有自考和成考，我是去参加的成考，自考我只考了一次。我给你们讲过的，学习要专心致志的学，因为那个时候要面临工作。虽然工作压力没那么大，但是自己总不能把工作做太差，这就是工作压力。然后还有家庭，要带小孩，还有各种事情也比较多。我当了20多年班主任，就在太白中学这几年没当。还有我生了儿子那年没当，儿子能走路了之后又才开始接着当班主任。和学生之间就是对学生的要求，用以前自己当学生的要求去要求自己的学生。但是学生又不一样，个体差异比较大，所以这些方面会有一些困惑，尤其是才毕业出来，对学生有种恨铁不成钢的感觉，其他的都还好。总体来说，我教了30多年书还是比较顺畅。

问：作为一名老师，您觉得应该培养学生哪方面的能力呢？

答：首先我觉得应该是思想方面的问题，然后才说能力，我不是讲的很高尚、高大上的。然后，在学习方面培养学生，要求在学校要独立，自觉的学习各个方面的东西，走出学校一定要适应社会，学校和外面还是有差别的。就是我们现在历史讲的就是德育功能，几大核心素养，家国情怀。主要就是适应社会，学生能够独立自主，适应社会，做好人与人之间相处方面的。除了学习，还有就是学生为人处事这方面。毕竟人是社会的人，不是个体的人，最终要融入社会这个大家庭。所以，我觉得学生首先是品德，然后才是学习习惯的问题，德育优先，当然学生各方面都应该注重，尤其是你们大学生。初中、高中最基本的就是行为习惯、思想品德，这些是比较重要的。

问：那您对学生的期望是什么呢？

答：老师肯定都比较喜欢成绩好的，但是成绩只是一个方面，还有品德，以后能够适应社会生活，这个才是最重要的。以后能够独立自主、自食其力，能够考上好大学，能够多挣点钱，也是比较重要的。有些同学在这方面不行，老师也着急，家长也担心，但是人有个体差异。所以我觉得最重要的就是适应社会，不让父母担心，当然能成为高科技人才就更好。还有，对于学生来说压力比较大，学生也要学会自我排解。恢复高考之后到1982年就是第一届，到了后面差不多1998年就基本没有了。但是在招，现在也在招，现在可能就是什么2+2那种，后面就不包分配，然后大学有扩招了。1977年恢复高考时，中师是高中生在考，最后初中生也可以考，初中生第一届好像是1982年。中师生基本上就是招到1997、1998年，此后就回到考高中、考大学；考的科目也不一样，以前考中师中专考政治、语数外和理化。

问：那您是教历史的，历史的科目是您在考上之后学的吗？

答：初中教什么是根据自身的能力，没有对口的专业。我教历史的话是因为我学的是历史专业，不学还是不行。初中的时候专业对口没有那么严格，但是高中的时候基本上就要对口，不对口的就少。

（李琼，2019年10月13日，四川省江油市）

四川绵阳的一位李老师以第三方的视角评价中师生时说，中师生群体的优异无人能比，天分都很高，年龄小，好学，可塑性强，脑子灵活，能吃苦，是"稳稳当当的学霸"。

问：您当时为什么要选择做中师生呢？

答：因为读中师生可以当人民教师，为人民服务，教好下一代。

问：您觉得做中师生甘心吗？

答：心甘情愿的。

问：您觉得选择做中师生对您人生的影响大吗？

答：影响不大，读中师生当人民教师是无上的光荣。

问：与和您同龄选择读大学的同学对比，如今的生活水平差距大吗？您现在对这个决定后悔吗？

答：差距不大，决定不后悔。

问：您觉得做中师生有什么好处呢？

答：读中师生也可以工作，也可以为人民服务，为国家多做贡献。

问：您对中师生这件事有什么看法呢？

答：前面我已经说过了，不管是中师也好，大学也好，都是通过读书得到知识，为国家做贡献，为人民服务。

问：如果再让您做一次选择，您会选择中师生还是考大学呢？

答：中师生。

问：当年是在什么社会背景下产生中师生的？

答：国家为了缓解中小学校师资缺乏的问题，出台政策，从初中毕业生中选招优秀毕业生到中等师范学校，给个干部身份，城市户口，学习三年过后，回到乡村当老师。

问：当年中师生的资质如何呢？与如今教育体系下的学生相比呢？

答：他们的优异无人能比，天分都很高，他们年龄小，好学，可塑性强，脑子灵活，能吃苦，是稳稳当当的学霸。跟现在的学生相比，他们一点儿也不差，甚至更优秀，因为他们当年是成绩最好的学生，素质高，如果读高中的话，都能够上大学。

问：当年的教育环境是什么样子？

答：当年改革开放还没有多久，我国中小学校师资严重缺乏，教学环境也差，很多的设施都严重缺乏，当年的教学资源简直没法跟现在比。但是那个时候的教师都很敬业，能吃得苦。

问：从改革开放到现在，您觉得中国在教育事业方面有什么变化？

答：改革开放40年来，全国教育事业有了突飞猛进的发展。从全国的普六普九，百分之百的适龄儿童都入了学，这是第一个。第二个，中小学生，免了学费，书本费，特别是山区学生生活费，全部由国家包下来，家里不用出一分钱。从这些方面，说明了改革开放四十年来，教育事业有很大的发展和变化。

问：有的人说当时是为了解决饭票，那您选择中师生有这个原因吗？您的家人支持您吗？

答：为了解决饭票，也就是为了解决本人的工作，我认为这是正确的，家人也是应该支持的。

问：中师生身份教学了几年？

答：我是从1964年3月份参加工作，到1997年8月份退休的，一共从事教育工作34年。

（李祖武，2019年10月2日，四川省绵阳市）

三、勤奋刻苦的学风

能够从千军万马中冲出重围，不仅得益于良好的天赋，更是由于这些即将成为中师生的学生严格自律，勤奋刻苦的学风。这群学生的高度自律并非源自中等师范学校的培养，而是进入中师之前就具备了。

一位何老师就表示，当他进入中等师范学校时发现同学都很优秀，而且特别勤奋刻苦。

问：您认为中师生是什么？和今天大学里的师范生是一样的吗？

答：中师生，通俗地来说就是初中毕业就去师范学校读书。以前中师生和你们现在的师范生不一样，我们当时初中毕业就到中等师范学校读书，而你们是经过高考，就读师范类院校，属于大学。我们那个时候是国家为了缓解中小学校师资缺乏的问题，有这么一个政策从初中毕业生中选招优秀毕业生到中等师范学校，给个干部身份，城市户口，学习三年后，回到乡村学校当老师。

问：那您当时为什么去读中师生不读大学呢？

答：我那个时候家里经济条件不好，家里的孩子不只我一个。当时流行外出打工，村里一些成绩普通的同龄人很多都选择外出打工，挣钱补贴家用。当时有关中师政策补助很好，免学费，有一定的生活补贴，我那一届毕业之后还分配工作。当时我的成绩还不错，不愿意放弃读书的机会，但是家里情况支持不了我上高中。刚好又有这样的政策，我就去试试能不能考上中师，如果考上了，早毕业早出来工作，减轻家庭负担。当初，我身边的那些优秀的同学都选择了考中师，当时考中师还是有一定难度，还有什么问题？

问：那您读中师的时候学习和生活方面和现在学校里的不同在哪里呢？

答：现在学校里的学习条件比我们那个时候好得多了，当时我在中师发现，那些同学都很优秀，特别勤奋刻苦。我当时在中师的时候要学习很多科目，语文、数学、历史、地理、音乐、体育之类的课程都有。你们现在的师范专业细分得更具体，体系更为完善一点。但是，当时读书的时候，班上的同学比现在的一些学生好问，他们每天都能发现问题，和师范老师的关系非常好，他们身上透着朴实、勤奋、奋斗，这是中等师范办学特色。可以这样说，"招得来"：严格把控招生质量。"导得正"：学校重视师范教育。很多我们学校毕业的同学都有很强的职业荣誉感，充满教育理想。"用得上"：中师教育是真正的素质教育。现在的师范教育，对于师范生的要求更高，一些政策也在变化。但总的来说，既然要成为一名教师，培养人才，那么中师教育和现代的师范教育对师范生的本质要求都是不变的。

（何洪元，2019年10月15日，四川省乐山市）

许多中师生和了解中师生群体的社会人士，都将中师生群体和当今大学生群体相比，基本上一边倒地对中师生的综合素质和学习状态给出了更高的评价。

一位不愿意透露姓名的中师毕业生说，在那些年里，中师生的实际水平远远超过同时代师范院校里的大学生。

问：老师，您是在怎样的情况下成为中师生的呢？

答：在初二时，我的成绩比较出色，应该是4个班前三名的水平。但是，到了初三，几次考试成绩都在年级的20名之外，我很沮丧。一位姓王的老教师开导我说，我的成绩没有问题，排名在前面的学生都是留级生，他们毕业时只能报高中，你可以报师范。春节过后，中考要报名了，学校按往年的惯例，要组织一次中师、中专考生的预选。当时报考政策是这样规定的，中师和中专生每一个乡镇分2—5个指标，能够报考中师中专的初中毕业生，只能是应届毕业生，也就是没有参加考中招考试，没有读过初中三年级的学生。选了一些学生在志愿填报中报考中师中专，其他人只能报高中。我们乡镇当时分了不知道几个指标，但是校长说，我们乡中学只能选出20个人能报考中师和中专。所以要先行预选，学校组织了一次预选考试，校长和教务主任从外地拿回来考试题目，让所有愿意报名中师中专的同学都参加预选考试。考试结束后，大约有一个多星期，校长和主任又从外地批改好卷子回来了。然后，一张大纸，写有20个人的名单，贴在校长办公室门口。只有这些学生有资格可以报考中师中专生。20个人的名单，是按成绩排出来的。这20个人的名字，我只认识一个人，那就是我的名字，其他名字，一个也不认识。中考在6月份举行，7月中旬成绩出来了。我的成绩是全乡第三名，第一名比我多5分，第二名比我多3分。他两个都是中学教师子女，照顾20分。那时，父亲在村小学教书，是民办教师，我也享受这样的加分政策。而且，我在初中二年级时，是市级优秀学生干部，再加10分。这样，我算以全乡第一名的成绩考上了师范学校。

问：听说中师生的选拔很严格，那您能具体讲讲中师的特点是什么？

答：那时的中师，是县城最高等的学府，是"灵魂工程师"的摇篮。那时的中师，招生享有特权，提前录取，直接选拔最优秀的学生。那时的中师，学生没有升学的压力，也没有几加几的学历接力，学习、读书是最开心的事情。那时的中师，可谓实施素质教育的典范，开设的课程囊括了小学教育的所有学科，用现在的话说，就是全科教育，学生文理兼容，体艺兼备，毕业后什么课都能教，而且教得蛮好。

问：您当中师生的过程中，让您印象最深刻的是什么？

答：印象最深刻的，我想起了30年前刚刚中师毕业，因为有亲戚的帮忙，竟然与同班的一个同学分配到了县城学校里，也是两所县直小学中唯一那年分配来的两个应届中师生（另外一所一个都没有要）。我们所进入的这所学校不大，比起我现在所任教的几百教师的县城学校，可以说小得没办法说，当时全校有学生150多个，15位教师，其中10个女教师。因为家里穷，也因为自己比较死性，不灵活，自己性格内向。还因为是县城学校，很多人都想挤进来。我是天方地圆都没分辨清楚，就在一学期刚满便连滚带爬地被扫出来了。多少年过去了，这短短的一学期经历就是我的耻辱，也是我讳莫如深的软肋，在平时我最怕有人提起来。虽然后来进了另一所县城学校，至今已经整整22年了，但还是怕听到那所学校的名字。

问：老师，您觉得现在和以前最大的改变是什么？

答：我觉得应该是消费能力提高了。我在读中师以前，也就是20世纪80年代初那会儿，几乎没有进过馆子（饭馆吃饭）。有几次是在县城的六月会上，在街道边的露天凉面摊子上，吃过凉面，由摊主在案板拌了油的凉面堆上，抓一碗凉面，拨上半调羹油葱花，调上盐巴醋芫荽等，就可以坐在矮长条板凳上吃了，一碗凉面三角钱。我开始进馆子，已经是中师学生了，尤其是中师三年级四年级那会儿，几乎一周就上饭馆一两次，那时候饭馆里的面一般是炒面、大卤面，也有兰州牛肉面。我最爱吃大卤面，主要是里面有几片油炸豆腐，面虽然不多，却是扯面，特别筋道，可以说百吃不厌，越吃越爱吃。不过，话虽这样说，一碗七角钱的大卤面，也实在不是一个学生常能消费得起的。而对现在的人们来说，吃一碗面是何其简单的事了。

问：中师生当年确实是70后、80后农村学生中的佼佼者。但是，是否可以把中师生悲情化（本该考重点大学当教授，却考了中师当乡镇农村中小学教师）、神化（默默奉献基层教育事业）成高大上的伟人形象呢？

答：不能。理由如下：第一，当年的中师生，在农村同龄人（初中生）当中确实是佼佼者，但是跳出农村圈子，去跟城市同龄人相比较，未必还是佼佼者。以我在大学时候选修素描课程时所见所闻为例，虽然我们这些非艺术专业学生，都是因为兴趣而选修这门课程（素描），课时也少（10来个课时，2个学分），但是经过大学老师的原理讲解（透视、光影等）和实践指点后，大部分同学都能很快上手，部分同学还画得神乎其神。第二，在那些年里，中师生的实际水平远远超过同时代的师专生。一同毕业分配下来，学校领导一听是中师生就非常喜欢，而听到是些师专生就撇嘴，就不以为然。这当然也是当时这些学生们的生源情况导致的，能考上中师的都是各学校尖子生，而当时的师专招收的是高中毕业后很平常的学生，主要是他们的学习底子不如中师生扎实，加上中师几年，对学生们的基本功都训练得非常严格扎实。

问：站在您现在的角度回顾您的中师生活，您现在的觉得有什么遗憾吗？

答：这辈子，我最大的遗憾是未能参加过高考，就像当了一场兵，却没能摸到枪一样。可是我们在30几年前考中师时，其实也是经历了两次考试，一次是预选考试，一次是正式考试。当时的那阵势不大，我们也不怎么紧张，几乎就像平时考试一样。预选考试是初中毕业考试，全部的初三学生参加，而正式考时，却只有我们 20 多个人，后来有 10 多个就成了我们一生的同学挚友了。现在想起来，那时的社会风气绝对纯真正派，因为给我们监考的老师里，就有我们的语文和代数老师，当时不管是老师还是学生，谁都不知道作弊一说。假若遇到现在的话，那情景真的无法想象，最起码自己的任课老师是绝无可能监考的。而那时的语文老师，也是去年又激发起了我写作兴趣的刘新吾老师。在他回了老家、杳无音信 30 年后，去年的 4 月份，我们的同学群里有人又联系上了他。

（甘南草原人，2019 年 10 月 15 日，网络访谈）

每当今人从教学理念、教学内容、教学手段等方面去探讨大学师范教育何去何从时，不应忘记一个基本前提，即教育对象本身的资质问题。得优秀之人而教之，显然更容易培养出与民族复兴相适应的师范人才。中等师范教育在特定历史阶段所取得的成就，有多方面的原因。其中，能够吸引每个地区资质最好的一群人加入师范生队伍，是最重要的原因。1999 年高等教育和中等教育的重大变革之后，中考便不再起到将最优秀的人才分流到中师（中专）的作用了，最优秀的人才转而投入高考大军的洪流中。那批自初中时代便表现出卓越天赋和严格自律的学生，在高考之后拥有了无数的选择，最后又有多少人能够选择师范专业，进而成为中小学（尤其是农村中小学）的师资呢？今日探讨师范教育何去何从，考虑如何吸引资质最好的一群人选择师范专业，是一个值得教育行政管理部门、高等师范院校以及社会各界深思的问题。

第四章　中师生所受教育

有良好的资质而没有精心的培育，是不可能成就优秀师范人才的。中师生毕业入职后留给社会的普遍观感是：充满教师职业理想，爱岗敬业，能歌善舞，多才多艺，普通话标准悦耳，"三笔字"美观大方，学习能力超强，综合素质很高。那么，这一切是如何在中等师范学校里养成的呢？我们可以通过各地中师课程设置中找到一些端倪。通过一些公开出版的中等师范学校校志，可以发现当时全国中师课程的普遍设置。1992年，中师的课程设置情况大致如下[1]：

表4-1　1992年中等师范学校课程设置情况表

科目	一年级	二年级	三年级	上课总时数	备注
政治	2	2	2	192	包括哲学常识、经济常识等
文选与写作	5	5	4	582	包括每日进行普通话强制训练（约半小时）
语文基础知识	2	2			
小学语文教材教法			2	60	包括每日进行三笔字的强制训练（约半小时）
数学	6	5		364	

---

[1] 本表是在河南省教育委员会1992年颁布的三年制普通中师课程设置基础上，融合四川省多所师范学校的课程设置而制成。与课程设置配套的，还有早晚自习、第二课堂等。后来有的地方根据时代的发展新增了一些课程，比如信息技术等。参见信阳师范学校志编纂委员会：《信阳师范学校志（1903—1992）》，中州古籍出版社，1993年，第120页。

续表

科目	一年级	二年级	三年级	上课总时数	备注
小学数学教材教法			4	120	包括教具与实体幻灯片制作等
物理	3	3	2	258	
化学	3	3		198	
生物	3			102	
生理卫生		2		64	
历史			3	90	
地理			2	60	
心理学		2		64	
教育学			4	120	
体育及体育教学法	2	2	3	222	包括田径、球类、队伍指挥、武术等
音乐及音乐教学法	2	2	2	192	包括试唱、乐器、舞蹈、琴法等
美术及美术教学法	2	2	2	192	包括国画、素描、色彩等
每周上课总时数	30	30	30	2880	
每学年上课周数	34	32	30		
劳动	2	2			
教学见习		2			
教学实习			6		

我们再通过当事人的口述资料与文献资料相互印证。在呈现当事人的回忆之前，先展示一所中等师范学校的校歌，其职业理念教育和办学宗旨或可给今人以有益的启发。

天台山麓，桃李芬芳，
优秀儿女聚集一堂，
沐浴着改革开放的春风，
资阳师范蒸蒸日上。
崇德笃行，是我们的校训；
行知精神，是我们的榜样。
我们今天生活在校园，
明天要战斗在原野山乡。
让孩子们扬起理想的风帆，
让儿童们插上理想的翅膀。
啊，同学们，同学们，
要珍惜美好时光，
为中华的振兴，
贡献出我们的青春，
贡献出我们的力量！[1]

一、特别重视艺体

不同于高中以高考应试为主要指向，中师属于职业教育，因此在培养方案和课程安排上虽然重视文化课程，但是更强调培养作为未来农村小学教师必须具备的综合素质。在当时的社会环境下，农村师资严重缺乏，农村小学连语文、数学等主要学科的师资都配不齐，遑论音乐、美术、体育等学科的教师。为了适应时代的需要，中等师范教育不得不培养能够在各种艰苦环境

---

[1] 四川省资阳师范学校校歌。

下胜任各门课程教学的综合型教师。音乐、体育、美术、师范技能等科目就成为中等师范教育极为看重的科目。

四川乐山的一位吴老师回忆说，在中等师范学校师生的观念中，"音体美三科比语数成绩还要受重视"。中师校园中"学霸"的定义与高中存在重大差别，拥有音体美特长的"才华生"才是令大家服气的"学霸"。

问：那时候你们的生活环境怎么样呢？

答：那时候我们没有现在这样好的条件。那时候吃的都是糠，没有我们的白面粉，交通工具也就我们那种凤凰牌的大自行车。夏天还好说，冬天就很冷，都穿的棉袄，当时的那种棉袄没有现在的轻便，但也是暖和的，也因为是自己做的吧。很多事情都是自己动手的，那个时候也没有计划生育，每一家都有很多小孩，也许人多力量大，也许人多没有吃的。有富人更有穷人，生活一切还是要靠自己，扛起家里的一切，为了那个家而努力。现在这样的很少了，很少人有那时的精神。

问：那学习环境怎么样呢？

答：我们那个时候不像你们现在这么幸福。我们那个时候老师很少，基本上都是一个老师教很多个学生。每天上学的路很远，天不亮就要起来赶路，练字都是在石头上练，桌椅板凳也是各式各样的，学习条件很艰苦。

问：那您当时为什么选择上中师呢？

答：在我们那个年代，上学的人还是很多的，基本上每一家的孩子都上学，就是上学的时间不一样，有的可能念完小学就不念了，有的上大学。但在那个时候很多的人都是上完初中就去考中师，而不是像现在基本都上高中。上完初中就要考虑上高中，那个年代的人基本也不爱读书，都初中毕业能考上高中的人都很厉害了。考高中不容易，要考大学更是难上加难了，我家好多亲戚没上大学都是因为没考上。如果要是考中师就相对简单很多了。

还有就是中师时间短,那个时候的人都倡导的是早就业,早赚钱。中专比上高中和大学要早毕业很久。那个年代还很认可中师学校的学生,毕业之后学校给安排工作,工作都挺好的。或者自己找工作也很好找。像有的人家庭条件可能不是太好,上高中、大学的学费很贵,家里拿不出来那么多钱。那时候的人都很理解父母,每家都有很多的孩子要养。所以上中师也是一条很好的出路。

问:那您读了中师之后有什么感受呢?

答:我来自农村,我们绝大部分同学来自农村,城里的优秀初中生大部分去考全国招生的中专学校去了。我这样的农村孩子,根本没有接受过正规的音乐教育、美术教育和体育训练,但是一进中师,一个基本的共识就已经形成:音乐、美术和体育成绩与语文数学一样重要。而在师生的一般观念中,这音体美三科比语数成绩还要受重视。中师校园里的"名人"不是现如今的"学霸",而是体音美的特长生。把一名原来根本没有接受过正规体音美教育的初中毕业生在三年里面教成至少是体音美的达标生,相当一部分同学成为体音美一方面或全面的"才华生",大概也只有中师教育在近半个世纪教育史上才有这一奇迹了吧。其实,教育有一个极为重要的任务就是把一个人潜藏着的天赋发掘出来,使其成为个体生活中获得快乐的一种力量。每一个人都有艺术的天赋,或在音乐、或在美术、或在舞蹈,中师阶段开始尝试每一个人在艺术某一方面天赋的发掘,从个体成长的一般轨迹来看,固然是不算早,但是,从课程上重视,从教学上强化,无疑对当时的中师生来说真是一次自我的"再发现"。中师生大多能歌善舞,心灵手巧,会在生活中发现美、创造美,这成了这一群体给社会留下的印象。他们正因为有过这样一段时间美好的艺术教育,所以他们比其他群体更加热爱生活,一个有过艺术训练的人比一个没有经受过艺术熏陶的人,一般要更加热爱生活些。

(吴明洋,2019年10月6日,四川省乐山市)

成都师范学校毕业的一位钟老师说，师范学校学的东西很多，琴、棋、书、画都要学，甚至把唱歌、弹琴当作难得的休闲娱乐方式。

问：您读中师的时候，平时的娱乐方式有哪些呢？

答：中师的时候，我的娱乐方式有：在学校练习唱歌、弹风琴、打篮球、弹吉他等。那时没有游戏、没有手机之类的。那是一个节奏很慢的年代，并没有现在那么便捷快速的通信工具。我很喜欢在没有课的时候，和朋友们一起带上几本书，坐在成师图书馆外的亭子里看会儿书。看累了，就把书放下，然后就开始聊天，天南海北，什么都聊，比如你最近看了什么书，对哪个女生有好感，但更多的时候聊的都是以后毕业了想去哪儿教书，想当一个什么样的老师，诸如此类的话题。现在想起来，那是一个温暖且美好的岁月，奋斗和理想贯穿了求学的整个历程，是我人生中最珍贵的岁月之一。

问：您读中师的时候，最喜欢看哪一类书？为什么喜欢？

答：兴趣比较广泛，各种书都比较喜欢。侧重于文学类，因为文学名著对一个人的思想影响还是不小的。对于我们了解社会、认识社会以及复杂的人性都有作用，而且在语言方面也对自己写作有促进作用。

问：您是怎么看待中师生这个群体的？

答：我在成都师范读书，记忆中的师范生活非常难忘。因为这影响我的思想、职业、人生观、世界观等方方面面，我们那时非常单纯，朝气蓬勃。师范学校学的东西很多，琴棋书画等等都要学，我们是四川省最好的中等师范学校，没有之一。很多同学在各自的岗位上做出了成绩，有的当了领导，有的成了教育专家，有的同学毕业后改了行，有的成了企业家，有的成了会计师等等。我本人虽然没有什么大的成就，但是我还是在学校干得不错的。一方面在教学上，我基本上在教高考班。通过不断地总结和提高，也成了学校高考教师中举足轻重的一个。另一方面，在班主任工作方面，我也收获多多。看到学生在自己的教育下考上大学或者进入企业，成为社会的人才。这也是人生的意义，人生价值的体现。

问：如果让您再选一次，您还会选择中师生吗？

答：一定会。

（钟世春，2019年10月4日，四川省成都市龙泉驿区）

四川乐山的一位刘老师用"一专多能，能歌善舞"来评价中师生。

问：请问当初您为什么选择成为一名中师生呢？

答：在我们当时那个年代初中读完了，就只有中师、中专和高中可读。初中毕业基本上就14岁、15岁，到了中等师范学校读了3年书后，就奔向了乡村教育一线，而且中师考起了就可以当老师，吃国家饭，就不用再在农村种地了。

问：那您能详细介绍一下当时你们考试的情况吗？

答：我们那个年代，中师教育兴起的那20多年时间里，全国有几百万优秀初中毕业生考入中等师范学校。那个时候的中师生并不好考，1000个人，可能只有5个人能够考上中师。当时，只有考不上中师的人才会选择去读高中。但是高中没有那么好读，不是随便哪家都能负担得起读高中的学费的。

问：请问当时有几个人考起了中师呢？

答：当时我们一班就两个考起了中师，是一个学校两个。当时中师生还有名额，不是想上就上的，在读完后就可以出来教书。

问：那么您当时毕业就被分配到农村去教书吗？您觉得怎么样呢？

答：是的。我们在上中师的时候，什么都要学，"一专多能，能歌善舞"，教学的日子也很美好，能进入中师的人大多都有很多话题和相同的爱好，大家都很上进。我先是教小学，语文、数学、音乐都教。

问：这么多年来您坚持在自己的岗位上，有时是否会觉得很辛苦呢？

答：不辛苦。

问：真不容易，您真的很了不起！

答：当时一方面是为了饭票，另一方面也是响应国家号召。

问：如果能再来一次，您是否会再选择这条道路？

答：这条道路现在在很多人看来是暗淡的，但我们中师生素质高，一直是教学骨干，我们一直挑大梁。我们能胜任小学中任何一个学科的教学工作，语文数学自不在话下，音乐、美术、体育也能上。

问：感谢您提供的帮助，正是有了你们的存在，中国农村教育才得以兴盛。谢谢你们的无私奉献。

答：比起种地，这个不算什么。教更多的娃娃读书，以后去城里工作，好过一直在农村种地。没什么伟大的，只有读书才有出路。这些娃娃还小，不让他们读书，以后他们怎么办。本来国家分配我们来就是让他们多读书，以后长大才有出息，为国家做贡献。

（刘丽，2019年10月21日，四川省乐山市）

二、教师技能的培养

从中师的课程设置中可以看出，制度设计者就非常希望强化教师技能的培养。与之相应，拥有严格自律性的中师生也为教师技能的提高尽了最大努力。四川阿坝的阿布尔色老师回忆当年苦练教师技能时说，"想起那个时候还是蛮苦的，冬天手都冻得不行，但是还得含着眼泪训练简笔画、粉笔字、毛笔字"。这是当时千千万万中师生苦练教师技能的一个缩影。

问：请老师介绍一下您当中师生时的时代背景是怎样的？

答：我是1991年考上马尔康民族师范学校的中师生。那个时候我们大部分应该是中专生，选择马尔康民族师范学校，是相对于我们农村的孩子来讲，就业比较容易一点，因为那个时候我们填报师范学校的话，一定会被录取。而且，会有定向的工作安排，分配到哪里教书，这样一个想法。所以，那个时候我们也没有考虑太多别的其他什么学校，当时就是想找一个工作。

问：是什么原因让您决定要做一个中师生？

答：其实当时选择师范学校是经历了一个小故事。当时是我父亲跟我一起去填报志愿的。那时候在农村，其实很多家长都希望我们能够当一名医生，尤其是对一个女孩子，所以很多女生都填报医学的专业，当时我也没有办法，就只好尊重家长的选择，所以当时实际上我没有填师范学校。我是在等我的家长走了以后，又找到校长和班主任，想要更改志愿。因为我其实在读书的时候，受到老师的影响比较大一点，老师们都非常喜欢我，同时我也非常喜欢老师，所以我就坚定了我以后一定要做一个老师的想法！一定要像老师那样对孩子们好！这样子想，所以我后来又找到我班主任的妻子刘老师，又帮我重新填报了一张志愿。那个时候我说：哎呀，我干脆当老师吧。我还记得很清楚，我们那校长说：哇，这孩子不错，我们的教师队伍又增加了一员。因为那个时候也有些人对老师还是有偏见的，但是我就觉得最好的职业就应该是老师，所以我就义无反顾地改了，改成了这个志愿，就直接填上了马尔康民族师范学校。

对于我来讲吧，我小学的老师真的是对我太好了，所以我受他们的影响很大。录取通知书来的时候我记得很清楚，那天我还在山上，去割小麦，背着麦子回来。然后就回到家里，家里的人说，你的录取通知书到了。然后我父亲说：你怎么会是录取在这个师范学校呢，你不是没填师范学校吗？其实他不知道，是我改了。但是因为已经拿到那个录取通知书，所以大家也没有太多纠结，也非常开心，也很高兴，毕竟以后就有一个工作了。我当时也是在我们那个村上应该是第一位考上这个中专的学生，所以在那个时候，好多朋友亲戚的都说，飞出了一只金凤凰，其实那个时候是蛮高兴的。就是觉得管他呢，毕竟教师是我喜欢的这个职业，虽然家长们不太愿意，但是已经成了定局，也没有办法，然后就这样子了。所以拿着厚厚的、浓浓的、沉甸甸的录取通知书，其实心里我自己是蛮高兴的。那个通知书上写着师范生要准备一样乐器，但是因为家庭条件不好，所以也不知道要拿什么。最后就买了一个口琴，我都记不太清楚，好像是3元还是2元多的一个口琴，所以那个时候就带到了那个马师校。

问：做中师生的经历对您的生活有什么影响？

答：就是读马师校非常感恩。我们开始也在老校区，我们在那儿读了一年。那个地方冬天特别冷，特别特别的冷。我们进校其实也蛮幸运的，我之前我们有一些学姐或者是学长都告诉我们说。其实读了中师，考上学校以后，也不是太难，只要你认真地读，跟中学时一样好好学习，成绩就没有关系，所以叫我们放松，放轻松地学习。结果其实并不一样，我们进校的时候就这个也是幸运也算不幸吧。就是对于我们来讲，其实是一个成长的一个过程，因为那个时候我们就面临着全国的一个国检，就是对中师生的一个全方位的，一个各个方面能力的一个检测。到了在上面读了一年以后，我们就到了松木河畔的那个军区对面的一个新校区，这也就是新马师校。在新马尔康民族师范学校，我们就学了太多的东西，真的是非常感恩能够在马尔康民族师范学校读书。因为为了迎接国检，我们除了要学习基本的一些课以外，我们更多的时间是放在了训练自己的基本功。那个时候我们的班主任也是一位非常严厉的老师，也是能力非常全面的一个老师。我们在迎接国检的时候，主要是要训练我们的毛笔字、粉笔字、简笔画、写作。还有就是我们的算盘，那个时候要打算盘，珠算，还有普通话等，也就是所有教师需要用到的一些基本方法和基本功，我们都得训练。想起那个时候还是蛮苦的，但是我们最苦就应该是冬天，那个时候我们的手都冻得不行，但是还得含着眼泪训练。

那个时候，的确训练了3年下来，我们这批中师生，现在都还算得上在教育事业上的顶梁柱了。有好多同学，包括后来改了行的，没有改行的都是中坚力量，个个都还拿得出手。印象最深的是那个时候，因为是搬到新校区，而且那个我们学校在靠阴山那个方向，所以冬天非常冷，夏天还好，比较凉爽。那个时候的孩子们都非常纯朴，那个时候学校对我们的规定要求也非常高，女生不能戴耳环，不能烫头发，染发那些就听都没听说过。当然我们也不会那样去做，甚至都不能穿裙子。我记得第一次拥有校服的时候是最幸福的时候，因为从来没有穿过那么好的衣服，而且是全校学生都有的。非常整齐的服装，那个时候是我们最高兴的一件事情。还有就是因为那个时候学校的要求也蛮高的，对于我们说普通话，各项的基本功包括简笔画、粉笔字、毛笔字……样样过关。所以在数九寒天，我们照样练。曾经有很多次，我们都真是哭了，因为每一次检测我们要反反复复检测，要打分，要测评，要比较。而且各个班之间要进行这个比拼，就是要看谁更厉害，学校给一些人以鼓励和奖励，所以那个时候的我们还真的是学到了不少的东西，特别是基本功非常非常的扎实。你看我们现在的同学，虽然都上了一定的年纪，基本上是在40多50岁左右。当然，还有在我们前面和我们后面出来的中师生，也有很多优秀的。现在有很多校长，改行的领导，县长、县委书记，各个行业都是有我们中师生当中的一些精英。

问：您后悔做中师生吗？

答：现在我们经常也说到自己只读中师，没读过高中，没读过大学，但是就是中师生活，也是满满的回忆。那个时候我们，生活也不太讲究，吃的也不是怎么好不像你们现在那么好，要想吃什么有什么，想穿什么有什么，还是蛮羡慕你们的。不过，那个时候我们的那种艰苦朴素以及踏踏实实学习的那种经历，是真的是值得现在的很多学生和孩子们学习的。

在平常的教学、工作以及日常的生活当中，我们经常不免感慨，中师生活仅仅3年，但是我们学到了不止3年的东西。除了扎实的基本功以外，我们还学到了我们优秀的老师身上的很多高贵品质。认真对待这个教学工作，认真地对待每一位学生，以及怎么样严谨的教学，各个方面真的是做得非常不错。包括打球，篮球、排球、乒乓球，各种的比赛，我们都是非常严谨非常艰苦地训练。像我们这些小金县过去的其他地方来的中师生非常融洽，关系都特别好，尤其是对锅庄舞的学习。我们那个时候参加很多的活动和展演，以及一些评比等等，我们那一批中师生真的是非常优秀。还要提到的，就是我们的那个黑板报。如果那个时候走进马尔康民族师范学校，你绝对会看到，那个卫生也是非常的干净，到处都找不到一点点垃圾。那个时候我们的公共区域也好，属于自己的寝室也好，我们要保证自己寝室永远能够拿到第一，拿奖，因为那个时候要发奖状，发给流动红旗。我们为了争夺流动红旗，我们基本上都不会落后，有些时候我们都舍不得回我们自己的寝室，把寝室打扮得漂漂亮亮的，非常干净整洁。我们每一个床头上都有自己想要说的一句鼓励的一句格言或名言，都是我们的班主任写的。我们也遇到了很好的班主任，因为他是属于一个全能型的老师，毛笔字也非常好，普通话也是超级标准，而且对我们要求特别严格，所以我们那一届中师生在整个国检当中，我们都是顶梁柱呢，那是非常不错的。我们也经常说我们不枉为一届优秀的中师生，学到的东西真的是不少。

问：当中师生的最大收获是什么？

答：作为中师生最大的收获，就是学到了各个方面的能力，能说会唱能跳。毛笔字也不错，钢笔字也还可以，粉笔字还行，而且我们的板书真的是没得好多人可以比得上的。我们对粉笔字的那个要求非常的高，还有就是因为那个时候的这个教学媒体没有现在这么先进，什么电脑之类的。这样那样的一些 PPT 等等的教学手段，那个时候是没有的。完全是靠我们一支粉笔打天下，当然，其实现在回想起来现在也是一样的。用一支粉笔来教学生，能够取得更好的一些效果，其实蛮好的。我就觉得，整个中师生活都让我们学习成长了不少，所以中师生活我们觉得还可以，是可以和现在很多名牌的一些大学媲美的。

（阿布尔色，2019 年 10 月 22 日，四川省阿坝州小金县）

四川乐山的一位田老师回忆中师所学课程时强调，当时的课程并没有通常认为的所谓"主科""副科"之别，各科齐头并进，尤其重视教师技能的训练。显然，这是与普通高中教育大为不同的地方。

问：您最自豪的是什么？

答：我最感到自豪的是：我是一名中师生！中师 3 年是我人生中最值得怀想的岁月！说出这句话，我的眼泪正在往下流，血更是往上涌。如今，我们是没有母校的一群人，不可能再有盛满青春记忆的校园可以缅怀了。但在当年，我考上中师，轰动了周边的所有山村。在我们村，我是第一个通过考试跳出农门的人。那震天的爆竹声一直响到如今，那庆祝的场景还历历在目，那庆祝的谢师酒一直醉到如今。当初我们是最有才干，最聪慧，中考分数最高的学生。那年，我考了学校第一名，在全市也是前几名，整个学校老师都很高兴。因为家境贫寒且是农村户口，我放弃了重点高中，只填了一个志愿：某某师范学校普师专业。这完全因为上学不要学费，且有生活费，工作包分配，"跳出农门"的急切心情。一进师范才知道，所有的同学都很优秀。我们同年龄的人，中师生不比后来考取北大清华的学生差，因为那些当年考取北大清华的学生在中考的时候一般情况下是考不取中师的。

问：中师的学习情况是怎样的？

答：在中师，要学很多科目，天天快活无比。在中师，要学很多科目，语文、数学、历史、地理、物理、化学、生物、音乐、美术、体育等，除了英语其他科目也学，而且样样都要过关，都要能教。学校还训练我们怎样教课，怎样做老师。像体育课，教如何组织和指挥学生、如何喊口令等一些基本功。学习氛围是绝对的好，同学们白天上课从不松懈，晚自习也一个个端坐教室，或温习功课，或练习三字（钢笔字、粉笔字、毛笔字）一话（普通话）；如若有人不在教室，那一定能在琴房、画室、图书馆、语音教室里找到他。学习的姿态就是做人的姿态。几年下来，几乎每个中师生身上都透出那种朴实、勤奋、本分的品性。

问：中师的办学特点是什么？

答：中师的办学特点是"一专多能，能歌善舞"。当时学校各科齐头并进，无主副、大小科之分。大家练就了一手"过硬"的钢笔字、毛笔字、美术字，学会了音乐简谱，专修了手风琴，养成了坚韧的学习和处事作风。业余时间，大家在学校琴房里自学弹琴，参加各种体育活动和兴趣小组，真是潇洒极了。美术课上尽情挥洒笔墨，体育课上武术体操样样领先，天天快活无比。

问：在中师您最大的感受是什么？

答：中师3年是人生中最快活的，也是学习生活中最辛苦的，学的东西多，老师的规矩也多，但正因为如此，我们的素质也是最全面、最好的。中师的学习生活是我一生中最美好的时光，是成长的黄金时代。中师永远是我的精神家园，因为她代表了奉献、勤恳、朴素。3年的中师学习，我们能胜任小学中任何一个学科的教学工作：语文数学自不在话下，音乐美术体育也能上，当然，思品社会自然也会教。主课与副课，在中师教育中是没有的。

问：最后还想问一下作为中师生，您对这个群体的看法？

答：3年后，中师生成为了受命运捉弄的一个群体，但我依然会说，我是中师生。3年后，比我们成绩差的学生纷纷考入大学，而当时只有18岁的我已经站在讲台上了。再后来，他们之中有的读师范大学分配，基本在高中，而我却一直在小学。虽然后来我参加自学考试获得大学文凭，但工资还是比他们低，职称比他们低，发展前景比他们黯淡。不过值得欣慰的是我们中师生素质高，一直是教学骨干，我们一直挑大梁。作为最老的一批中师生，在20世纪80年代，我们要是在工作之余去参加学历提升，那还必须是"偷偷地"。而且，一旦被校长发现一定会找去耐心"教育"一番。当时，去参加函授考试或自学成人考试是一种专业思想不巩固的表现，我们只能将自己的全部等同于教育生活。到了20世纪90年代，终于可以光明正大地学习了，我们叫函授生或自考生。考试于我们而言不困难，每门课考前也只是辛苦一两个晚上而已，学历被我们轻易地拿到手了。但是，我们终究还是没有接受过一个学科完整的系统知识的教育。哪怕我们成了数学特级教师，但函授或自学考试的本科文凭都是中文专业，因为数学专业是很难考上的。这是一个群体的时代尴尬。中师生绝对是受命运捉弄的一个群体。我们加盟教育，或许是中国教育的一件幸事，但于个体而言，更多的恐怕是失落与不平。若干年后，当我面对昔日的同窗，看到他们大多就读高校，散布于祖国的大江南北、繁华都市时，当年的这份骄傲竟成了我们今天最苦的咀嚼。一程山水一程歌，一直到今天，中师生仍然是农村基础教育的中坚力量，学历最低的中师生照亮了乡村孩子的未来。特别是20世纪80年代至90年代的中师生，他们中的很多人依然年富力强，很多是校长、副校长、教导主任和骨干教师，是支撑基层教育大厦的"栋梁"。20世纪80年代至90年代的中师生，素质高，业务强，是教师中的强势群体。可惜，这样的群体，以前没有过，今后也不会有了。这是一个沉重的话题，这是一段永远的回忆。我是一个中师生，我曾为之自豪过，也为自己不完全的发展而痛心疾首。无可奈何花落去，无论如何，它都作为一个历史永远地留存在记忆中，尘封在时断时续的思绪中。虽然，我没有了当初读中师时那强烈的进取心，但我还是个上进的人，我的棱角虽已被磨平，但我的风华还在。遗憾的是，我们已经失去了我们的母校，我们不能再拿着个小黑板到处练书法，我们也不能再拿着本琴法书去各个琴房晃荡，但我依然会跟旁边的人说，我是中师生。

（田建国，2019年10月19日，四川省乐山市）

三、复合型全科教师

从国家顶层设计的初衷来看，中师生就必然成为复合型全科小学教师，以便在短时期内补齐大江南北基础教育的短板。因而，中师生在校所学便种类繁多。已经在高校工作了多年的宋老师回忆起中师的所学时，用了"中师是个万金油，什么都学"，来概括中等师范教育培养复合型全科小学教师的特点。

问：现在目前还有很多人不知道"中师生"这个团体，麻烦老师给我们简单介绍一下。

答：中师，当年主要是为了解决我们那个农村小学的教育问题，然后培养农村的师资。其实后来好多年前就没有招生了，我的学校应该是最后一届，即2001年，后来就没有招了。所以当时的师范学校目的主要是从优秀的初中毕业生中培养师资力量，主要是小学师资力量。后来就基本撤的撤、并的并、合的合、转的转，比如说像我之前所在的学校——内江师范学校，就转变成了初中。像咱们乐山师范学校就和乐山师院合并，成了现在的乐山师范学院。再比如说有些转型的像江油师范学校，后来就转型成了幼师，江油幼儿师范学校，而且是专科。再比如说像原来的隆昌师范，现在就转成了川南幼儿师范高等教育学校，犍为师范现在也不存在了，也转型了，犍为师范好像转成了职高或是什么，这个我不敢说，应该是犍为原来有个师范学校也转型了，像眉山也在转。

问：那这大概是培养一批初中生进入到专门的师范院校之后去农村教小学吗？

答：嗯，基本上是这样，但也有在城里的。像我好多同学最先是在农村，后来慢慢地因为他教学能力不断地提高，也有在城里的，而且有不少都已经进城了，有的已经跑到成都去了。当然也有部分学生转行去做了公务员。

问：那您又是怎么成为中师生的呢？是一个什么样的契机？

答：就是考吧，农村学生就是考。其实当年考的中师中专就意味着有包分配，当然是我们那会儿，我们下一届就开始实行并轨，就是说不再包分配了。有的急需的地方还是在招中师生。然后，另外一部分人就自谋出路，而且在当时农村，从一个农民能够变成一个吃公粮的或者是能够端铁饭碗的，对我们大家来讲就是一个非常重要的契机。所以当年能够考上中师、中专的，基本上都是拔尖儿的，最拔尖儿的学生才能考得上。像我们一个学校，当时是一百来人，很多时候能考上个两三个、三五个就不错了。我们那一届是考得最好的，好像考了8个，再加上中专好像有12个，总的来说相当于不到10%的人才有资格能读中师中专。

问：那老师当时中师毕业之后在哪里工作？教哪个科目？小学教学大概多少年呢？

答：我是比较特别的一个，实习的时候是教了3个月的小学，教小学三年级的语文和数学。在一个镇的中心小学，算条件比较好的了。后来把我分配到一个村小。当时那个班只有8个学生，我是1999年毕业，刚好遇到国家扩招，然后就给了我们学校3个本科、2个专科的保送名额。所以实际上我没有去工作，是去读了大学。但当时有两难的选择，一个是铁饭碗，要这个工作，大部分学生都是要工作，但是我们去协调时就是不愿意给我办手续，我当时一赌气觉得反正也饿不死，我就不相信找不到工作。当时存在着一种说法，大学毕业，找不到工作，但我还是毅然而然的没有选择停薪留职，而是选择读大学。

问：那您本科毕业之后又是怎样当上大学老师的呢？

答：我这中师3年其实不想当老师，我觉得这个没有意义、价值。我一直都是想去考大学，所以中师比较努力，以后有这个机会去读大学。因为我们没有专业选择，只能分到教育系。当时5个中师生，我是其中之一。在那会儿就听老师讲教育学和心理学，我觉得特别神奇，因为中师的时候老师基本上都是照着书讲，没有说这个知识是怎么来的，就没讲透。我在大学学了半个学期，就希望当中学老师。觉得人生，最重要的就是中学阶段，在这个中学阶段能够改变我们很多。在中学初一初二的时候，老师能够及时给你做一些正确的引导，然后就开始努力。有的中学老师能够改变一个人的想法，就去当了中学老师。非常想去中学，而且找工作也是。实际上我最先签订的一份工作是双南路小学，工作了一年，之后到教师教务中心。后来乐山师范学院招人，因为我在学校也是干部，老师就推荐了我，突然我就来这个学校。来到这个学校其实对于辅导员完全是懵的，因为以前完全就没有这个概念。因为在我上大学的时候，我们都没有辅导员这个概念，我们只有团委书记这个概念。客观上讲，来到乐山师院比我原来的学校——西华师大，配备辅导员的名额比我们那边多多了，西华师大大多数都是学生管学生。

问：那老师您大概平时都学习些什么师范技能？

答：我觉得中师就是一个万金油，什么都学，所有东西都学，语数、体育、计算机，还包括生物、化学。几乎就是一个培养全科教师。我们当时就是这个概念，那时教育部也是这样提的，除了英语不学以外，所有科目都学。我记得最大的特点，就是特别重视师范技能。比如说，我们从中师出来，三年的学习写字，要好太多太多了。比如当时还有几何画图，每个人都要过关的，每个人都要去画。像我们现在，就是随手画，这个正儿八经很标准的，能够体现出一些几何关系，这些基本功都很过硬，也包括普通话。所以即便我们好多同学普通话水平并不高，但是通过三年的努力，基本上都OK，过二甲应该不是太大问题的。我们中师的时候，早上晚上都要上。你看不像咱们现在的同学们，从小就在学普通话，就在练普通话，现在还有大量的学生普通话过不了关。尤其是当老师普通话过不了关很痛苦。我们音乐学院的有些学生就更痛苦，唱歌连咬字都咬不清楚，写的字有些我估计他自己都认不清楚。文本那些基本格式，其实从小就在学。但是有的学生也不会，写个申请都不知道怎么写，也不知道怎样落款，没有时间没有地点没有人物，你说这个写来有什么意义？！

问：那中师生都有怎样的福利呢？

答：当时就觉得有饭碗。你想，当时父辈祖辈都是面朝黄土背朝天，能有一个吃公粮的，对于一个家庭来讲，都是非常大的一个荣耀。你说一个村，能够考上一个，大家都羡慕得很。所以，当时能够考上中师，打心里觉得蛮骄傲自豪的。家里人也是觉得终于扬眉吐气了，供了这么久的学生，孩子能够考上学校，是很棒的！

问：那在生活上有什么补助吗？

答：对，有的！当时我们是30多还是40多元钱吧，每个月，国家都有补助的。乐山师院也有，我来咱们学校工作都有补贴的，就是师范生都有补贴的。我们当时好像是42元左右，但是也不均衡，就是学校也是做了一些调整，相当于奖学金的形式，就是有的多几元有的少几元。一个月大概平均差不多50元吧！不是四十七元五就是四十八元五。具体的数字已经记不到了。每个学生都有，当然我们学校适当的区分了一点点。

问：网上有些声音就是说："中师生"，成为被"牺牲"的一代人，您怎么看？

答：其实严格意义上来讲，算不上。你要把它放到当时的历史条件下去看待这个问题，而不是以现在来讲。确确实实，按照现在的标准，当年的中师包括中专生，考现在的一本、二本都绰绰有余，因为基本上全都是"尖子"。当时上高中的绝大多数是那种考不上中师中专的，才去上高中。城里也有一些，思想认识也好，还有眼界、条件也好，他就去供孩子读高中上了大学。当然，客观来讲，我们这一辈还好，多数同学都有机会去读大学。无论是成人高考、自考。我中师的相当一部分同学都是通过自考，通过成人教育提升了自己的文凭。我们也有研究生，我们同班同学就是在贵州，贵阳的中级人民法院。他就是中师，然后自考了本科，然后去读了研究生。当然，我也有大学同班同学也是得到慕尼黑大学的博士学位的。确实，由于中师的这个教育体制，能够走过来的人确实不多。当时的历史条件下，能够有这样的机会算是给了我们农村娃的一些出路，给了我们一些可以改变自己命运的机会。

不像现在，大家都是读大学，读本科已经是基本要求。而且当时，大学生的录取概率是非常低的，本科很少。就咱们乐山师范学院，当时还是师专，人也很少，就一两千人。现在我们一个学院都是一两千人，比起20世纪九十年代的时候人数扩张了10倍，那自然就会不同了。所以，当年能够出一个大学生也很难。国家这种分流政策，在某种程度上，也是解决大家的一个教育问题。当时我们国家没有这么强的国力，办教育的实力也不允许大量地扩招学生，师资也达不到，硬件也达不到。专科升本，都是2000年之后的事情。原来的中师中专，变成专科。你要是比较的话，确确实实，按照原来的标准来讲，现在的本科生真的是当不了当时的中师生，现在研究生肯定也当不了当时的本科生。所以这个不能说被"牺牲"的一代。国家的发展达不到那个水平，不像现在，大家想读个书，甚至可以到国外读书，条件允许，国家发展了。所以最终来讲，国家强大了，作为普通人才有更多的机会，才有更大的底气。现在都巴不得中国人去读书也好，去消费也好，全世界都如此。

第四章 中师生所受教育

问：那您觉得中师生对您个人发展轨迹和对国家的发展有什么影响？

答：对我来讲，比较庆幸的就是赶上了国家高等教育的大发展，可以有机会去读大学。其实，对我们很多同学来讲，他们多数人没有这种意识，因为当时都有了工作。而对我来讲，我觉得我就想其实一直都想读一个大学，因为父母从小就对我说，我们的目标就是要去读大学，因为父母不识大字，他们也不知道大学生是什么概念，反正概念就是好好的读书，读大学。在中师的时候没有放弃，这对我来讲非常重要，别人在玩的时候，我们能够静下心来读书。我们当时有的同学在玩，我们就躲在书桌下面读书。我觉得没有读大学就欠缺点什么一样，因为这个概念非常模糊，大学是什么都不知道，更不要说看到过大学了，甚至都不知道本科和专科的区别。当时我们专科有两年，本科要读四年，我最先选择两年的，反正我觉得都是大学，读两年比读四年好，速成。当时我们很感谢我们自己的老师，老师说肯定要去读本科而不是专科呀，本科比专科好，但我们当时很模糊，没有这个概念，我们周围所接触的人都是农民，而我们老师也不会给我们灌输这些概念，我们老师也是本科毕业，但是他们没有这个意识。所以后来去读了这个中师生，这是很重要的原因。当然从国家层面来讲，确实国家在一穷二白的基础上，要办教育，教育兴国，一时半会也不能培养那么多大学生，而国家又急需，所以就通过培养中师生来发展基础教育。也正是一代又一代的中师生，才让我们国家的九年义务教育变成了现实。而且大家都知道，这个中师生绝大多数人都是普普通通的农民子弟，他们能够在条件比较艰苦的地方扎根，为国家的教育事业发展贡献自己的青春，贡献自己的力量。所以我觉得客观上来讲，这个大批的中师生解决了我们国家基础教育的问题，起码是在普及或者是在扫盲的过程中起了重要的作用。而且最先的中师生还是高中才开始考的。最先，20世纪80年代的时候，要读完高中才考中师，后来慢慢演变成了初中去考中师。当然当年的高中生去读中师，他的主要的目标就是去教高中或者初中，而后来演变成初中去读中师，主要目标是去教小学。当然也有个别去教了初中，我现在有同学去教初中，当然主流是去教小学，而且是农村小学。

（宋军，2019年10月18日，四川省乐山市）

四川峨眉师范学校毕业的宿老师回忆说，中师三年除了英语不怎么重视，其他都是必须学的，学习压力很大的。

问：您为什么当时要报考中师呢？您当时对这个政策的看法是什么？

答：是为了减轻家庭负担提早参加工作，那个年代中师比考高中还要严格。感觉是铁饭碗，以前就业面积小，所以很让人向往。

问：您认为当年报考中师生难不难，您为此做出了什么努力呢？

答：考中师相当于现在考重点高中，割猪草、背柴、放牛等都在看书，晚上油灯下苦读，废寝忘食也是经常的事情。

问：对于您报考中师生您的家人和朋友持有怎样的态度呢？

答：大家都觉得是铁饭碗很了不起，也有一部分人觉得没有啥子出息。总的来说很多人觉得在当初是一个很了不起的工作，假期也多。

问：您从事教育多少年了？

答：从业25年。

问：您在哪些学校任过教？当时的教学条件怎样？

答：峨眉山市双福镇净居小学、露华小学、双福镇小。条件差，山区没有一条像样的路，下过雨后，路就基本上和烂泥田一样，下雨一天路需要一个星期才能干。

问：现在您具体在干什么呢？

答：双福镇小的副校长，还是教育行业。

问：您认为这段读中师的经历给您带来的最大收获是什么？

答：最大的收获就是琴棋书画样样都学，也能拿得出手。当初中师三年，除了英语不怎么重视，其他都是必须学的，学习压力很大的。

问：您考入的是哪所师范学校？

答：峨眉师范，地址峨眉山市马路桥。

问：在您读中师或者任教时遇到过什么阻力吗？您是怎样克服的呢？

答：最大的阻力就是教材的创新，改版比较快，中途需要自己想哪些教了，哪些还没有教，这学期该怎么教，该怎么去弥补改教材留下的问题。经常一个人熬夜来熟悉整套教材，去发现问题，解决好问题，再去教学生。

问：您后来是否想过提升自己的学历？您当年有想过转行吗？

答：后来自考了一个成人大专，最后又自考了一个成人本科。一直没有想过要退出教育行业，我为我的职业感到自豪。

问：现在回忆以前中师时期，有何感想？

答：对于我来说中师三年，苦不堪言，这四个字都还不能代表我的中师三年。那时候生活艰苦，饿肚皮的时候多，还要努力学习，基本上学校里都是苗条的身材，面黄肌瘦的也不在少数。

（宿美容，2019年10月2日，四川省峨眉山市）

重庆梁平的一位杨老师回忆说，中师生的课程"什么都有"，他列举了语文、数学、政治、物理、化学、生物、历史、地理、音乐、美术、体育、心理学、教育学、书法、普通话等。

问：您是哪一年考的中师？在学校读了几年，读的什么专业？

答：1981考进四川省梁平师范，三年制，中师什么都学，不分专业。

问：您为什么要考中师？

答：说实话，是为了跳出农门，说大话是为了教育事业。

问：您毕业后在哪里任教？

答：毕业后，前两年在梁平县礼让镇教初中，从1986年到明达镇中教初中至2003年，2003年9月到梁平区红旗中学教高中。

问：当时中师好不好考？

答：不好考，全县只有65个人左右，当时是先录取中师中专，再录取普通高中。

问：当您考上中师之后有什么感受？

答：高兴，在学校努力学习，听老师的话，争当一名合格的人民教师。

问：您被录取时，家里人有什么表现？有没有举办什么酒席之类的？

答：家里人也很高兴，特别是父母。没有办学酒，那时不兴办学酒。

问：您从毕业之后到现在，任教多少年？

答：35年多了。

问：您在多少岁考的中师？

答：17岁。

问：您在中师的学校学的是些什么课程？

答：语文、数学、政治、物理、化学、生物、历史、地理、音乐、美术、体育、心理学、教育学、书法、普通话等等。

问：从教这么多年您有什么收获？

答：教了很多的学生，他们已成人成才了。

问：您读中师的那个学校，当时教学环境如何？

答：在当时还可以，毕竟是梁平县最高学府。

问：您觉得当时的社会形势对于考中师有利吗？

答：没有多大的利好，教师的社会地位很低，有的男教师娶老婆都困难。

问：那您认为中师与现在的师范专业有什么区别？

答：肯定不同，当时学生多，师资力量少，中师就是为了解决这个问题而培养教师的急行军。现在没有中师了。现在的师范专业就比较系统全面，要求也随之高些。

问：在您任教的这么多年里，有没有让您印象深刻的学生？

答：每个年级都有，成绩特别好的或特别差的，或有什么特别事情的，均能记住。

问：在中师读书的这段时光，您有没有很多难忘的事？（如果您还记得，可以简略地说一下）

答：有，与年代有关。比如，是否参加全省（四川省）的统考以及参加的社会活动、每期的运动会、元旦等文艺活动等。

问：您中师毕业工作时，当时的教学单位应聘中师生时有些什么硬性要求？

答：没有，我们是直接分配到学校，因为每个学校都缺教师。当时礼让小学校长在我们去报到时，非常高兴，说委以重任，要教初中。

问：在您那个时代，对于中师生有没有类似"三笔字""普通话二甲以上"等要求？

答：有"三笔字"、普通话要求，每天均有20分钟练字时间。

问：您从教这些年都教过什么学科？

答：我教过初中数学，初中物理，初中地理，初中生物，现在固定教高中数学了。

问：您在被分配时，所教的科目是由学校直接分配还是自主选择？

答：由学校分配的。

问：您任教时在当时的家长心中地位如何？

答：不错的，我一直是被家长好评的，他们都希望把子女送到我所教班级。

（杨文龙，2019年10月19日，重庆市梁平区）

一位从中师毕业多年的刘老师指出，中师学生之所以素质优良、业务精湛，能够成为适应能力强的复合型全科教师，就是因为师范学校的培养方案满足了小学教师的要求。

问：我想了解一下您对改革开放以来，教育发生的变化和中师取得的成就有何看法？

答：作为一名中师生，我看到了改革开放给教育带来的变化。在这方面，我经历了很多，也明白了很多。我知道了教育的重要性，特别是基层教育，我们要更加重视。

问：改革开放以来，教育发生了很大的改变。请问您对于教育的改革有什么看法呢？

答：中师在改革开放后，教育特别是小学教育发生了很大的变化。这个我深有体会。中师以初中生为招生对象，中师的主要任务是培养小学教师。中师培养了一大批小学教师，为基础教育做出了重大贡献。改革开放后，高考制度得以恢复。这便让学生有了更多的选择。与此同时，职业教育得到不断发展，学校以"知识+技能"为培养目标，让每一个走进学校的孩子都能享受到适合自己发展的教育，为社会培养了既有高中文化基础又有一技之长的合格人才。

问：请问您当初为什么选择中师呢？中师对于您产生了哪些影响和变化？中师为什么在过去具有那么大的作用？

答：在当时我选择中师，主要是因为去中师上学，不用交学费，这种政策我觉得很好。当时政府在中师教育方面给予了大力支持，例如解决城市户口、免收学杂费、发放助学补贴等等。在当时那种条件下，大多数农村学生都希望自己将来能有一个好出路。考上中师，不仅不用交学费，还可以获得补助，这样可以给家庭减轻负担，因此，父母对于我报考中师很是支持。而且，当时中师录取学生十分的严格，采用提前录取的政策。中等师范成功办学是时代的产物，"中师"这个历史名词虽然已经渐渐淡出人们的视线，但其对我国基础教育的重大贡献将永远无法磨灭，它培养出的上百万的小教师资依然是中国基础教育的中流砥柱。中师办学的成功经验和传统价值更不容忽视，对我国小学师资振兴具有重要的借鉴意义。

问：请问您对过去中师的教育有什么看法呢？中师当时的校园环境怎么样？中师是怎样培养出一批批的优秀学生的？

答：何为师范，便是"学高为师，身正为范"。因此，师范学校培养出来的学生，绝大多数对自己的要求都十分严格，同时都有着很强的职业荣誉感，充满教育理想和情怀，都能扎根基层，扎根乡村，默默奉献，无怨无悔。就因为这样，对于当时的基层教育起到了很大的作用。中师教育是真正的素质教育。教学严格规范，注重基本知识、基本技能，注重培养学生综合素质。中师毕业生，能够深入基层，让更多的孩子受到教育。经过师范学校培养的学生，大都是一专多能，琴棋书画样样精通，综合素质普遍很高，能够很好地适应小学教学的需要，很受学校的欢迎。

问：请问中师毕业的学生，他们毕业后有哪些选择呢？他们在学校学习哪些方面的知识？所学的知识对他们有什么作用呢？

答：中师学生毕业后，他们是由当地的教育局进行统一分配调遣。他们中有的人因为在当地出生，所以就愿意留在自己的出生地教书。他们这一类人，在自己的家乡坚守教育，培养了一批批优秀的学生。他们在自己家乡撑起教育一片天，流动性很小，好多毕业生从基层直到成长为校长，为平衡农村师资发挥了重要作用。对于学习的范围，我们学习的比较广。因为作为一名教师，必须各方面都要了解，在这个过程中就充分锻造了我们的综合素质。总而言之，中师学生之所以素质优良、业务精湛，能够成为适应能力强的复合型全科教师，就是因为师范学校的培养方案满足了小学教师的综合要求。

问：中师在改革开放40年来，有着哪些重要作用？中师毕业生对于农村教育发展起到了什么作用？

答：百年大计，教育为本。教育大计，教师为本。师范教育任重而道远，教师教育之路很漫长。因此，我们当时就需要认真学习，掌握相关的技能，为今后参加工作打下基础。中师在当时充当了很重要的角色，在我国师范教育历史上有着很高的地位。在改革开放40年来，中师生在国家的指引下和通过个人的不懈奋斗，推动着新中国的教育事业不断向前发展。中师毕业生为了教育奉献了自己的一生，一辈子扎根于农村，担当起农村的启蒙教育的历史使命。

（刘仁昭，2019年10月5日，四川省乐山市）

四川古蔺的一位李老师回忆到，当时的中等师范学校就是为了培养专业的、全能的中小学教师。

问：请问您是哪一年考上中专的？

答：我是1982年考上的。

问：老师您当时为什么会选择中专而不是继续读高中呢？

答：我们那时候考上中师的就已经算是比较不错的了，在当时考上中师毕业吃上国家的口粮也是一件光宗耀祖的事。

问：那您对当时的选择感到后悔吗？

答：我觉得没什么可后悔的。在那个时候能考上中师，就像现在考上清华一样，中师毕业的国家包分配当老师。现在来想，那肯定是不如继续上高中、读大学了，与其说是后悔不如说是那个年代的必然选择吧。

问：也对，选择了就要坚持下去。在您那个年代中专需要学习很多课程吗？

答：是的。当时除了外语其他主要科目都要学，比如语文、数学、历史、地理、物理、化学和生物。还要学音乐、美术和体育。不仅学科知识要过关，教学技能也得跟上。那时候中师的办学特点是一专多能、能歌善舞，在当时，学校并无主副科、大小科之分，各科都是齐头并进的。

问：那岂不是全面发展，感觉比现在的教师还要优秀。您觉得现在的教师和当时的中师生哪一个好？

答：我觉得当时的中等师范学校，培养目标就是面向将来的中小学教师，既教教育教学理论知识，又教文化理论知识，更注重美术，音乐又包含声乐器乐舞蹈编舞，体育含体操，艺术理论鉴赏，计算机知识，书法含毛笔字粉笔字钢笔字等等内容。既强调师范生自身文化艺术素质的提高，又强调对于将来到了学校对中小学生的教育教学规律和方法的掌握，简直就是专门为中小学生而培养的专业的全能的教师。从小学一年级到六年级，从语数英到音体美劳，只要你需要，没有我不会的，这样的老师怎么不受学生的欢迎？所以他们都成了中国基础教育的根基、柱石，深受学生以及家长、学校的欢迎。中师三年是我人生中最快活的，也是学习生活中最辛苦的，学的东西多，老师的规矩也多，但正因为如此，我们的素质也是最全面的、最好的。中师的学习生活也是我一生中最美好的时光。

问：当时的中师只有学习好的才能考上，是吗？

答：在当时20世纪80年代到90年代前期考上中师生是学习是非常优异的，当时每个县能考上中师的不超过50人，每个乡镇中学一般一到两人，录取率也极低。

问：那和现在的高考一样，都是选择好的，您觉得您与上过大学的同学相比有什么区别吗？

答：那时候比我们成绩差的学生纷纷考入大学，而当时只有18岁的我已经站在讲台上了。再后来，他们之中有的读师范大学分配，基本在高中，而我却一直在小学。与其说是职业选择了我，不如说我是在跟着时代走。

（李然，2019年10月17日，四川省泸州市古蔺县）

当然也有人回忆说，中师生所学的东西"范围很广，但深度不够"。

问：为什么在那个时代有那么多的人选择报考中师生呢？

答：就是在当时那种环境，20世纪80、90年代，农村的基础教育和师资方面很薄弱，再加上国家提出政策。在初中的时候就选拔那种优秀的学生，进入中师学习，学习3年之后就可以直接参加工作。并且那个时候国家政策非常的优惠，因为当时农村的学校里面的多数学生都是农村户口，然后考上中师之后就可以直接享受城市户口的待遇，就是非农业人口，这是第一个待遇。第二个待遇就是，中师里面是免学费的，不交钱的。此外，国家还给中师生生活费的补助。

问：就是在20世纪80、90年代，如果想要报考中师生的话，是直接学校选拔，还是需要通过考试或需要其他什么条件吗？

答：那个时候中师生的选拔，是很严格的。当时在毕业的时候有一个毕业会考，它有一个分数线，上了那个分数线就可以有资格报考中师生。还要进行音体美的面试体检，然后有资格报考之后，最后还要看分数。当时我们在那个宣汉师范学校，我们考的是宣汉师范学校，它也是省级的。报考宣汉师范学校，那个时候一个年级只招4个班，并且在我们开江县只招40个人，所以说当时的选拔是很严格的。

问：既然当时报考中师生的条件那么严格，那老师您为什么会选择这条比较艰难的路走下去呢？

答：其实当时也没办法，当我考上中师的时候，这个录取通知书发下来，同时也收到了那个普通高中的录取通知书。当时很彷徨，也与家庭发生矛盾。但是因为当时我有一个问题，我自身的身体上面有问题，就是眼睛，眼睛很近视，所以说，当时我爸爸就害怕，我到了高中的时候，由于眼睛近视，这个方面很限制学习的，我是高度近视。所以说没办法，那就听从父母的。

问：那您在听从父母的安排之后，在考上中师生之后的求学期间，您有没有经历过一些非常特别的事情，或者有没有让您记忆特别深刻的事情。

答：那个时候我们的学习科目安排，只有英语不学，其他科目全部学，包括音体美和劳动技术。所以说，学习方面还是很有乐趣的，当然那个时候最大的梦想就是中师毕业之后，能够被保送上大学，但是名额非常有限，除非你在全年级的学习成绩在前五名，才有机会。当然那个前五名肯定都是学霸级别的，这个是记忆深刻的事。但是记忆最深刻的事是学习要求非常严格，那个时候我非常喜欢体育，居然有一次早上没起来，跑操被扣分了，后来导致我的体育还补考了，挂科了。

问：那看来当时的学习还是特别艰苦的，因为只有年级前五名才能被保送上大学，那么大部分人毕业之后有什么样的选择呢？

答：我们毕业之后，都是被分配到小学里的，主要是一些村小，有的还去中小学的一些中心校去任教。因为当时我们的文凭是个中专，只有小学教师任教资格，所以说我们很多同事或者是同学那些，毕业之后就要进行自学、函授，取得更高的文凭。甚至还有少数人去考研究生。当然，现在我们这些同学也有混得非常不错的，发展非常好的。比如说有一些是当教授，还有的到政府机关，还有一些从事法律工作。

问：您任教以来，觉得教师这个职业发生了什么样的变化，就是当时的教师和现在的教师有什么区别？

答：我的感觉就是当时我们那帮中师生出来任职的时候，无论哪个岗位都能够胜任，因为我们所学的东西范围很宽，但是深度还是不够，那个时候中师生能力很强的。因为初中的教师编制很少，也缺教师，小学也是一样。当时出来之后，有很多是被分配到小学的。但是因为初中也可以教，所以说就有很多被抽调到初高中任教，所以说各个专业方面他都能够胜任。包括我当时出来，就开始教物理，教理科，然后又教文科。然后，因为那个时候我的音乐的基础非常好，所以说后面就去教音乐的专业。现在的老师教出来的学生明显有哪个方面不足呢？各方面的能力还有组织能力，这方面明显赶不上我们那个时候。

（白旭辉，2019年10月3日，四川省达州市开江县）

四川乐山的一位范老师回忆说，中师生的多才多艺与其人才定位有关。

问：请问您为什么选择了走上中师生这条道路？

答：我们那个时代的生活是非常的辛苦的，不像你们这些学生，只要学习好就可以一直读下去。在我们那个时代，即使你学习非常好，如果你的家庭状况不好的话，你也只能止步于此。当时老师告诉我们，如果你们去了那些学校，你们不用交钱，而且每个月国家还会给生活费，当你毕业后还会给你分配工作。这让当时的温饱都难以解决的我们，对此是非常向往的。

问：请问老师你们中等师范学校与其他学校有什么不同？或者说学校都教授你们些什么？

答：因为当时面向的农村教育，所以需要我们能教授各种课程，学校就要把我们培养成多才多艺的老师，所以我们要学习的不仅仅是书本知识。在那个时候，对于我们来说没有什么主科、副科，我们学习的每一门学科都是非常重要的，最后都会进行考核，但是当时的我们是没有英语课的。简单的概括，就是要求我们会唱歌、会跳舞、会画画，会体育、会普通话。我至今还记得，当时老师为了锻炼我们的普通话在我们每次上自习课前，站在讲台上用普通话读读自己喜欢的文章，或者自己自由发挥。（说不定我们师范学校课前五分钟就来源于此）从那以后，我们每天都会被要求练字，比如毛笔字、粉笔字、钢笔字，这些都是我们的基本任务。

问：请问您后悔走上中师生这条道路吗？

答：虽然看到有些当时成绩比我们差的都上了大学，有些许遗憾，但是我从来没有后悔过，我很喜欢这份工作，因为在我小时候我的梦想就是，想当一名教师。

（范丽红，2019年10月11日，四川省乐山市）

四、综合素质的提升

中师生本身天赋优秀，加上后天努力和学校的合理培养，因此他们拥有很高的综合素质。四川攀枝花的一位杨老师回忆说，中师生普遍"性格好，能力强，琴棋书画什么都会"，自信自豪之意溢于言表。

问：您当时在哪里读的中师，是什么原因选择读中师？

答：首先一个原因是家里兄妹比较多，条件比较一般。其次，看见家里姐姐有当老师的，工作比较稳定。第三，其实老师在小孩子心目中还是一个挺崇尚的职业。小学的时候我们班主任就问我说："你长大了想干什么呀？"其实我当时也没有经过深思熟虑，就说："我就想像你一样当一名优秀的老师。"真的，好像从小的愿望就这样实现了。我读的是攀枝花师范学校，是中师。

问：读书期间有没有什么印象比较深刻的事情？

答：印象比较深刻的就是进校的时候，迎新晚会那天。我们进校的第二天就是中秋节，学校就组织了一个迎新晚会，然后就是二年级三年级的所有的同学都参加了那次联欢晚会那种形式。那天临时就说要我们新生找一位主持人，和二年级三年级的同学一起主持，然后我们的班主任就让我去主持，我也吓了一跳，因为我也没主持过这么大型的一个活动，我就很紧张，跟老师推了好几次，老师还是鼓励我很久，我还是站上台了，和哥哥姐姐们一起主持了迎新晚会，这是我印象最深的，也是最开心的。

问：你们在当时在学校大概会学习些什么内容呢？会像我们现在这样专业性很强吗？

答：我们当时在学校学习的内容类似现在的小教，当时还有美术和音乐，我们会选修其一。

问：都说"中师生是被低估的高智商学生"，您怎么看呢？

答：我们这一届其实还好。我们以前的中师生就很让我崇拜，他们能力特别强，且是第一批招的生，也就是说初中学习成绩比较好一点的基本上都进了中师。确实我觉得她们各方面能力都特别强，因为我当时小学时候，有实习老师来我们学校实习，我们就特别热情，也特别喜欢他们，特别年轻有朝气，我们之间的关系也特别好，周末也会和他们玩，所以我觉得他们性格也好，能力也特别强，比如琴棋书画，他们什么都会。

问：那第二年就是实习还是直接讲课呢？

答：如果我没记错的话，第二年我们就去见习了，就是去攀枝花三小见习。听老师讲课，听完后，我们就回来学习一些教学教法之类的。然后，学校老师就会给我们分组，分组后自己去找一个小课程，看一些小片段，比如一些语文或数学小片段来上，然后其他学生来当老师。我们就这么轮流，最后进行一个汇总，然后老师抽到哪个组的哪个同学，就要当着全班同学的面上一堂课，就不断地磨炼，第三年我们才开始实习的。

问：现在有的中师生已经进入了更高更好的平台，那您会后悔当年选择了中师，而没选择去读高中，或者是选择其他的路吗？

答：我没有后悔，因为我觉得我读中师还是受益很多，我也觉得很多中师生出来发展也很不错，包括我对我自己的现状还是很满意的。

问：那您从当中师生到坚持到现在，您有哪些收获和感受呢？

答：感受就是看见自己的学生一届一届地毕业后，他们回到学校来看你，都会越觉得特别幸福，然后听他们说他们到了某某初中、高中，你都会觉得高兴，也为他们感到自豪。反正我感觉当了老师后就像母亲一样，变得很无私了，然后看到自己的孩子们发展得很好，就会情不自禁地会心一笑。

（杨正秀，2019年10月6日，四川省攀枝花市）

四川的一位左老师回忆说，当时的中师教育是开放式的，对学生的要求都很高，特别重视对学生综合素质的培养，并评价当时在中师生所接受的教育是"非常专业的"。

问：请问当时国家对中师生有什么政策？

答：我是1992年参加的中考。当时国家对师范学校的招生政策大概是这样的：对中小学教师出了一个选拔人才的政策，就是初中毕业入学考试，就是中考，只招收应届生。那么，最受人追捧的是中师，它主要可以解决户口、粮油供应问题，城镇户口，全财政拨款，毕业以后包分配。当时国家的政策大概就是这样子的。

问：您当初为什么选择成为中师生呢？是客观原因还是主观原因呢？

答：这个当然是客观原因了。因为当时还小，主要是家里人帮着做决定。当时选择师范专业是家长帮我做的这个选择，我就这样懵懵懂懂地成了一名教师。因为教师在家里人的眼里一直是一份不错的职业。还有，考上了师范学校以后，三年的伙食费等，这些都由国家解决，家里人不用再给生活费。那么，也就可以减轻家里的一份负担。再有，我是女孩子，家里人认为教师非常适合女性来从事。工作相对于我，环境比较轻松，简单一点，工作稳定，又受人尊敬，在社会上有一定的地位，所以当时我家人就帮我做了这样的选择。

问：那是不是在当时就读师范院校很难呢？有哪些困难呢？

答：在当时考师范院校的话是比较难的，就像现在高中去考那个重本学校的一样。每所学校里，有比较拔尖的，学习成绩好的同学才能考上师范学校。所以，一般的同学想考中师的话，应该分数还是上不了的。

问：您在当时的情况下能够考上师范院校真的是非常的优秀啊！

答：当时学习非常刻苦，成绩还不错。

问：当时中师生设置哪些课程？和现在的教育方式有什么区别呢？

答：在当时，师范院校有这些课程设置，数学、物理、美术、音乐、体育、写字、化学，这一系列都学得比较起劲，课程都开得比较齐全。从教育方式来说的话，应该和现在差别不是很大，因为在当时我们所受到的一些教育都是开放式的，对学生的要求都很高，特别重视对学生综合素质的培养，所以我觉得差别不是很大。

问：是中师生这个身份让您选择了现在的职业吗？

答：是的，是因为读了师范以后成了一名中师生，自然而然地选择了教师这份职业。现在选工作时要专业对口，感觉比原来更难了呢！

问：当初您没有接受高中教育直接步入师范院校，对您后来的教育生涯有什么影响？

答：因为没有读过高中，所以就没有对比，但是我觉得应该影响不大吧。因为当时我们在师范院校接受的是非常专业的教学基本功的训练，比如"三笔字"，音乐上面的吹拉弹唱，还有体育方面等各个方面，都得进行非常专业的训练，所有这些都更加有利于我们出来以后的教学工作，所以我觉得应该影响不大吧。

问：您觉得您当初在师范院校学到的教育学生的方式和现在看到的更年轻的教师使用的教育方式有什么区别吗？

答：我觉得这个教育方式应该区别不大，因为我们都是边学习边实习。然后在实习当中边摸索经验、学习，然后再回去继续努力学习，然后再实践。自从毕业出来以后都一直是这样。坚持以最新的教学理念去进行学习和教学，虽然教了二十几年，但是都是教到老，学到老。现在年轻人见到我们的这种教学方式，那应该说是没问题的，应该是跟得上时代的。现在什么多媒体教学、比较创设情境法等等，不过是教学模式、教学方式、教学手段，我们都是边教边学，都是没问题的，所以区别不大。

问：您觉得成为中师生后对您现在的生活有什么影响呢？

答：从我踏入教师这一个职业的时刻起，就常听到一句话：教师是人类灵魂的工程师。这句话到现在为止都一直回响在我的耳边。在成为一名教师之后，我一直用这句话来提醒自己，并按照这句话进行教育工作。时刻严格要求自己，身正为范，学高为师。教书育人，为教育事业奋斗终生！这就是对我人生的影响。

（左霞，2019年10月19日，四川省乐山市）

四川简阳的一位徐老师则直言，当今的高校师范教育"可以借鉴中师生培养模式"。

问：请问您从事教师职业多久了呢？

答：从教28年。

问：那您当初是为什么会选择从事教师职业呢？

答：因为当时（20世纪80年代）农村孩子没有什么可选择的，而且当教师在当时是铁饭碗，当然也跟父亲是教师有关。

问：您的从教生涯中有什么事让您印象深刻，或者说是对您来说特别有意义的事情吗？

答：很多孩子在我们的教育、培养下有所成就，成为有用之才，使我们工作有成就感，觉得教育事业意义重大。

问：在您刚刚参加工作的时候，对于教师这个职业是抱着怎样的初心呢？现在28年过去了，您对这个职业的看法是否有所改变呢？

答：不误人子弟，尽最大可能教好自己的学生。这是参加教育工作以来的初心，至今从未改变。所以我总是亲近学生，做他们的朋友，促其成长。

问：您真是一位很值得尊敬的老师！那么您印象中最深刻的一届学生是哪一届呢？

答：印象深的有好几届，其中94届和02届印象特深。

问：是什么让您觉得印象很深刻呢？

答：付出最多，收获最大。

问：能具体讲下收获了什么吗？

答：这个收获是指学生有大出息，取得好成绩。

问：您知道现在很多大学都是以师范为主要的学习目标，那么您觉得现在中师生还有存在的必要吗？

答：94届是疯狂应试，师生都很累，但有较多学生考上了他们理想的学校。现在中师生没有必要了，因为现在不可能有那个年代那么优质的生源。师范大学可以借鉴中师生培养模式。

问：那您对于自己以前选择读中师生有没有遗憾呢？会不会有些后悔没有去读高中？

答：当然有。作为那个时代的优秀学子，没有能够上全日制大学是很遗憾的。

问：在教学过程中是否有影响到家人和生活呢？因为教师毕竟在生活中不仅要关爱家人也要关爱学生。

答：有一些影响，特别是孩子出生时，我们度过了艰辛的几年。

问：曾想过换个工作吗？

答：没有，主要觉得自己在这个领域还可以。当然没有门路也是原因。

问：您觉得当初学习师范技能的时候和现在的大学生学习有什么不同呢？当时是一个怎样的环境呢？

答：当时要学的很多，也很感兴趣，要求很全面，什么都要会，有特长更好。最主要的应该是在学习过程中学习能力更强了。

问：我知道您在学校也是属于领导班子成员，您对于教育改革有什么想法吗？

答：是的，教育改革当然十分必要，但任重而道远。

问：对于现在的"中小学生减负"您怎么看待呢？

答：肯定减不了，没有消除升学压力，怎么可能减负。

问：在您的工作之余有什么业余爱好吗？

答：体育运动、看小说、上网玩一些游戏、偶尔旅游等。

问：我还想请问一下，当时对中师生有什么好的政策吗？

答：工作包分配，出来实习一年后转正，成为有编制的教师，直接办理教师资格证。

（徐勇，2019年10月19日，四川省简阳市）

素质教育已经提倡多年，然而素质教育如何搞、向何处去，仍然是一个言人人殊的复杂问题。特定历史条件下中师生的培养，因为不用导向残酷激烈的高考，也不用面对扑朔迷离的就业，反而走出了一条最符合人性特点和教育规律的素质教育之路。中师生能够普遍地留给社会能歌善舞、多才多艺、聪明勤奋、善于学习的印象，恰是有心或无意地与素质教育的本质相契合。除了生源的优质之外，师资、教学理念、教学手段、教学环境的创设等方面，中师教育教学确有长处。今日的中学和大学教育，单从课程设置上来似乎也能与素质教育相符。然而，在高考或就业的指挥棒下，如何避免教师和学生们心照不宣地"取舍"，是一个亟须解决的问题。中学和大学的素质教育应向何处去，或可从中师教育教学中受到某种启发。

当然，看待中师教育也要有辩证的眼光。中师生的回忆资料中也有人表示了些许遗憾，普遍表示可以优化之处有两点：第一，广而不深；第二，取消了英语的学习。广而不深其实不成其为"遗憾"，因为中等师范教育的特点便是如此，在有限的时间和有限的师资条件下没有办法做到既广且深。关于中师的英语学习，20世纪80年代教育部在的相关文件中指出，中师的外语课主要是为了"提高学生的文化素养"，三年制的中师学校可以不开设。因此，各地中等师范学校基本上都选择了不开设英语课。中师不开设英语课的最大影响是，为中师生们进一步增进学业设置了一道强大的碍墙。如果中师生后来要进入大学攻读本科、研究生，将需要花费极多的时间从头来学，代价很高。从今日的眼光来看，这确实是中师教育留下的一个不小的遗憾。

第五章　中师生与农村基础教育的发展

各地对中师生的就业安排，大都遵循"从哪里来，到哪里去"的原则，"到哪里去"往往具体到特定的乡镇。中师生从中等师范学校毕业时通常18岁，绝大多数人都回到自己的家乡当起了农村小学教师，少数人被直接安排进农村初中任教。1979年至21世纪初，农村的学生数量众多，与之相对应的乡村学校也多。一个普通的乡镇往往拥有1所中心小学，3—5所完全小学，每所完全小学又下设1—3所村小（或教学点），通常还有2—3所乡镇中学。村小有学生三五百人不等，完全小学的学生则可能高达七八百人，甚至超过千人。因为师资需求量巨大，不少学校有大量代课教师，代课教师往往只有初中毕业，甚至小学毕业。中师生的加入，象征着接受过专门教育的"科班人才"进入农村小学教师队伍，对于农村小学的价值类似于今日地方政策引进的高层次人才。

几十年来，农村的基础教育已经取得了突飞猛进的发展。现今社会各个领域中的佼佼者，一开始往往是当年的中师生们培养出来的。可以说，中师生群体为国家和民族的腾飞做出了极为重要的贡献。抚今追昔，重提中师生与改革开放以来农村基础教育发展的关系，让下一代人记起，当年中师生以最聪明的才智和最美好的青春，在原野山乡默默无闻地献身于农村教育的光辉业绩，这殊为必要。

一、最灿烂的年华

四川资阳的一位周老师梳理了自成为中师生以来20多年的心路历程，讲述了一段将最美好的年华奉献给乡村教育事业的故事。最后，她留下了"感恩所有的磨难和所有的遇见"的领悟。

从未满18岁就到初中任教，再到结婚生子，这20年一路走来经历的坎坷和心酸造就了现在的我。虽还是不喜欢展示自己，但也能如现在这般坦然面对自己的过去和现在。

家乡在偏远农村，四个镇的交界处。小学在村上一所小学入学，不满六岁，当过学习委员、文娱委员，毕业时的成绩学校第一名。现在我们小学的同学中有4名在各个城市当教师，只有我是属于中师分配到乡中学，最晚考进城的。

初中三年一直是学习委员，数学老师曾几次做父亲工作，阻拦我上中师。他是我喜欢尊敬的老师，也是他让我喜欢上数学，并成为一名数学教师。那时，他说工资太低，只有200多元，孤陋寡闻的我居然觉得教师很不错，老师依然穿得很帅气，而且比我家一周吃一次肉还是吃得好很多。家里人觉得女孩子能包分配、脱离农村很不错了，况且还有弟弟，如果供一个读大学供一个读高中将是一个农村家庭很难承担的。后来，伍隍中学当时的张校长，当我父亲去学校领回高中报名费时他也是极力阻拦，说我要着读书都可以考个好大学，但也被我父亲拒绝。他是个不怒而威有学识有魄力的校长，在我入学中师那年，他调到中师任校长。

初三参加了伍隍中学组织的推荐考试。后来的中考、中师考试，虽然都会出现各种状况，包括中午没有地方午休，去考试睡着，准考证找不到，迷路差点进不了考场，考得太差只是委培生，但是这些状况还是没能阻挡我去中师的人生轨迹。进入中师，全校没有一个认识的，对只进过一次城的我来说，这儿是陌生而孤独的。看着比我差的同学上了高中、考了大学，中师生的身份成了我一生自惭形秽的源头，很多年才有所改变。这也是我一直坚持不能找一个中师生做男朋友的原因。

中师毕业不满18岁，被分到我曾就读的初中，那里有我曾经喜欢崇拜的数学老师。很可惜我去时他刚调离，他走时把学校的水龙头开关转给了我。当时同我一起分到那里的新老师3人，一个是体育专业，一个是英语专业，只有我是没有专业的普师班的。校长不看好我，曾劝我教英语或者语文，而我选择了我喜欢的初中数学。学生看着稚嫩的老师有些失望，有的闹着要转班。后来，我带的班纪律好、学习好，连校长的女儿也转到我班上。我曾经的老师说，看不出我个子不大还压得住课堂。当时工资正是在朱镕基总理的好政策下，很多年保持的200元工资涨到300元，我以为生活要比我的老师要好很多了。结果，没有一件像样衣服的我，去镇上买了一件时尚灯芯绒的休闲西服上衣，价格是我辛苦砍价的，100元，太贵了，舍不得穿，（那件衣服）我穿了10多年。学校住宿舍，幸好床、书桌都有，隔开有两间房。教学还很愉快，一个人生活，离家很近，一边工作一边自学考试。因为我是中师文凭任初中教师，没有资格评职称，可以等到4年后并拿到专科文凭直接评二级教师。由于自考省钱而且学得到一点东西，所以选择自考。后来，按计划拿到文凭，教办负责人通知适合条件的老师评职时，我不知道情况，等我问已经过了时间，没有评职，工资是很低的。这样我的工资比同条件老师晚评两年，现在每个月少几百元。

工作第三年，镇中一位数学老师因意外右手骨折，留下两个班数学无法教学，需要从镇上其他两所中学调数学老师，在一次抽题目讲课后同意把我借调到镇中接任。这样的机会对于我来说非常难得，我欣然前往。但乡初中校长极力阻拦，几次三番甚至叫他老婆给我打电话让我回去，我拒绝。走时全班痛哭声一片，这让我从高兴的情绪变成深深的自责，幸好那班上现在还是考上好几个本科生，其中一位女生是川大法学硕士毕业。由于是那学期开始一个多月的时间，乡初中校长安排一位刚毕业教化学的老师转教我原班数学，学生纷纷私自转校，有近十人来了镇中。一次我正上晚自习，广播喊这些转来的学生到校长办公室问话，包括我，因为乡初中校长说是我把学生带走的。那夜，乡初中校长包了一辆客车拖回了学生，我无助地哭泣。

在镇中工作5年，小孩两岁多，笑容从我脸上彻底消失。看到半年一次跟孩子的合照，爱笑的女儿也没有了笑容。一个念头突然闪现，我觉得我的命运不好，但不能让孩子的命运因为我的命运也不好，我必须微笑。在我快走不下去的时候，一位不曾相识的市领导在一次偶遇饭局中居然爽快答应帮我调动，而我当时不在场。这样我来到松涛镇中一干就是12年。这一年公务员身份的丈夫也终于考上市经开区建设局副局长的职位，同时那年实行阳光工资。那一年是我生命的转折，终于还清欠朋友和银行的债务，丈夫也因此可以有周末，不再像以前从镇上借调到区上时每天加班，而我也改教思想品德课。

来到松涛镇中，仿佛从地狱来到天堂。离家近了，工作量轻松了，同事也很开朗。当时的我抑郁的状态是说着说着就哭，一个人也是想着想着就流泪。身体也开始出现各种状态，一感冒喉咙痛如刀割，打针输液久久不愈，接着连续几天彻夜不眠，再后来又得了肾下垂，甚至胃下垂。病痛的折磨让我意识到身体大量透支，一次次的就医却无药可治，让我体会到健康才是最重要的。从西医到中医，从资阳到成都甚至到贵阳，一次次的绝处逢生，让我遇到良医，也让我信赖、了解并喜欢上了中医。虽然身体随着年龄增长还是状况不断，但通过调理好多了。通过教初中思想品德课也在改变自己的思想，渐渐地笑得多了哭得少了，很多事情也能想通，遇到问题能坦然面对调节情绪，不让自己走进消极的情绪中。回想过去少了抱怨，多了原谅，就连过去经历的人和事也是感恩的，现在说起过去已经平淡很多。正是这些组成了我生命的一部分，让从前软弱无能、消极自卑的我变成现在勇敢、自信、开朗的我。

6年的思想品德教育工作调节了我，甚至救赎了我自己，但毕竟没有成就感，也不是我喜欢的。后来一位信任我的班主任喊我教她班上数学，我才有机会重新回到我喜欢的数学教学轨道上来。然后从零做起，网络时代，知识更新换代快，幸好自己喜欢的事爱琢磨，以前教数学也有自己擅长的方法，再自学电脑知识，设计PPT。领导看我积极，也有点小成绩，多次派我到成都学习，到川师大培训，听浙江一带名师上课，到成都周边听课学习，到山西学习。学到很多好的教学理念，也开阔了眼界，但没有上过大学的经历仍然使得我怕展示自己，极力躲避上公开课。但躲是躲不过的，多次逼着去参加各种赛课，一旦参加还是会好好面对，一般都是一等奖。学校生源不好，但期末还是能得区上教学一等奖。我基本没有什么愿望，只要开心上课就好。

去年玉柴小学要成立初中部，交通方便，环境好，所以就参加了考调，以第一的成绩幸运考上。整个初中部只有初一，办公室里充满了朝气和活力，都是毕业不久的本科甚至研究生，只有我文凭最低，年龄最长，工龄最长，但工作20年还没有评上一级教师，工资不如很多同事。但阅历丰富，知世故而倔强的我不世故，性格开朗，敬业到偏执。

如果让我说，给我第二次选择的话，我肯定会选择上高中，进入大学，少了这段人生经历是我终生遗憾。如果说专业的话，是中医，我有这方面的天赋，记病名药名过目不忘。但现在也不错，中师的三年是懵懂无知的，后来的经历是苦涩的，但也正是这些磨难雕琢成了现在的我，我喜欢现在的自己，独立自强，快乐积极。如果问我现在想说的话，那就是：现在的我坦然面对过去现在和将来,感恩所有的磨难和所有的遇见。

(周亚莉,2020 年 6 月 6 日,四川省资阳市)

四川古蔺的一位李老师回忆说,中师生是此前几十年农村基础教育的顶梁柱,如今"都老了",还是要"站好教育事业的最后一班岗"。

问:当时成为中师生需要什么样的条件?

答:当时初中毕业有 4 种选择:第一种是考中师,第二种是考中专,第三种是考技校,第四种是考高中。初中读完要继续读书就有这四种去向,中师是其中的一种。当时中师在全县范围内有一个招生线,是全市统一划线,市招办规划有一定招生名额,这个名额是看国家计划分配,因为当时中师读完就可以在乡镇当中小学的老师!但是初中毕业是全市交叉考试,老师比较严格。考完统一划线,如果你考上线了,考完试后自己填志愿,当时中师和中专不能同时报考,只能填其中一个。如果中师录取了,就根据分数高低来选择学校,当时有几个师范学校。我当时成绩好一点的,就读了泸州师范学校。

问:那您说一说您当时上中师时的环境和生活条件吧!

答:我上学时在泸州师范,也就是现在的外国语学校。泸州师范的前身是经纬学堂,恽代英将军在这里创办的,最初就是用来培养人民教师的,我们的教学楼就叫代英楼。我们去读的师范,我们的生活费是由国家财政补贴的,家里基本出不了多少钱,那时候食堂吃的就是莲花白、南瓜这些。上课的模式和现在差不多,早中晚,也有早晚自习。那时候交通条件很差,我从家里到泸州师范学校,要坐一天的车。我可以把我们学校的校歌发给你听听,这歌词当中的"代英阁下,革命种子","代英"就是我们的校长,我们的教学楼就是以他的名字来命名的。

问：那您当时为什么会选择考中师生，而没有考高中呢？

答：当时我的学习比较好，我自己有信心考中专，因为中专出来，我可以在财务部门或者政府部门上班。但是当时我家在农村，家里条件不好。我的父亲觉得我应该走一条比较稳妥的道路，只要跳出农门就可以了，不要追求一些不太实际的东西。但是中师和中专不能皆报，成绩出来后，我的成绩远超出了中师的分数线。当时报考高中需要担一定的风险，我父亲觉得我只要跳出农门就可以了，他觉得中师这个职业是个铁饭碗。

问：那时候你们班上报考中师的人多吗？

答：当时的泸州师范，在古蔺只招收10个人，我是被泸州师范录取的。那个时候，中师和中专是最好的两个选择，成绩好一点的就报考中专，差一点就读中师。当时我成绩还不错，但是当时为了跳出农门，我选择了比较稳妥的中师。当时在古蔺范围内教学条件好一点就是丹桂中学和白沙中学，我当时是一直是三好学生，三好学生有一个加分政策，但是我第一年还是没考上中专。当时一个学校考上20—30个人，这个学校就已经算是好的。那时候因为条件比较差，读书的人没有这么多。

问：那您现在会对因为当初家长的期望和现实条件限制成为一名中师生，而没有参加高考感到遗憾吗？

答：我一点都不会感到遗憾。因为一个人对父母的期盼，以及父母对子女的关心，而且当时农村的条件，也不可能不听父母的话。当时的选择也挺困难，要是当时我选择参加高考，如果没考上对家庭的损失也不小。根据家里的情况，选择中师，我并不会感到遗憾和后悔。就像你们，如果你有能力再去深造，如果不给你爸爸妈妈造成太大的压力，你还是可以选择继续深造，但如果给爸妈带来太多的压力，你们的心情就会和我当时一样。当时是成绩出来了，我才知道我超了中专线，但是在考试之前还是担心自己不行。尽管成绩出来后分很高，但是我一点都不后悔，因为我觉得人必须要学会务实。

问：那您成为中师之后，后来考取了大专学历，是因为自己想拥有更高的学历，还是现实所驱使呢？

答：不是自己想要更高的学历，而是这个时代随着社会的变化，社会对人才要求更高的学历，也就是说人要终生学习，应该是活到老学到老，所以我当时就去进修了大专的学历。当时如果不去进修也无所谓，但是我觉得人还是应该有一种上进的心理。因为各方面的原因以及自己的个人修养，所以当时去进修了大专学历。

问：那您可以描述一下您现在的生活状态吗？

答：我从1991参加工作到现在已经28年了。2012年得了结肠癌，但是这次生病并没有让我觉得灰心，我的心态还是很好的，并没有因为生病自暴自弃。尽管是生病，我还是觉得人应该努力开心的生活。病好了以后，我又回到了工作岗位，我现在负责的是我们小学的后勤和安全等工作，现在我还是负责而务实地完成这份工作。对这份工作我还是积极的、开心的，但是对于生命的长短，我觉得生死有命，我们也只能听天由命，我们应该开心积极的生活。

问：那请您说一下，从您开始工作到现在的工作经历吧？

答：我1991年参加工作，在高家和北花。当时北花有一个农机校，相当于现在的中学和小学合并，1991年到1995年我在北花农机校工作，1995年到2000年我在我们镇上的石宝中学教书，2000年到2002年在石宝小学上课，2002年到2012年是小坝小学的负责人，2012年因为生病，休息了几年，现在负责小坝小学的后勤工作。

问：那您对现在的生活和工作环境感到满意吗？

答：对现在的生活和环境感到很满意。我觉得人不应该一直去追求不切实际的东西，更加务实一点，我每天按部就班，做好自己的工作，这些都很令我开心。

问：那您对未来的生活有什么样的期待呢？

答：对于未来的生活，我不会把目标定得太高，就是希望自己务实一点，努力工作，不做冒险的事情，愉快地生活，扮演好教师的角色、家人的角色，希望家庭更加的温馨！

问：您对为教育事业做出贡献的所有中师生想说点什么，或者有些什么样的评价呢？

答：以前像我们农村的教育，基本上就是中师生站在第一线，不过现在社会在发展，逐渐有更多人的站上岗位，拓展了教育事业。但是之前，中师生基本上是顶梁柱，我们都开始老了。对于中师生也没有什么评价，对于从那个年代过来的中师生，在我眼中，都还是比较务实的，到我们这个年龄，务实地搞好自己的工作，站好教育事业的最后一班岗。

（李文，2019年10月9日，四川省泸州市古蔺县）

四川西昌的一位陈老师表示，一代中师生已经老了，"现在最后一批中师生早已步入中年"，她相信中师生"能在现在的教育岗位上继续努力，不负将来"。

问：您能简单介绍一下自己吗？

答：我叫陈世萍，毕业于西昌师范学校，现任四川省泸州市合江县大桥中学初二语文老师。

问：您能讲讲当初为何要选择读中师生呢？

答：那时候我在高中的成绩不是很好，读了一年补习班，而且因为我家是农村的，那时候就想通过读书跳出农门。

问：那当时考上后，在学习的过程中遇到了哪些困难呢？

答：当时我应届没有考上大学，我父母都不想让我读了，因为我家里很穷，没有外出打工，就靠父母在地里刨食，连学费和生活费都困难。当时我没有考上大学，我就想复读一年，刚开始他们不同意，我哭了一夜，因为我是独生子女，后来他们同意了，反正不管结果如何，都是最后一年了，最后一次机会了。我也是这样打算的，如果再考不上就去打工。

问：那您还是幸运的了，苍天不负有心人，还是坚持下来了。那么在求学期间您有学到哪些专业知识吗？

答：当时学的东西可多了，因为那时主张全面发展，啥都要会，具体我也记不太清了。

问：那您当时学到的专业知识对于现在的教学有没有什么启示呢？

答：好像没有什么启示，现在的教学都是出来当老师慢慢学的，当时和现在的出发点和想法都不一样，我也只能靠走上工作岗位后慢慢摸索出来的。

问：以前与现在相比，生活有什么不一样吗？

答：以前太苦，现在可幸福多了。现在有自己的家庭、事业，生活愉快，谈不上富裕能够丰衣足食，现在的生活令人满足。

问：自1999年后就逐渐取消了中师，您如何看待中师生的现状？

答：现在最后一批中师生已经步入中年，继续从事教育事业的已经成为的中流砥柱，没有留在该行业的也有了其他的建树。只能说社会在进步，人也要进步，归根结底都是为祖国繁荣发展献出一份力。

问：您认为当今的教师应该如何进行更好的教育教学呢？

答：我认为应该与时俱进，现在在搞课改，要充分发挥学生的学习主动性，以学生为主体进行教学，我还觉得应该从学生的实际出发来抓教学。而且，我认为现在的老师要关心爱护和了解学生，严谨治学且知识渊博，尊重学生的人格，公正对待学生。我也相信中师生在现在的教育岗位上，只要继续努力就会不负将来！

（陈世萍，2019年10月11日，四川省西昌市）

四川的一位宋老师道出了自己中师毕业几十年来对教育精髓的领悟。她认为教育的精髓在于爱,"你对学生好,他就会记在心里"。

问:您好,听说当时你们读中师生的时候学校条件比较艰苦,可以说一下当时的具体情况吗?

答:我们当时的住宿条件和生活条件都比较艰苦,学校都是很旧的,住宿是10个人一个寝室。而且每层楼只有一个卫生间,洗澡也只能去公共澡堂。

问:那你们的学费是怎么解决的呢?

答:我们那个时候有一小部分学生是不收学费的,但是大多数属于地方委培的学生,一年是需要交6000多的学费,和你们现在差不多,那个时候读书的学费还是比较贵的。

问:听说那个时候很多家长想让自己的孩子去读专职学校,有一技之长以此谋生,不会想让孩子去读中师。您父母对您去读师范生有什么看法吗?

答:当时考中师生非常不容易,需要在学校有非常拔尖的成绩才能考得上。当时出来唯一一个好处就是国家直接包分配,可以给家庭分担负担。当时我们需要参加两次考试,一次是中考,一次是高考,中考是单独一次,高考是初中升高中的考试,高考后拿到录取通知书我就去读了中师。

问:您在那个年代能够考上中师已经是相当不容易的事了。

答:当时要考上中师生需要相当优异的成绩,并且很多人为了给家庭减轻负担没有读高中和大学,所以你们现在还是很幸福的。我们家是很重视教育的,都希望我能走出去读书,当时我读书父母还是很辛苦的。只有在20世纪80年代的时候中师生是全公费,后来的大多数都是需要出学费的。但是,那时学校也有奖学金和生活补助,根据成绩来分等级补助。那个时候生活费很少,最高补助就几十元钱。

问：那你们读的中师是几年呢？

答：3年，和高中时一样的。我是1997年毕业的，现在工作22年了。

问：您开始是在哪儿工作的呢？

答：一出来工作就包分配，就是那个关津学校。

问：是什么阶段的学校？

答：是小学，一直是小学。

问：所以你们一直在教小学吗？

答：是的，大部分中师生都是教的小学。只有少部分学得比较好的才去教初中。

问：那您教学这么多年，对教师这个行业有什么感想？

答：这个行业还是很有乐趣，虽然在外人的眼中看来教师的工作很轻松，但是实际上这个工作很辛苦。有乐趣的，是指跟学生打交道。你教学生，你对学生好关爱学生，学生是有感觉的，你对学生好他就会记在心里。比如说还有，这堂课上得很成功，孩子们的积极性高，你很有成就感。还比如说你对孩子们好，孩子们有时候会送你一朵小花，对你说老师辛苦了。让我感觉很满足。

问：您打算一直教到退休吗？

答：当然是一直要干到退休，我们既然选择了这个行业就一定要干到底。

问：老师是多少岁退休？

答：女老师是55岁，男老师是60岁。但是以后政策变动的话就不一定了。我有一个建议，当好老师的话，不仅要有专业知识，学会一些心理课程，然后学会一些和孩子打交道的智慧和艺术，这些都是非常重要的。就是说，学习理论是非常重要的，之后慢慢地积累学到的经验才能做得更好。教师的教学是非常重要的。你在和孩子上课的时候你要让他们非常喜欢你的课堂，你要去摸索。你讲话的时候要有吸引力，他们才会听你讲课。讲知识的时候，这些都是非常考验能力的。

问：是的，请您继续谈。

答：这些都是从一张白纸开始的。我最开始出来刚刚到这个学校的时候，一年级8个班，语文数学什么课都要上。现在的老师挺幸福的，各科有各科的老师，我们以前都是整天和学生在一起的，明明觉得很累但还是没有什么的，慢慢地就成长起来了。一开始孩子不是我们想象的乖乖地坐在教室里听课，都是一点一点教出来的，你还要学习别的老师的教课方法。

问：那您觉得现在的孩子跟以前的孩子相比，哪个比较好管些？

答：这个应该是说以前的孩子更单纯一点，所以要好管一点。而现在的孩子因为他的信息接收量比较大，所以就要求老师有更丰富的知识。不然，有时候就是小孩子知道的你却不知道，这样他会觉得你这个老师不怎么样，连我都晓得的问题老师居然都不知道，他对你的崇拜感会降低。

问：所以，在教育现在的孩子时，要学会减少代沟。

答：现在的孩子，首先你上课你不能只是备课，只是了解课怎么上，更应该去了解孩子们的水平，他们的认知水平在哪里，主要是"备学生"，而不只是"备教材"。

问：那现在的小学是哪几门课程呢？

答：主要有思想、美术、语文、英语、音乐、科学、体育等。

（宋雪梅，2019年10月2日，网络访谈）

四川的一位中师毕业生李老师说，选择了农村教师这个职业就意味着"选择了清贫，选择了无私奉献"。

问：据说您读书的那个时候，能够考上中师，和现在考上985、211难度相当。当时的中师生确实是优中选优,根据资料显示,当时的中师分数线一般都远超重点高中录取线。您对当时的读书拼搏生涯有什么感想呢?

答:因为我出生在农村,觉得农村很艰苦,没出息,没前途,家里条件又不好,待在农村要吃苦。当时中师毕业后国家要包分配工作,考上了学校,不到20岁就端上了"铁饭碗"。再也不用吃苦了,所以当时就认真读书,努力拼搏。现在想想那是真的是很有毅力,很了不起,能向着自己的目标奋斗拼搏,认真读书,知识改变我的命运。

问:曾经的中师生挺起了小学教育的脊梁,但在20世纪90年代在面临着社会的变革,中师生不再分配了,小学教育也提高学历要求,高校扩招,大学生就业难了,中师生就业更难。请问您当时从事教师的时候是一种什么样的情况?

答:我从事教师的时候是20世纪90年代初,老师是国家是进行了分配的。我当时从事教师的时候的那一批中师生,都是分配到条件艰苦的农村学校,工资每月只有90多元,学校交通不便,没通公路,到镇上有八九里路,一到下雨就是泥泞不堪,校舍破败。

问:后来面临社会变革,对您的教师生涯有何影响吗?

答:面临社会变革,我的教师生涯没受到影响。在农村当教师虽然条件艰苦,但还是比较稳定,主要是我能沉下心来安安心心教书育人,甘于平淡和奉献。

问:在当时发展前景比较黯淡的情况下,您有没有想过要继续考学或去其他行业发展?

答:当时流行转行,有关系、有门路,不甘于清贫的有些老师就转行到县城机关了。但我没有那种想法,仍然安安心心教书育人,有机会也不离开教育行业,反而在20世纪90年代末得到深造,提高了自己的文化水平和素养,参加了函授学习,拿到了大专文凭。

问：中师生毕业后大多去了农村，对于当时农村的学生来说，你们就是他们走出大山的希望，但于部分中师生而言，选择农村也意味着失去更好的发展机会。可以谈一谈您对此的感想吗？

答：当初选择了农村教师这个职业，也就选择了清贫，选择了无私奉献。农村学校条件艰苦，待遇低，留不住优秀的教师，留不住年轻的教师。但农村需要教师，农民的孩子需要教师，我也是从农村走出来的，我不能放弃农村，不能放弃农民的孩子。面对他们渴求知识的眼光，我不忍心离开，我希望知识能改变他们的命运，改变农村落后的面貌。近20年来，我见证了城市的快速发展和农村的快速变化，农村人口也越来越少，农业也在三次产业中的占比降低，但近年来，国家越来越重视农村问题，加大了投入，我看到了希望。面对农村面貌的改观，面对那么多留守儿童，我选择了坚守，选择了继续奉献。

（李金邦，2019年10月20日，网络访谈）

一位岳老师表示，很多优秀的同学一直在大山深处默默坚守，不仅奉献了自己的青春，还奉献了自己子女的青春。

问：您对中师生这一群体是什么看法？

答：我作为一名中师生，后来留校做了一名教中师生的老师。我看到很多优秀的同学、学生一直在大山深处默默坚守，不仅奉献了自己，还包括自己的子女。一次同学聚会，选择在一处大山里的风景区，最后到的同学是一位非常聪明成绩相当好的男生，20多年第一次见面，他是划着小木筏赶来的。全班同学看到他从远处划过来，泪流满面，有的女同学甚至泣不成声。如果读高中他肯定能考一所非常好的大学，然而他一直坚守在一所偏远的乡村小学。

问：太伟大了！你们中师生最后都是成了乡村教师吗？有没有不满足于现状而做出改变的？

答：我们那时候，1991年我们一个中师班毕业生是48人。大致统计，毕业后从政的有2人，直接上大学的1人，进修专科、本科然后读研究生从而没有再回到乡村学校讲台的6人。读研成为当年众多中师毕业生，走出农村、二次改变人生命运的重要选择。一位同学，是个非常聪明的学生，在读师范时，就经常考前几名。师范毕业后，回到农村老家小学教了两年书，自学了专科，然后考到省会的教育学院进修。当年的教育学院，考研成风，全国皆然。在深厚的考研氛围中，他凭借自己的聪明才智，加上奋力拼搏学习，第二年就考上了一所高校的研究生。三年后，又攻读博士。毕业后，被一线城市"引博从政"招去开启从政之路，现在已是副厅级官员。2000年前后，是中师生考研的顶峰时代，在进修教师人群中考研是最流行的事情。当然，考研并不是件容易的事情，有的人可能已成家，还可能有了孩子，有的原单位还催逼着回去教书，也有的家人不理解、不支持，认为有了工作，还去吃那样的苦做什么。而这样的一群人，顶着压力，克服困难，努力学习，许多人跨专业备考，最后终于展翅高飞。

问：老师，您的同学如果选择读高中的话一定能上很好的大学，那请问当年的中师生有多优秀？

答：那可是特别优秀。这批天资卓越、悟性极高的追风少年，如果不来读中师，而是去读高中考大学，基本都是一本大学的苗子，而且不用费什么劲就能考上。学习对于他们，不是一种苦差，而是一种享受。这批天资卓越的中师生，在中国，既是空前，恐怕也是绝后了。

问：您是怎样教育学生的？

答：我教育学生就是注重两点，一是先学会如何做人，二是正确的学习方法。教育的核心不仅是给学生传授文化知识，更重要的是教会学生如何做人。一个人不管他的知识层次有多高，如果没有健康的心理，没有爱心，没有诚实心，也就是不会做人，那知识层次高的人对社会的危害要比知识层次低的人大得多。作为教师的爱和笑要发自内心深处，让学生从你的笑和爱中得到一种向上的力量。要造就一流人才，必须有超越常规的学法，对于所有的孩子而言，课堂学习的时间是共有的，书本上的知识内容是相同的。要实现超越，仅仅把握住这段时间和水准是远远不够的，必须掌握科学、实用、高效的学习方法，只有这样才能超越他人，走在前列。

问：是什么力量能让您教这么多年书？

答：因为我出自农村，用国家的钱读书。当时正是缺乏老师的时候，我应该尽自己的一份力量。要说力量的话，那就是我的学生们。我希望能够为祖国培养出可以人才，希望自己能够为祖国的建设，尽一份力量。

问：您是如何对待当今师生关系日渐冷漠的？

答：在课堂上的师生互动中，更能清楚地看到教师尊重学生的风采，学生尊重老师的良好品质。师生互动也可理解为师生交流、生生交流的合作型教学模式。其基本思想是：教师是教学活动的组织者和管理者，学生是学习的主体，教师通过教学活动，促进学生情感的变化，知识和能力的提升，养成良好的学习品质，使学生得以健康的发展。通过观察、比较、实验，探求产生课堂互动低效的根本原因，寻找解决该问题的最佳对策，力争把课堂还给学生，让学生真正成为课堂的主人，从而为提高师生互动的有效性做好准备。师生建立平等关系就是要消除老师高高在上的尊严，教师在学生心目中不仅要成为可敬的人，而且更应是一个可亲的人。教学活动是师生的双边活动，要使之有效地进行，就要建立起学生对教师的信任感，形成师生之间互相理解、和谐的人际关系。

问：您选择并从事教师这个职业的初衷是什么？

答：我从小就特别喜欢当老师。我受影响最大的就是我初中的班主任，当时我们班是学校唯一的住校班，然后就比较乱，因为一半的人住校，一半不住校。但是我特别佩服我那个老师，我就特别希望成为像他那样的人，所以我就选择了当老师。

问：在您的眼中，教师意味着什么？

答：我觉得老师最主要的一点就是他会成就一个孩子。但是这件事情也让人很紧张，因为一个孩子一生只有一次成长的过程。如果他在这三年里他没有能够成长得很好，那么相当于老师也是耽误了这个孩子，因此我觉得老师最关键的一个地方就是责任。我觉得一个老师他意味着责任，他意味着陪伴，他意味着共同的成长。其实当老师挺好的，你可以过许多个高中三年，不仅仅是你自己的高中三年，甚至你会觉得自己高中三年的遗憾可以在自己学生身上弥补。这就感觉特别的开心。

问：当自己真正成为一名教师时，您有什么感触吗？

答：我觉得老师挺累的。我上学的时候就有一个想法，就是你们现在肯定也有。每一个老师都说自己这科容易，作业不多，但是我每天要写那么多科作业，我怎么能不累呢？实际上你真正当了老师之后，一个最直接的体会就是我为什么要去留作业？是要让我的学生学得很好，所以我当老师之后我也会去精简，哪些题可以留，可以不留，我怎么去留，我让我的学生又不累，然后又能把知识学好。我觉得这是自己的一个体会，一个改进。还有一个就是，我觉得当老师特别好的就是你不会觉得自己变老，因为你每一天都在跟不同的学生打交道，而且你是在和一个活生生的生命打交道，所以你会特别的开心，每一天的生活都会不一样。

问：对于学生之间的矛盾您是如何解决的？

答：我想首先必须有这样一个观念：人非圣贤，孰能无过，何况是成长中个性各异的学生呢。要知道学生是伴着错误成长的，所以教师要以平静的心态去面对学生之间的摩擦纠纷、矛盾冲突，并且抓住机会把处理问题的过程当作一次引导教育学生学会生存交往的过程,从而建立和谐的同学关系,师生关系,要切忌简单粗暴。要知道,任何人在情绪不好时都不可能将问题解决好,很多的时候反而把事情弄得更糟,教师更是如此,只有学会控制情绪,才会发挥教育的实效。在平时教育学生如何处理矛盾的时候,要注意以下几个方面:一个是注重解决日常生活中的细小矛盾,不要让矛盾堆积,不要让矛盾恶化。第二点是当发生矛盾时,矛盾的双方要保持冷静。俗话说,一个巴掌拍不响,就是这个道理。冷静是处理矛盾的最佳方式。冷静会使人们变得理智,冷静会化解一切矛盾的烟云,从而使人们成功度过矛盾的危机,从矛盾之中解脱出来!

(岳茂,2019年10月4日,网络访谈)

四川眉山的一位王老师坚信,中师生群体是"才是最好的老师"。

问:您为什么去选择当一名中师?王老师您也是如同谢新茂老师经历了中师政策的实行到结束。如今您也退休了,听说您是在十几岁才上小学,那个时候还是处于挣工分的年代,上小学的过程十分曲折也十分不易。当时的中师只有初中毕业成绩佼佼者才能有资格报考,而具备这样能力的人几乎都可以在上高中之后,考上重点大学或者一本院校。您后悔过吗?

答:当时有点后悔,慢慢就不后悔了,因为大家都是为了国家的建设做贡献。不过考上大学的人在建设国家的高层,而我们建设国家的基础,就像建造房子,总要有个好的地基才能修得更高。作为一名老师最大的幸运就是揽天下英才而教之。

问:那么您觉得当时的中师生是什么样子,现在的老师是什么样子,有什么差距吗?

答:谈及当时的中师生,这么多年来,我也看到了不少的新老师,有男有女，可是我始终觉得我们这一批才是最好的老师。特别是现在，年轻人心思浮躁，远远没有当时的中师生老师们的素质那么高，而我能成为这么一批素质尤为出色的中师生老师中的一员，就是我一生最大的幸运。我在台上一个动作、一个眼神、一个表情、一句话甚至是一个单独来看毫无意义的词，基本上就能得到学生准确的回应。他们的悟性令人惊叹，而我在这样的环境下成了暗自和同事们较劲的行为。我当初也是成绩优良的一名学生，可不能输给了他们，不过我到最后觉得自己终究还是输了。自己的年纪一天天大了起来，身体有点跟不上了，看着他们那朝气蓬勃的身影，我不得不服。在这些年里，我教了一批又一批的人才出来，也看到了一个又一个的中师生老师考上了大学读了博士，做了大学的老师。其实我也想，可是身体再也不支持我像当初那样挑灯夜读了，白天上课、晚上读书已经变成了我的奢望。我力所能及的就是好好教书，给中国贡献出一批又一批的人才，让他们去更好地建设我们的国家。这样我是非常自豪的，我可以很自豪地说我是一名中师生老师，我教了千千万万的学生，桃李满天下。当老师最能体现自己价值的时候就是，当我老了之后不管到那个地方去旅游，都会有自己的学生站出来，像我当年带着他们一样的带着我，那才叫老师的最终梦想。

（王建国，2019年10月4日，四川省眉山市）

四川广安的一位熊老师回忆说，这么多年"一心教书育人，没有其他想法"。

问：据了解，当时能够当中师生的初中毕业生都是很优秀的，您完全可以读高中、考大学，那您为什么选择了去当中师生呢？

答：我当时选择当中师生，主要目的是跳农门，端铁饭碗。

问：您在当中师生的时候学了一些什么东西呢？

答：在当中师生的时候，要学文化知识（但是从工作来看，文化知识用处不大，初中知识完全够上小学），艺体各科，普通话这些对工作帮助很大。

问：那在这个学习过程中，有什么令您难忘的一些经历吗？可以和我们分享一下吗？

答：在中师生学习过程中，我觉得选择舞蹈兴趣班，在舞台上展示自己最令我难忘，中师的舞台让我很自信。

问：当经过一段时间的了解，您当时对中师生这个职业有没有自己的看法和体会呢？

答：感觉还是很受人尊重的。

问：可以详谈一下您的看法吗？

答：有无私奉献，甘为人梯的崇高精神，还有热爱学生、诲人不倦的为师原则，把学生视如己出。

问：哦，在您看来中师生还是很伟大的啊。

答：是的。

问：当时社会上对中师生这个群体持有什么态度呢？

答：应该还是觉得中师生很"了不起"，是"铁饭碗"，让人"羡慕"吧。

问：您了解当时国家有出台一些政策来支持中师生吗？

答：对不起，我还真不了解，也许记不得了，没有太深的印象。

问：既然这样，那您当时是怎么了解到有这个中师生的呢？

答：学校领导，老师谈到的。

问：您在学习或者教学过程中，您有想过放弃或另寻出路吗？

答：读了中师包分配，就有工资。另寻出路？老实说，我没有。

问：看来您挺喜欢这个职业的。您选择了中师生之后，对您的家庭和生活有什么影响吗？

答：我们都是农村的孩子，能考上中师，跳出农门，有个稳定的工作，就达到了自己的愿望，就一心教书育人，没有其他想法。最明显的是对"孩子的教育，家庭的照顾"很有帮助。一个家里有一个老师，感觉孩子读大学的机会都很大，生活虽然清贫，但是日子过得比较轻松。也许是因为我是一名教师，女儿今年考上了川北医学院影像学专业，女儿的教育全靠我有时间管她，因为孩子的爸爸从来不管孩子。

问：她应该感谢有您这样一位好母亲！据了解，当时的中师生毕业后有干部身份，可以选择从政或者继续深造，您是出于什么原因选择当老师的呢？

答：我们都是农村的孩子，出来当老师马上都能拿工资，可以给家里减轻负担了。

问：如果现在给您一次重选的机会，您还会选择中师生吗？为什么呢？

答：我觉得当老师现在工资还是可以，学校条件也好很多，既轻松，又能照顾到家庭。

问：您还会选择当老师吗？

答：应该还会。

（熊勤朴，2019年10月7日，四川省广安市）

二、偏僻荒凉的山乡

来自四川攀枝花的一位钟老师坦然地面对山区的生活，他表示受到了自己小学老师的感染，所以愿意回到山区，燃烧自己，照亮山区孩子的未来。尽管看到有些同龄人"活得风风光光"，但他认为到偏僻荒凉的山区教书是一件非常荣耀的事情。

问：您读中师当时的兴趣爱好是什么？

答：我当年是师范生，要学的东西很多。下棋、绘画、唱歌、书法、吹笛子等等。我很喜欢民歌，到现在我都是我们学校的金嗓子。

问：您那个时代有想过评职称的事吗？

答：我们中师生以出类拔萃的优异素质，却选择上中师，主要目的就是为了解决一张饭票。读中师并非我们的自主选择，初中毕业时，只有15岁，主要是顺从父母的意愿，我是孝顺的孩子；但更多的是屈服于命运，因为家贫而不得不以最快的速度获得"铁饭碗"。首批初中上中师的学生在1986年毕业，自此之后，每一届毕业生中的大多数被分配到了农村中小学教书，我成了一名普通的小学教师。然而，对我们自身来说，一辈子从事中小学教育，显然是屈才。我们的素质，以当前的标准来衡量，绝不是一个中小学教师的素质。国家只给我们提供了当中小学教师的平台，我们想要在教师岗位之外，再给自己营造一个更好的平台就非常难了，也就只能扎根于教师岗位吧。我们对个人前途感到失落。1999年后，全国陆续取消了中师教育，中师生面临着青黄不接的局面。当传来初中同学某某大学毕业分配到某大城市某大机关的消息，我才开始有了评职称的想法。

问：您当时是出于什么样的想法而坚持下来的呢？

答：我的父母都是面朝黄土背朝天的农民。按照当时的政策，凡是考上了中师，就可以转为城市户口，毕业后都由国家安排工作，享有就业的优惠。这些政策，在当时的环境下，对我们的家庭来说，是很难拒绝的。如果我因为成绩好而选择上高中考大学，对自己的前途当然会好一些，但是没办法再读，父母要多受苦受累好些年，甚至要付出让弟弟妹妹弃学供自己上学的代价。我作为家里的长子自然得承担起生活的担子，让父母、弟弟妹妹能生活得好一点。这是一个重要的原因。还有一个原因就是，在我那个村，能识字的人很少，老师就更稀少了。可是我读初中的时候，来了一个很年轻的老师，她将自己的大好年华献给了山区的孩子们，我就是受惠的一员。从那时起，我就立志考上中师，回到山区，燃烧自己，照亮山区孩子的未来。

问：如果还有一次重返年轻的机会，您还会坚持当初的选择吗？

答：如果还有一次机会，我应该不会选择走中师生这条路了，而是会好好读一个大学出来。那时对于70后和部分80后的人来说，能上中专，就意味着可以跳出农门，可以到城里"吃公粮"，是一件非常光荣的事情。所以班里成绩最优秀的学生，往往都会选择中专。然而，此一时彼一时，随着社会的发展，好的行业对学历的要求越来越高，我们这些曾经成绩优秀的中专生，现在来看多数都是比较吃亏的。我们这些中师生，一辈子扎根农村，工作环境不好，工作待遇不高，晋级受到学历限制，直到退休都可能评不上高级职称，而他们那些成绩不如我们的人，却通过读高中考大学，都当上了局长、市长，甚至成了国企的老总，活得风风光光，这些让我们中师生更加后悔。

（钟振国，2019年10月15日，四川省攀枝花市）

四川南充的一位刘老师对中师生的命运颇有几分感慨，她把中师生的命运比作一块"被蒙上灰尘的丝绸，有着它夺目耀眼的过去"，不过，她仍然认为"他们（中师生）在最璀璨的年华，为教育事业做出了的伟大贡献"。

问：您当初为什么会选择去读中师，而不去读高中呢？

答：谈起读中师的往事，心里总有一些郁悔。初中毕业对于当时的我们是一个很重要的节点，考不起高中的同学回家务农或收拾行李南下打工。成绩能上高中，家庭经济能承担起，或者心中对大学充满憧憬的同学，进入高中。我初中是班上的班长，成绩在班上是很好的，位列前茅，考上高中对我来说，不难。但是作为农村的孩子，哪有那么简单，我的父母渴望我能去读中师，因为对他们来说，这是一个铁饭碗，而我去读高中，未来能不能考上大学都是缥缈不定的。所以15岁的我，遂了父母的心愿，选择跳出农门的捷径——读中师。

问：怎样才能去读中师，考中师困难吗？

答：放在现在，给不了解中师生的人谈起，许多人或许会看不起中师生。但是，当时选择去读中师生的学生大多是品学兼优的学生，我们读中师的竞争很激烈，那是中师发展正火热的时候，几千个参考的学生，最后录取人数也许才近百人。所以考上中师一点都不简单。

问：当时中师生学习的课程有哪些，平时您的学习生活是怎样的？

答：当时我们也是分科目学习的，我选择了英语，因为我初中最喜爱英语，所以我平时的学习生活主要是学习英语。学习难度并不简单，读的三年里我们把连大学要学的内容都学了。平时课程也挺丰富，书法、音乐、普通话等都有。学校学习气氛是很好的，我们的日常学习生活也很丰富。

问：中师毕业后您的生活怎样呢？

答：一毕业，我们每个人都被分到不同的地方，村、镇、城里都有，家里有关系的同学分到的地方要好些。我被分到一个非常偏僻的山村，那时我也才18岁，在那里教初中英语，我和几个同校女老师住在学校旁的宿舍，其实就是一间平房，摆满了铁架子床。我那时候的生活很简单就是白天教课，晚上备课，有空就看我喜欢的小说。就那样过了几年。

问：那为什么您现在在城里的中学教书了呢？

答：跟自己胆小有关，因为教书的地方条件不好，契机是我一个人晚上走在路上迷路，被吓着了，回到宿舍后就下定决心要逃离这个地方。还有当时考大学是一个风潮，我们也有可以考大学的机会，我就和同宿舍的几个女老师每天白天上课，晚上学习备考，我们也有以前读中师打的基础，最后我们几个女老师都考上了,也就是现在西华师范大学。我就去读大学了,后来才有了在城里教书的机会。

问:您现在想起过去最后悔的事是什么?

答:倒不是以前选择读了中师,而是后来考上大学后没有决心去读研,安于现状。当时大学班里的许多同学无论如何都要考研,有的一次就考上了,也有考了几年才考上的,那些同学如今都很厉害,各行各业都有,有些做了教授,有些成为教育界的引领者。但是,现在你让我去回去读研我也不回去,因为我很满意现在自己的生活,有可爱的孩子们,有我的家庭。

问:您对中师生有何看法?

答:中师生像是被蒙上灰尘的丝绸,有着夺目耀眼的过去。一方面,中师生对那时的国家在基础教育上做出了伟大的贡献。但另一方面,对于那些中师生,他们的人生已经定格,无法去追求更耀眼的人生。对于国家,丧失了一大批优秀的人才。我的心中到现在还有遗憾,我也相信和我一样感受的人有很多很多。中师生也许是一代人的悲剧,到如今,我们仍要感谢那一批人,因为他们在最璀璨的年华,为教育事业做出了的伟大贡献。

(刘丽,2019年10月25日,四川省南充市)

四川雅安的一位郑老师说,他本来就来自山区,家乡的文化教育很落后,自己也想回去贡献一份力量。

问:中师生们过去的生活和受教育状况怎么样?

答:当时是很好的。我们是跟农民比,跟普遍的工人比,我们的生活比他们好。我们每个月学校10元钱生活费,我们生活免费,我们还要节约两元钱生活费。年轻的时候就是有点吃不饱。但是整体来说,生活都是比他们好的。老师在教育上相当负责任,哪怕学生有一个伤风感冒,老师都是以身作则，把你当作自己的孩子一样管理。发现你在学习上有进步都要表扬，在思想政治上有进步，也要表扬。那时候我们学校是个综合性学校，所以我们各种技能都得到了很好的提高。那个时候到师范校里读书的学生普遍的都很热爱这份工作。

问：当时您觉得国家实行从初中毕业生中招收学生就读中等师范学校、学生毕业后到城乡小学任教的招生政策怎么样呢？

答：我从小学四年级开始，就觉得我们老师很有知识，很受社会的尊重，我也很羡慕他们，于是我就下定决心当老师。我就在我家的墙壁上写下我的理想：当人民教师。我在初中考师范校的时候要面试，面试时五官不正的，就不会要你。我记得那个时候有个老师向我提了一个问题：为什么要考师范校？很多人答不好，我说我从小就有这个想法，而且我们那个地方属于山区，文化很落后，我也想贡献一份力量，我当时是这样说的。其实背后还有一个原因，家庭供不起我读高中考大学。因为我的成绩很好，无论是物理化学数学英语每一科都很好，做的作业几乎都能背得到，所以当时我考上学校，心里是很开心的。当时在我们那个生产队干一天活工分只有5分钱，高的一角五一天。在学校里面工作视野就很开阔，去师范校的学生大都是这种情况，而且学生们都比较遵守纪律，师生关系相处得比较好。

（郑焕义，2019年10月5日，四川省雅安市名山区）

四川盐源的毛伍呷老师回忆说，中师毕业后很多人不愿意去凉山工作，他自己就回凉山当了老师。

问：您当时为什么会想去读中师呢？

答：我是凉山人，当时家里很穷，初中那年正赶上中师生这个政策，而我也顺利地考取到了中师生资格，然后父母也觉得当教师也是很不错的，我就选择了去当中师生。

问：您当时报考中师的时候，除了需要通过考试，还需要其他什么条件吗？

答：那个时候对中师生的选拔，是很严格的。当时有个毕业会考，初三毕业的时候有一个毕业会考，过了分数线就有资格报考中师生。当时还要进行音体美的面试、体检，因为招的人很少，所以选拔条件就很严格。

问：您当时是怎么做出去考中师生这个决定的，又是怀着怎样的心情回凉山的？

答：我当时心情还是很复杂的，因为经济普遍都比较困难，加上政策支持，很多人也都去报考了中师生，我就跟着报考了，加上家里人支持就去了。凉山当时教育是还很落后的，很多人都上不了学，很多人都只是去读了小学甚至小学都没读，当时凉山老师少，很多人不愿来凉山，我就回凉山当老师了。

问：您回到凉山后当老师的条件艰苦吗？

答：条件肯定是比不上外面的，我刚任教的时候学校条件很差，学校很小，各种设施也没有。学生也很少，因为是在农村，人口本来就少，很多学生要帮家里干活，条件都很艰苦。

问：您有没有后悔过当中师生这个决定呢？

答：没有后悔过，我入学时全班有48名学生，三年中，有2名学生留级，一名学生被开除，毕业时，有45名学生。毕业后，1名同学考入师范学院，成为真正的大学生，然后进入高校教书。2个同学转行到行政机关，成为公务员，现在成为部门领导。还有几个同学回乡教书后考上研究生，留在城市，进入高校教书或行政机关。其余的同学，多年来一直工作在中小学校。工作在中小学，特别是乡村中小学，虽然没有发财致富，没有位高权重的机会，但是也算是在用自己的方式，来磨炼自己的人生了。

问：最后能谈谈您对现在教育的看法吗？

答：现在比以前好的不是一点点。时过境迁，社会方方面面都在发生着巨大的变化。学校师资短缺和师资质量下滑与办学体制、模式有关，但最主要的原因还是大政策、大环境的变化所致。现在国家越来越好，对教育的把关也越来越严，教育在朝着更好的方向发展。

（毛伍呷，2019年10月5日，四川省凉山州盐源县）

四川中江的一位谢老师动情地说，中江教育的顶梁柱就是中师生，这一批人生活贫困，一辈子扎根农村，对乡村的教育发展是一件不言自明的好事。

问：请您谈谈中师教育的一些基本情况？

答：1999年的那一届是中江最后一届中师生，现在已经没有中师生了。我是1985年入学的中师生。恢复高考制度大概5年时，一个县每年大、中专学生加在一起也不超过一百人，那时不只考文化、音乐、美术、体育，还要面试，现在的本科在这方面跟那时的中师完全没法比。我1988年毕业分配到中江贫困县，教一些小学生，因为中师是面向农村培养的小学教师，只有很少分配到城区，师资力量严重缺乏，条件相当的差，我每月工资大概27元5角。

问：您当时为什么选择读中师生呢？

答：从个人角度来说，因为家庭贫困而且是农村户口，上学能够不交学费，而且还有生活费，工作包分配，能够跃出农门，不种土地，不用干劳累的农活，想把日子过得好一点。中江也是一个贫困县，读中师都是为解决工作，跳出农门。从大的角度和观念来讲，因为我热爱教书育人，想培养优秀的下一代。

问：中师读几年呢？读出来会分配工作吗？

答：中师的学制为三年，十八九岁就成了一名教师了。当时20世纪70年代末包分配工作，80到90年代也会分配工作，1999年中师停招，转为高中了，顺应时代的发展，1999年过后就不包分配工作了。

问：当年的中师生是不是很难考，相比之下对学生成绩的要求比高中生更高吗？

答：当时中师生都是初中优秀毕业生，相对比剩下读高中的学生成绩要高些，如果我们上高中也能考上一个重点大学。我们当时读中师的也是成绩前几名的学生，中师生也是相当难考的，中师生要学习语文、数学、化学、历史、地理、生物、音乐、美术、体育等。除了英语，其他主要科目都要学，而且样样都要过关，都要能教。

问：什么时候是中师发展最辉煌的时期？

答：中师发展最辉煌的时期，大概是20世纪80年代到90年代初。

问：改革开放以来中师教育的成就有何体现？

答：目前，中江教育的顶梁柱就是中师生。这一批人生活贫困，一辈子扎根农村，对乡村的教育发展是一件不言自明的好事，在讲台上坚持了几十年，还是让农村的孩子们受到了教育，有机会学习并且有机会考上大学，中师生对当年农村的教育是做出了很大的贡献的。一直到现在，中师生仍然是农村基础教育中的坚强力量，很多都成了校长、副校长、主任等，中师生是支撑学校的主要人员。

（谢学文，2019年10月14日，四川省德阳市中江县）

四川仁寿的一位魏老师回忆说，自己10多岁就分配到偏僻农村工作，曾经一个人教一所学校的学生。

问：有人说中师生相当于现在考取的研究生，您认为呢？

答：也可以这么说。因为在当时我们都是初中毕业生中的优秀者，而且在当年高中、大学那么难考的情况下，一个人要是考上了中师生的意义不亚于现在的研究生。在当年城乡差别那么明显的情况下，考取中师的农村娃意味着跳出了农门。

问：您当时知道中师生是做什么的吗？

答：就是教书，给中小学生上课。

问：那您当时是出于怎样的考虑选择考中师呢？

答：在当时，读了中专或中师，就跳出了农门，解决了城镇户口问题，还可以免学费，学校还给粮票，是铁饭碗，是吃商品粮的人。在当年考入中师和中专，不仅亲人非常高兴，就连整个村都沾光。如果读高中，虽然收获可能会更大一些，但那是一个远期的目标，夜长梦多，变数太大。

问：您做中师生的工作待遇怎么样呢？

答：10多岁就被分配到乡小学甚至是偏远山区，还曾经一个人教一所学校的学生。每天上午和下午上的课不一样，还有年级也不一样，同时也还要备课，备一节课至少要一个小时左右，还有课后要批改作业。想想当时还是过的苦日子，当时包吃包住包分配，学费免费、每个月有粮票，但是工资的话就只有几十元，有时还不能按时发。

问：您任教了多少年？您觉得您的工作怎么样？

答：每天生活很充实，没有成名成家、发财致富，每个月拿着那几十元钱。认真上好每一节课，恬淡虚无过生活，知足人生吧，当年考上高中有的发展得很好，有的还不如我们。

问：您任教期间是否想过如果当时能够继续读下去，也许个人发展会更好吗？

答：想过，怎么没想过呢！当时在中师生毕业季，传来一些初中同学考上重点大学的消息，而且三年前这些同学的成绩还不如我好，这种刺激，你想想气不气呢？在他们大学毕业后，又传来某某大学生毕业分配到某大城市某机关单位工作的消息，而自己却也还只是个孩子王。我当时如果自己再读下去，也许就不仅仅是一名中师生，也可能是公务员、教授等。但其实对于农村出身的孩子，高中不是那么好上的，最好的出路，就是初中毕业考上师范。在这样的情况下，那样的考试比现在的高考和研究生考试激烈多了，艰难多了。

问：请问你们之中有人选择辞职吗？

答：基本没有辞职的。当年，许多人的家庭经济条件不好，再加上计划生育政策刚实施，孩子比较多，考上中师中专就可以尽快工作，补贴家用，减轻负担。

问：1999年取消这项政策以后，您的工作有什么变化吗？

答：1999年后，全国陆续取消了中师教育，中小学师资面临青黄不接的局面，没有几个大学毕业生愿意从事中小学教育。愿意从事中小学教育工作的年轻人，与这批中师生比又有较大的差距。

问：您选择做了中师生后悔过吗？

答：不后悔，想起自己给祖国培养了那么多优秀的人还是感到自豪的。

问：您认为中师生这项政策给国家带来了什么，给您个人又带来了什么呢？

答：当时国家规定，中师学生毕业后，必须在工作岗位干满5年，才能去报考大学。很多学生在当了教师后再去考大学，就已经失去了信心和耐心，还有些都已经成了家，也失去了考大学的动力，摆在前面的就是一条责任重大的路。当时要搞学生的各种排名、教师岗位的各种考核，各种水平能力测试，几乎让每个教师喘不过气来，而当时的收入还非常的羞涩。现在再说起来，还是有些感慨的，当年为了减轻负担付出自己前途的代价。

（魏建明，2019年10月10日，四川省眉山市仁寿县）

四川资阳一位已经在偏僻山区工作了20多年的徐老师依旧保持良好的心态。她说，这么多年除了去想怎么教书，也没有想过别的事情。

我觉得自己还很幸运的。初中成绩不是很好，本来读卫校但不包分配，有幸读了师范包了分配。1999年从资阳师范毕业后，被分配到了一所二完小（次于中心小学的完全小学），即新农场小学，非常偏远。那里不通车，要进出只能乘坐三轮车。后来借调到了离家很近的村小，那一年过得比较轻松。

一年后不知何故，就又调入了新场乡最好的学校，即义和小学，调动的消息自己是最后一个知道的人，很突然。这让我很高兴，因为义和小学刚好在我家附近。我家很偏僻，离资阳城里特别远，是资阳与乐至的交界处。那时上课是"包班"，也就是语文、数学和其他科目什么都教。又过了一年，就和本校的一个老师谈恋爱，很快就结婚、生小孩了。那几年，因为边带小孩边上课，比较累。此后便在义和小学扎下根来。让我印象很深的是有一个单亲的小孩子，很懂事，协助我做一些事，给我减轻了不少压力。因为按农村的辈分，她居然是我的长辈，我得喊她小姨，而她也很乐意帮我些忙。尽管这里很偏，但因为从小生长在这里，所以也不觉得有什么。这么多年，除了去想怎么教书，也没有别的什么事。在义和小学的10多年里，我所教班级的成绩一直排在全镇的前三名。寒来暑往，教了几届学生了。慢慢地，我在全镇有点名气了。后来，在学校又在矮子中充了高人，在当地小有名气，还当了两届雁江区人大代表，34岁就评了小学高级。

不过，长期以来工资是有点低，物价那么高，孩子也一天天长大了，开支很大。2007年，我请父亲帮我在街上摆了个小五金的摊子，只卖了一年，没赚没赔。后来，利用空闲时间，学会了酿酒，就在场上卖点散酒，顺便卖点酱油、醋之类的，卖了好多年。

2018年又调到离城最近的村小教书，松涛镇的一所村小，也有乡村补贴。那时我家已经在资阳城里买了房子，从家里走路到这里，只要20多分钟。感觉自己太幸运了。

（徐庭花，2020年6月11日，四川省资阳市）

三、简陋的教学条件

四川甘孜的格绒泽郎老师，回忆了初到农村小学工作时生产队的教学条件，给他留下最深刻印象的是崎岖的山路和糟糕的宿舍条件。他坚定地表示，不在乎艰苦的条件，就算再来一次，仍然会选择中师生这条人生路。

问：请问您毕业多少年？可以介绍一下您的经历吗？

答：我已经毕业36年了，分配到新龙县甲孜小学，教了2年书又到康师校脱产学习3年，以为可以拿个大专文凭，但康师不够资格只发了个中专文凭。1983年毕业后，组织上安排我到博孜小学任校长。博孜任3年校长后就调到文教局，后来又调到广播局当局长，再后来又调组织部当副部长。现已经退休了。

问：您在考中师之前是否了解过中师是干什么的呢？您是自愿去考的吗？

答：当时中师生，大约是从1980年前后，为了缓解农村小学师资严重不足的压力，国家在全国范围内，实行从初中毕业生中招收学生就读中等师范学校、学生毕业后到城乡小学任教的招生政策。这个政策执行至1999年。当年还只有成绩优异的同学才能上中师，我除了为了解决一张饭票，也为了积极响应国家号召，成了一名普通的小学教师。我还记得，当时我们家庭条件非常艰苦，吃饱饭都成问题，如果选择成为中师生的话每个月会有生活补助，而且也不会存在学费问题，总之各种原因让我成了中师生。但我现在一点儿也不后悔，当时的教育发展得并不好，尤其是乡村教育的发展，在中师生的政策开始实行后，乡村的教育才开始不断发展，现在大家都说中师生是乡村教育的基石。每每听到这些话，我心里会十分欣慰，所以一点儿也不后悔当初的选择。

问：听说当时考中师是非常难的，是什么让您坚持下来了呢？

答：是因为家里兄弟姐妹多，家庭负担比较重，想着这样能减轻负担，同时自己也能有个稳定的工作。

问：请您谈谈您成为中师生后最大的感触（主要讲一下工作前和工作后）和收获是什么？

答：工作前其实没想那么多，当时选择这条路我也是想清楚了的，当时生活比较艰苦，选择走中师生也可以为家庭减轻一点负担，也可以完成自己的学业，收获了更多的知识。工作后，我更加坚定了自己的选择，在教学的日子里，我收获了与学生们的师生情，由于自己曾经求学之路的艰辛，当自己当上一名老师时更加能理解学生们求学心切的心情。工作前与工作后我都收获了很多，如果当初我没选择这条路，可能生活会不尽人意，我不后悔，因为我收获了生活给我的回赠，收获了自己想要的生活。

问：您当时在工作期间有没有过迷茫？若有，您是怎么克服的呢？

答：迷惑是有的。对于当时的家庭条件来说，自己要生活，家庭也条件不好，而且交通方面也不方便，要走很远的山路，学校宿舍条件也非常差，下雨到处都漏雨，窗户玻璃都是坏的，条件是非常艰苦的。但是没有办法，也是为了培养人才，还有很多学生等着接受教育。

问：您觉得现在和以前的上学条件和相比有何差别？

答：首先就是交通，我们那个时候都是每天早上很早起床步行去学校的，哪里有像现在这么好，随处都是车。其次就是教学设备吧，现在各种高科技的设备，让学生学习更多更广的知识。

问：如果再给您一个选择的机会，您还会选择走中师生这条路吗？

答：如果再给我一次机会，我还是会选择走中师生这条路，不会后悔选择这条路。中师生带给我的东西远远超过了我所想象的。在那段艰难的日子里，我能够继续完成学业真的是我最大的愿望了，而且生活上国家也给予了一定的帮助，所以即使再来一次我还是会选择这条路。

（格绒泽郎，2019年10月22日，四川省甘孜州）

有一位周老师明明有机会去一所条件稍好的完全小学任教，却选择了回到本村任教，做了一名小学教师。由于师资太少，他长期成为该村小一至六年级的全科教师。后来有机会转为政府干部，他也拒绝了，在村小一直干了40多年，直到退休。他对教育事业的热爱和其中的艰辛可想而知！

问：中师生是根据当时教育现状做出的政策调整，当时是怎样的教育环境呢？

答：20世纪70年代，我国的教育环境很不理想，各个方面都比较落后。就我们村而言，全村800多人口，应入学儿童160多个，全村只有一所学校，两间教室，每个教室只能容纳30多个学生，一位老师要进行多级复式教学。加之当时的人们，对教育不重视，有的重男轻女，有的认为读书无用，校外仍有相当一部分应入学的儿童。老师除了一张黑板、一支粉笔、一本教科书给学生传授知识外，什么教育教学设备都没有。

问：听说成为中师生的人都是当时成绩非常好的，那你们当初是怎么选拔的呢？选拔的比例是多少呢？

答：当时全县招收一个45人的中师班，给我们镇分配了3个指标。初选时，全镇共32人参选，语文、数学、政治每科100分，我以平均96分、全镇第二名的成绩成功初选。全县统招考试时，招生比例三比一，共135人参考。语文、数学、政治三科。我又以平均94分全县第13名的成绩被正式录取。

问：您可以谈谈成为中师生的心路历程吗？

答：1973年，我高中毕业回乡后，看到家乡校外儿童对入学是那么的渴望，看到人民群众对科学文化知识的急需，就萌发了当老师的欲望，并定下了一生当老师、教书育人的大志向。当时我被录取招收后，内心万分激动，并决心要努力深造，而后一定做一名全面发展的人民教师。中师毕业后我怀着忠于人民教育事业的信心，主动选择回到了本村任教，做了一名小学一至六年级的全科教师，一干就是43年。如今，我虽然退休了，但在人民群众的心中，我仍然是一位好老师，为此我为自己一生置身于党和人民的教育事业感到自豪。

问：您有没有想过如果不选择成为人民教师也许会有更好的发展，您现在后悔当时的选择吗？或者说您有没有后悔过没有继续深造学习而选择成为中师生呢？

答：就在我刚被乡试录取时，正好乡镇要招收2名乡镇干部，乡镇党委书记找我谈话，有意叫我入选，但我当面就谢绝了。那时如果我真能被选做乡干部的话，说不定我的发展也比较好，一切条件都比当老师优越，但我从未后悔过，人各有所志，各行各业都是人民的勤务员，既然选定了目标，就向着目标不懈的努力奋斗吧。

（周绍聪，2019年10月20日，四川省乐山市）

一位柴老师回忆说，当年他去教书，学校条件很差，老师不够，所以既要教语文，又要教数学，有时还要兼顾音乐、体育老师，工资也很低，但还是坚持过来了。

问：为什么选择去当中师生？

答：因为我的父母觉得这是个铁饭碗，所以报考了中师生。

问：那您能体说说当时的情况吗？

答：因为当时国家政策没有过多的选择，特别是在我毕业后不能参军，不能高考，更不准改行。

问：柴老师，您没有为未参加高考遗憾吗？

答：当然会有点，毕竟初中比我差点的同学通过高考上了比较好的大学，我想他们现在应该过得挺好。

问：那老师您是任教了多少年呢？

答：我在乡下任教了30多年了，具体多少年，我也记不清了。

问：您在农村任教时有什么困难吗？

答：才去是条件很艰苦，不是很适应，教育设施远远不像现在那么的好，上山下乡，老师也不够，又要带数学，有时还要兼顾音乐、体育老师，工资也很低，但我还是坚持过来了。

问：您在乡村待了这么久，曾想过调走吗？

答：肯定想过。由于各种原因多次都没走成，主要是乡村缺老师，后来我被调到县上去教书了。

问：您觉得在县上教书和在乡下有什么不同的地方呢？

答：条件变好了点，孩子们的基础也不一样，但是我觉得走到哪都一样，都是教书。

问：确实，老师的职责就是教书育人，那您任教这么多年，对教育有什么看法吗？

答：人家都说教师很伟大，但我认为既然选择了教师，就不要想那么多名誉，把学生教好就行了。

问：很多人都说中师生是教育的顶梁柱，您是怎么看的呢？

答：唉，在我们那个时代，都觉得教书好，是铁饭碗，哪有什么顶梁柱的说法。

问：您太谦虚了，其实我们大家都是很敬佩你们的，为了国家的教育事业牺牲了那么多，奉献了青春。希望您身体健康，天天开心。

（柴闻鼻，2019年10月18日，网络访谈）

四川攀枝花的一位彭老师回忆起教学工作时说，每个人什么课都要上，先在一个教室讲10分钟或5分钟，再到另一个教室讲一阵子。

问：您还记得你们那个时候中师生是怎样的情况呀？

答：中师生，怎么说呢，我们都很骄傲，我们也都很自豪。不管现在我们还在教书，还是没有教书，我们一直觉得我们自己是最了不起的。可能用现在的标准来看，不一定，但对我们来说，骄傲一直在心里。以前，我们都是最好的成绩，不管你报的是哪个专业，只要其中有中师，就是从最高分开始录取，所以进入中师的，都是最优秀、最顶尖的。其实那时候的中师很重要，因为当时全国各地到处都很缺乏老师，那个时候有初中生出来当老师的，也有小学毕业就出来当老师的。甚至还有解放以前的那些只读过私塾的人当老师。

问：那您当时中师生毕业是去哪里教的书呢？

答：多的不说，就以我去的第一个地方，我工作的学校，全班总共8个学生，全校总共20个学生。这可简直就没法教，大概就是这样，每个人什么课都要上。那么还有5个班只有两三个老师，课怎么上呢。所以一个老师，先在这个教室讲十分钟、五分钟，就到另一个教室讲十分钟、五分钟，教学质量根本就没法保证。但是那个时候大家都很高兴，学生也很高兴，老师也很快乐，大家都能健康成长。

问：那您和您的学生还有联系吗？

答：最感动的就是在前年。我有次好像是去找朋友，然后他们工厂里面好像在做检修，就联系了一个大的吊车，也是攀枝花市最大的吊车过来了。吊车师傅一下子就冲我过来了，长得也不高，很结实，一过来就叫我彭老师。我突然大吃一惊，谁呀，看起来反正挺粗鲁的样子，回头认真一看，发现是我教的第一个班的学生，叫长春，然后的一瞬间我也记起他了。

问：那您对这个学生有没有什么印象？

答：这个学生其实当时在班里是最调皮的，成绩一点儿都不好，但是你看，我们不在一起之后中间都隔了那么多年，他还记得住我。那时候我才多大，那时候我才19岁，现在我都这么大岁数了，但是还完全记得住。他记住我其实还不算什么，我觉得最感动的是我还能认得出他。他从几岁跟着在我手下读书，现在长到几十岁，这个变化居然我都还能认得出来，简直了不起。为自己鼓掌吧。

问：那当时你们那批中师生现在怎么样了呀？

答：我们之前搞过一次同学会，是在惠山。在同学会期间，我们觉得感触都很多。其中有一个同学给我的感触是最深的，他当时在我们班里面，因为来自农村，很腼腆，很内向，甚至有点自卑。这一次他真的彻底换了一个人，他居然用了几十年的时间，就练了一口普通话，就练了阅读，然后他觉得自己很棒，然后在同学聚会的时候，我们要求他现场给我们用普通话来一段文章，相当的棒。那时候的这些中师生很优秀，同时也很单纯。

（彭德成，2019年10月3日，四川省攀枝花市）

四川广安的一位游老师回忆到，当时在农村小学需要一个人教一个班，把所有科目都教完，即所谓"包班"。

问：请问您中师生毕业于何处，在哪个学校教书的？

答：我从1979年初中毕业后，考上了以前的广安师范学校，1981年7月毕业后开始教书。

问：您在中师时主要学一些什么科目？

答：我们是普师班，不用分科的，语文、数学、物理和化学都要学，但是不学英语。

问：您是什么时候参加的工作？是学校分配的吗？

答：在1981年毕业后，8月中旬由教育局分配工作，8月下旬去学校报到，在未报到期间，还先领了半个月的工资。

问：请问您当时分配在哪个学校？

答：我们当时是由教育局直接分配的，被分到了广安区白云乡小学，但不是现在的白马小学，是原来的白云办事处，就是现在的石笋镇。开始在校工作都没有回来过，直到两年后才回来，因为当时交通不方便。从我的老家到学校都要走3个小时的路程，一个月才能回一次家，环境比较艰苦。

问：那请问您当时有什么体验感悟呢？

答：其实最大的感悟就是，老师这个行业真的十分辛苦和疲惫的，一个人教一个班，要把所有的科目教完，也是因为当时穷苦，教育资源很少，所以老师也很少，一个老师承担的事情也就很多。虽然比较辛苦，但是精神上是快乐的，知识上比较丰富，既然学了这个专业，选了这个职业就要热爱，敬业，把职业当成事业来做。然后，做教师一定要为人师表，在学生面前做表率，因为老师的一言一行对学生都有很大的影响，以后学生到社会上很多东西都是跟老师学的。无论是有意还是无意的行为和语言，老师无意识的语言或行为会在学生心中记一辈子，包括有时候对他好与不好，温柔与严厉，负责或放弃，他都会记得，长大以后或几十岁以后都会记得，所以我们这些当老师的一定要为人师表，以身作则。

问：您觉得老师对学生是严厉一点好，还是温和一点好？

答：我觉得宽严有度最好。不能太宽松，因为这样会让调皮的学生更加调皮捣蛋，课堂上不遵守课堂纪律，课堂下不完成作业，这样就不利于老师教学，反而应该对学生严厉一点，给他一种害怕的感觉，让他们适当地对老师有一点害怕。但不能讽刺和挖苦学生，也不能太严厉，对于内敛和害羞的学生就应该温和一点，让他们敞开心扉，所以一定该表扬就表扬，该鼓励就鼓励，宽严有度，不能让学生失去积极性。

问：请问您对即将进入教师行业的新老师有什么好的建议？因为很多新老师在刚任教的时候，可能不能准确地把握"适度"的尺度。

答：刚步入教师行业的新老师都会对"适度"把握不当，因为他们总是急于求成，并没有完全地了解学生内心的诉求。比如说：一定要学会看到学生的长处，并鼓励他，多与他交流，让他形成"正强化"的学习心态；对于那些成绩差的学生，只要他们一次比一次有一点进步，就要对他进行鼓励，让他形成"正强化"。对于学生做得好与不好一定要有区别，如果没有区别，学生就会逐渐失去积极性，并对老师产生抵触情绪。所以，当学生表现好的时候就应该积极表扬，当对待成绩差的学生时，就应该多鼓励和表扬，使学生产生积极向上想学的心理，促使他去主动的学习。所以，要尽量多鼓励，多表扬，少批评。一定要记住最重要的一点就是，对成绩差的学生不能让他们产生抗拒情绪，积极地表扬他们，耐心细致地引导学生形成主动学习的心态。

（游忠信，2019年10月10日，四川省广安市）

四川遂宁的一位李老师回忆到，当时学校的条件很差，"学生的桌子板凳都是石头的"。

问：当年您读的学校的名称是什么呢？

答：当年我读的学校，全称是四川省遂宁师范学校。

问：当年您在学校学习的时间是几年呢？

答：学习了两年时间。

问：那你们在学习的过程当中，学习的主要内容是什么呢？

答：当年我们学习内容，是因为当时缺乏教师，为了快点把小学老师培养出来去进行教育，是没有统一的教材的。学习内容是学校根据当地的需要编的，像语文是由学校教育办公室自编的教材，历史、地理也是的。包括数学在内都是自编的，根据需要进行自编的教材，而且由于当时也是没有统一的教材。教材主要就是这一块。

问：那您身边有多少人考上中师呢？

答：在我身边能够进入中师学校的人还是很多的。因为我们那一批人都是从农村出来的，都是从农村知青里面招的。因为下乡的知青太多，一个公社就是几百号人，人很多。想要考这个学校的人很多，考上的人也很多。而且那时招生也才刚刚开始。

问：那您考入中师学校的方式是怎么样的呢？是考试的形式还是其他的呢？

答：我们进入这所学校，最先是要通过生产队推荐到大队，大队再推荐到公社，再在公社里面选。我们当时报考的时候公社是一百多号人，在这一百多号人当中又进行考试。那时的考试还是闭卷考试，只是当时监考不像现在那么严格。就是由当地的学校把题出出来，出题之后不让我们知道，再通知我们分别到不同的教室坐好，进行考试。考了之后，再从考试试卷中来择优录取。大概就是这样的。

问：您觉得改革开放以来，在教育方面或师范学校方面有什么变化，有什么感触呢？

答：从改革开放以后，给我的感触最深的是，我们那一代人能够进入学校进行教学工作。从知识这个角度来说是比较欠缺的。为什么这么说，就是当时急需人，为了早点把人培养出来分到各个公社各个大队来。要说知识上确实是欠缺的。

要说校舍教施这些方面，当时是比较差劲的，条件是很差的。因为在20世纪70年代的时候，有些大队小学的教室是两边通风，光线是相当充足的。为什么充足呢，主要是两边没有窗户，就是用木头条和树棍扎起来的。虽说是琉璃瓦，光线好。但是冬天教室里面很冷，外面有多大的风里面就有多大的风。当时的学校条件就是这个样子。当时学生的桌子板凳都是石头的。桌子是石板做的，同学们坐也是石头。稍微好一点的大队小学，用的是两个石头上面搭着一个木板。这个木板可能被偷，后来也换成了石头做的，也就是说坐在石头上。冬天很冷，学生冻得不行了，就用稻草编成一个草垫，放在屁股下面坐着。第二天来了又放在下面坐着。夏天的时候就比较凉快，这就是当时的校舍。改革开放以后，学校就有所变化了。就开始注重教育了，就开始建学校，包括大队学校都修得比较好了。曾经的口号是"再苦不能苦了学生，再穷不能穷了学生"，所以当时大队把一切经费都花到了学校上。建房子、把桌子板凳都换成了木桌椅，校舍硬件条件有了极大的改善。

（李光琼，2019年10月11日，四川省遂宁市）

提起当时的教学条件，四川的一位刘老师回忆说，当时上课基本上是一块水泥上漆的黑板，就连用的粉笔都很有限。

问：老师，我想问一下，你们对改革开放之前的教育有什么看法呢？

答：在改革开放以前，教育的规模是很小的，以前的幼儿园的数量很少，而且教学所用的设备都比较简陋，数量也有限。以前上课基本上都是一块水泥上漆的黑板，用的粉笔也很有限。老师上课的方式也很单一，学生所获取的知识只是靠老师上课时所讲的。以前的学校是没有食堂的，学生在一天上课的时候就要把一天的食物带上，那时的条件都是比较艰苦的。而且以前学校的师资力量比较薄弱，教师受教育程度和学历水平不高，专业化程度也不是很高。

问：也对，毕竟那时太落后了。

答：但是，我们以前在给学生上课的时候，每位老师都很认真。虽然当时各方面的条件都比较差，但是学生的求知欲还是很强的，对老师也很尊敬。哪里像现在有些学生沉迷于游戏，心中也没有什么尊师重道的观念。

问：您对现在的教育有什么看法吗？

答：现在国家对学前教育和幼儿园都比较重视，现在学前教育和幼儿园规模都比较大，而且现在很多小孩子从三四岁就开始学习了。从国家实行九年制义务教育开始，很多比较贫困的学生都能上学了，现在教学的条件也有很大改善，比如说现在的多媒体教学，这是在以前根本就无法想象的。这不仅丰富了上课的内容，也更加地吸引学生。可能因为现在的条件变了，现在的学生都比较娇贵了，如果在学校打骂了学生，学生的家长都会来学校找老师理论，犯了错误也不能体罚。不像以前学生的家长都希望老师把学生管得严一点。

问：那老师您对今后的教育有什么看法，或意见和建议呢？

答：目前的教育，以"有用"为主。"有用"多指的是立竿见影式的马上有用。衡量知识的尺度，是以分数、考级和升学为标准，有助于此则有用，无助于考试则无用。八个字形容我们当下的教育：急功近利，急于求成。

清华大学经管学院院长钱颖一，曾对毕业20年的校友做过调查，他发现：老校友更后悔当时没有更多地去学那些看上去无用，但后来很有用的课，比如一些人文、艺术、社会科学类。而当时所谓"有用、实际"的课，随着时间冲刷变得如此无用。对于人生而言，有用的东西，可能只是暂时有用，以后一生无用；没用则可能是暂时没用，以后终身受用。如果你想培养一位循规蹈矩、没有独立性的孩子，可以让他学眼前的有用文章、做有用的习题；如果你是一位眼光够长远的父母，会让孩子读无用的书，做无用的事，花无用的时间，耗无用的精力，因为人生最长远的目标，都在于那些不被功利衡量的无用。比如，在孩子几岁时，带他去旅行，去感受，去阅读，去全身心的触摸、听、爬、玩、感受这个世界。在孩子十几岁时，让他去感受所有跟艺术、美与普世价值有关的东西；给他听一些好的音乐，让他沉默安详；读一些经典的好书，让他体验情感的深邃和想象的博大。

（刘春华，2019年10月4日，网络访谈）

四川什邡的一位曾老师回忆说，当时农村教育环境很差，但是中师生们都非常敬业。

问：当时的学习环境是什么样的？

答：那时候学校条件很差，40多个人住一个大寝室，寝室里没有电风扇，夏天十分闷热。那时候每个月生活费只有18元钱，每顿饭都是分配好的，早上基本上是馒头稀饭，偶尔吃面条，肉基本很少吃，而且肉做得也不好吃，有时候连饭都吃不饱。活动场地也很缺乏，跟附小一起共用一个操场，而且需要经常背着背篓去打扫操场。

问：您为什么会有去考中师生的想法？

答：那个年代农村的教育很落后，从国家来讲主要是为了补充基层的教师资源，从个人来讲教师这个职业也十分稳定和有意义，能改善生活条件。

问：您在教学过程中遇到过什么样的困难？

答：农村的教学环境差，但是老师都非常敬业，当时的生活条件不是很好，由于当时的物质条件的限制，所以没有更多的资料可供使用。

问：当时的教学环境怎么样？

答：那个年代的农村教育很落后。国家主要是为了补充基层的教师，所以民办教师也非常多，当时由于整个环境的问题，教学的各方面都比较落后，就只能主要依靠老师在教授的内容上下功夫。

问：您为考中师生做了什么准备呢？

答：在当时，我想要找到一个稳定的工作，然后就去报考了中师生。有了报考的想法后，我所做的准备可能就是认真学习，以优异的成绩通过考试。

问：考上中师生之后您有什么感受呢？

答：考完过后，是有一点喜悦的。虽然我本身的成绩就挺好的，对于考上有一定的把握。但因为一些外界的原因（当时周围的邻居都很不看好我，觉得我考不上），就有点开始怀疑自己。所以在知道自己考上了还是高兴的，有种扬眉吐气的感觉。

问：当时家庭对于您考中师生是什么看法？

答：首先家里面很支持，其次对我个人的工作和生活都能有一个保障。当时处在这样的环境中，让我选择的机会很少，所以我选择了考中师生，希望能为教育事业出一份力吧。加上我也比较喜欢小朋友，我也想让他们能够学到更多的知识，走出农村，去看看外面的世界，然后能对自身有更大的帮助和成长的机会。

问：您对中师生没有延续下来有什么看法？

答：中师生是为了广大农村基层教育而存在的，现在农村的小孩少了，而从事师范工作的人越来越多，城里的中小学教师学历也都比较高。全国广大农村也不再像三四十年前那样缺教师，中师生就慢慢减少，现在初中毕的学生大多数上了高中，有些去了职业技术学校，没有再去中师的了。现在有更多的知识分子愿意从事教师这个职业，现在社会对人民教师的水平要求更高了。整个教育事业的师资力量也更加雄厚，教师队伍很庞大。中师生的消失也表明了社会在进步，社会的知识水平在提高，我们应该对社会的进步感到高兴。

问：您以前的中师生同学就业情况如何呢？现在有什么变化？

答：当时班上 50 多个同学，大多数分配到农村，很少数分配在城镇。教学从基层开始，先教小学。当时农村的教学环境很差，但那个时代的老师都非常敬业，不仅教语文，而且分配到你什么教学任务都不能推脱，初中文理都得教。一个人带一个班，一天上很多的课也从不会说辛苦之类的话，有些同学甚至依然还在教小学、初中。毕业30年同学会的时候，有的走上了学校的领导岗位，成为校长或教育局的领导，很多当领导的都退居了二线，但都依然坚持在教育岗位，坚持做自己的事。

问：考取中师生后给您人生带来了什么变化？

答：一是当了中师生之后，觉得走出了农村。二是中师毕业之后能成为一名基层的小学教师，觉得实现了自己的理想，虽然整天和孩子打交道，但是生活很充实。三是为了让学生也能走出农村，觉得需要不断学习，拿更高的文凭，对自己的要求也越来越高。四是有了一份固定的工作，生活很稳定。然后，就感觉自己成为一名国家干部，从农村无知的少年，一个放牛娃走到这一步，思想、境界和文化层次都发生了很大的变化。

（曾令荣，2019 年 10 月 15 日，四川省什邡市）

四、洒在原野山乡的爱

四川仁寿的一位聂老师评价中师生时说，中师生在很长一段时间都是中小学教师的中坚力量，他们一生扎根农村，无怨无悔地为祖国的教育事业贡献自己的力量。

问：您毕业于什么学校？哪一年毕业的？现在就职于哪个学校？

答：我毕业于四川省眉山市仁寿县师范学校。1987年毕业。现在就职于四川省眉山市仁寿县禾加镇安全小学。

问：当时是您为什么选择考中师生？

答：20世纪的80、90年代，国家为了缓解中小学校师资缺乏的问题，出台了政策，从初中毕业生中选招优秀生到中等师范学校读书，不要学费而且有生活费的补助，学习三年后回到乡村学校当了老师。当时我的家境贫寒，兄弟姐妹也很多，能有书读就不错了。再加上想要迫切改变自己命运的心情，这让我填报志愿时，毅然放弃了重点高中，填报了仁寿师范普师专业。在当时能考上师范成为一名中师生，在周边邻里中是非常荣耀的事，我们家里也因为我成为一名中师生而感到非常自豪，逢人就拿出来说。

问：您读中师的时候学习生活怎样呢？

答：那个时候我才15岁，一进师范才知道，所有的同学都很优秀。我们同年龄的中师生不比后来考取清华、北大的学生差。在中师，要学很多科目，语文、数学、历史、地理、物理、化学、生物等，除了英语其他很多科目都学，而且样样都要过关，都要能教。学校还训练我们怎样教课，怎样做老师。那个时候学习氛围特别的浓厚，同学们白天上课都聚精会神，晚自习也一个个端坐在教室，有的温习功课，有的练习"三笔字"和普通话，没有一个人偷懒。经过几年的学习，几乎每个中师生身上都透出那种踏实勤奋、刻苦肯干的品性。

问：您能谈谈中师生对教育做出的贡献吗？

答：可以这么说，中师生是那个年代中小学教师的中坚力量，而且这部分老师对工作都是兢兢业业、任劳任怨的，很多人一生扎根农村教育，无怨无悔地为祖国的教育事业贡献自己的力量。

问：您可以谈谈自身多年教学的感悟吗？

答：教书育人本就是教师的职责所在，知识的重复可能会感觉厌倦，但知识的传承永远不会。我也并没有期望自己非要"桃李满天下"，但只求无愧于心。

（聂建明，2019年11月2日，四川省眉山市仁寿县）

四川眉山的一位易老师回忆起过往时说，绝大多数像他一样的中师生"一直坚守在偏僻荒凉的中小学"，面对许多同龄人都已经是工程师、总经理时"依然耐得住寂寞，守得住清廉，甘当一辈子的孩子王"。

1984年，考上眉山师范学校。当年的眉山师范招生有4个班，每个班大约有40至42人左右。我们眉山84级是由当时的老乐山市的眉山县、仁寿县、彭山县、乐山五道桥区的学生组成，大约160人左右。国家大约是在1982年开始由初中生报考中师的，大约到1999年后停止招生。经过了十六七年的招生，全国大约有中师生400万人。

像我们这样的初中生毕业成绩都是在班上非常拔尖的，可以说出类拔萃的，才可能考上的。据我所知当年我参考时，毕业生有一万多人，当年在眉山允许招的中师生不过100多点，不足120人。千军万马过"独木桥"，争取脱掉身上的"龙（农）袍"——也就是解决自己今后的饭碗问题。说好听点是：响应国家号召，争当一名农村小学教师，为国家的基础教育培养大量合格人才。三年的艰苦日子，我们确实在学校学到了许多真本事。"三笔字"——毛笔、粉笔、钢笔字必须过关，组织教学能力，组织学习第二课堂活动。备课、试讲、修改方法、重新试讲。反反复复由导师、学生指导，不断提高、提升自己。老师靠嘴与人交往，必须锻炼自己的语言表达能力。三年中不断向优秀老师学习，学习他们如何上好课，如何给后进生辅导，特别得向他们学习如何备好一节课，怎样才能备好一节课，都要处处虚心向他们请教。当我们开始站上讲台的时候，我们的课要备10多遍。有时候要试讲七八次，请老师和同学提出不同意见和建议，再修改再提炼再试讲，直到很满意了之后才能登上正式讲台给学生上课。你会说，真的是这样吗？我告诉你，我们的指导老师全是些特级教师，全国三八红旗手，有劳模，全国优秀班主任，四川省知名教师等称号的大能人，他们是百年名校眉师附小的老师啊！他们对我们的要求非常严非常高啊！我很欣慰有这样一批优秀的老师指导我，指引我！我能有今天，完全要说声谢谢您亲爱的老师们！谢谢你们给予我们的指导和帮助！

三年眉师学习，我成为一名合格的老师，分配到眉山市晋凤中学任教。像我一样的中师生绝大多数一直坚守在偏僻、荒凉的中小学。我比很多人都幸运，一毕业就分配到了初中，因为初中不需要下乡村。有的乡村距离街道有二三十里，什么都不方便，所以我很幸运，也很知足。这一波中师生到学校，几乎都是学校缺什么科目，老师补什么、教什么科目，没有半点怨言。即使有不快，但却是坚决接受任务后才会提出一点合理要求，比如能不能给点资料或者教学磁带等，没有不接受任务的。

我们的同事里有这样一位的：分配到一个边远山乡中，校长告诉他，让他上两个班的英语！这位同学和我一样，没有怎么学习过英语，基础很差，几乎为零。(当时的英语不算作中考试成绩)所以我都没怎么学的！他当时都懵了，怎么办？咋个胜任得了呢？更要命的是他还没有回过神来之际，校长更加明白清楚地对他说："你教的这两个班是马上进入初中三年级的！"天啊！毕业班的英语！他的水平当时可能就是初中一二年级的英语水平吧？单词都认不到几个，咋个去教得了这些学生！没有办法！当他回过神时坚持了几句自己的意见后，校长不同意！还是没有办法！只有自己硬着头皮上！所以马上自己在假期里就去眉山新华书店买资料、买录音机、磁带等，自己从初一到初三，完全自学，自学后开学就给初三学生上课了……不可思议吧？后来这位老师却成了省级英语骨干教师！这就是中师生！没有价钱可讲，只有迎难而上。或知不可为而安为之！400万中师生犹如一把把蒲公英的种子，播散在祖国或肥沃或贫瘠的土地上，成了当代教育最坚固的基石。中国教育发展，尤其是乡村教育发展，400万中师生功不可没。为什么他们有如此大的成就，因为他们有过硬的素质和扎实的教育教学技能。

从首批中师生到最后一批中师生，他们在基础教育领域里是中坚力量。他们的年龄大约在35—58岁之间。虽然我的同龄人大多都是大学生、工程师、总经理、菜老板等，但我们依然耐得住寂寞，守得住清廉，甘当一辈子的孩子王。虽然我们没有上过一天大学校园，人生的遗憾并不能改变中师生的初心——为党育才、为国育才。教育的神圣使命，教师的职业道德使我们清贫执教，清苦一生。

在新时代，我们依然不忘初心，砥砺前行，为党和国家的基础教育事业发展，贡献自己的青春和才华。乐为蜡烛，照亮一批又一批学生的心灵；甘为人梯，培养一代又一代的社会栋梁。

芳华已逝，青春不再。但我们问心无愧！因为我们没有忘记当初的誓言，为党的教育事业奉献一生！用自己的一生去践行：教书育人，为人师表！

（易卫东，2019年10月21日，四川省眉山市）

还有一些中师生表示，一点也不在乎农村学校简陋的条件，乐此不疲，称"把课上成一种艺术，也是很享受的"。四川省成都市的一位黄老师就是这样的中师生老师。

问：为什么当初会选择读中师学校？

答：因为当时志愿表上有中师、中专等按照次序依次排列下来。我就自己稀里糊涂的勾画志愿。填的第一个就是中师，于是就把我录取了。

问：教师通常是一生的工作，您是否觉得枯燥？如果有这样的想法是如何调解的呢？

答：我教书其实有好多年了，这几年也在当班主任，之前我也教过体育。说实话，教学生是非常有趣的。平时跟学生打交道的话，可以使自己的心态、心理、身体都可以保持一种年轻的状态。教学很累，在从上而下附加给教师额外的一些工作，也很烦。我调节的方法：在课堂上，我的课堂是茶馆式教学。学生跟我自己有互动，张弛有度，把课上成一种艺术，也是很享受的。在课外，我自己骑自行车，长途旅游。通过体育锻炼的方式，来调节教学方面的压力。

问：因为您的教学经历也有几十年了，您认为近几十年教育的变化有哪些？

答：第一个变化体现在义务教学方面。义务教学也确实实现了基础教育和九年义务教育。原来小学升初中是要通过考的方式，但现在不用，这也是一个变化。学生初中毕业之后可以选择普高、职高甚至是3+2的大专。全民受教育的面扩大了。第二个变化是教育免费。减轻农民的负担也做得比较好。教育有些不足的方面，比如乱收费，基础教育的师资严重不足，尤其体现在幼儿教育方面。教育也需要加强老师的培养，提高教师的专业素质能力。

问：您认为导致教育发生这些变化的原因有哪些？

答：第一个是经济的发展，经济基础决定上层建筑。第二个是人口基数大。

问：这些年教育的变化给您工作带来了哪些变化？

答：教学压力增大。上面附加给教师的公开课以及安全教育平台等一些事务性工作，会导致自己的精力分散。

问：您在教学方式上有哪些变化？

答：在新旧教材的更替方面，自己其实都用旧教材，结合自己的教学经验。不是因为自己守旧，像电脑、多媒体等这些辅助教学的，它有一定的好处，但也有不好的地方。这些过于形式化，如教师的情感也不是能很好地表现出来。

问：您教学这么多年了，肯定有自己的独门方法，将学生们教好，能和我谈谈吗？

答：第一个要和同学们打成一片，能收能放。第二个要恩威并施，对学生也要有威严。这个恩是指在学习上尽最大努力去帮助学生，学生也会产生感恩之心。我在数学教学方面跟许多老师都不一样，我的课堂是茶馆式的，想尽办法调动学生的思维，师生在课堂上达到灵魂的一致。

（黄开，2019年10月19日，四川省成都市新都区）

四川井研的一位吴老师回忆起20多年的教育生涯时，谈起了对学生的爱，他说"就算学生再差，也不会嫌弃"。

问：您之前在哪儿上的学，当初为什么选择这条路？

答：我小学、初中就在本地中心校读书，就是洪雅县城中心校，高中毕业后就回来教学，教了一二十年。1994年又去井研师范学校读了两年书。

问：当老师有什么印象深刻的事情吗？

答：当老师几十年，印象深刻的事情很多。当老师确实要有责任心，要关爱同学，要忠诚教育事业，要付出与行动。比如有一次，我们在山上上课时，学生病了，那个时候，又没有手机，我们联系不到他的家长，我们就亲自把他送到他的家里面去了，但他家里还没人。我们好几个老师就分成两批，一边去找当地的医生，一边在家给他烧水，他肚子痛得很厉害，我们就一直照顾他。所以，我们要把学生当成自己的子女一样去爱。还有一次，有次放学，我陪妈妈要回娘家，在路上我就看见了一个六年级的学生，她也肚子痛，我不能见事不管，我就叫了个摩托车把她送去中心诊所，然后我又去联系她的家长。你看，这也是一个时间的问题，要是错过了这个时间，她有生命危险，怎么办呢？虽然不是自己班的学生，就算我是一个路人，也要去帮助她。这些都印象比较深刻，所以，我们读书的时候，老师对我们的教育还是很关键的，要严格要求我们。

问：您觉得改革开放以来，中师教育对你们这一代人有什么影响？

答：当然，改革开放要学习新的思想、新的理论，要跟着这个时代走，不能够死板教条。我们的教育还是要改革，要创新，不能够停留在原地。

问：您觉得教书好吗？有没有后悔走上这条路？

答：不后悔，肯定好。教师这门职业，是很受人尊重的职业，是太阳下面最光辉的职业，老师是人类灵魂的工程师，要做到这点也不简单。我肯定不后悔，既然选择了教师这门行业，确定了要教书，你肯定就要面对很多困难。虽然我们也遇到过很多困难，就算学生再差，我也从不会嫌弃学生的，把学生当成自己的子女一样对待。要有相当的耐心、足够的耐心和对学生的关爱。尤其是当班主任的，尤其是要用爱对待学生。看见学生们，成绩考得好，自己也很高兴，很欣慰。没考好，自己心里还是会有些烦，就算自己再生气，还是要耐心地给他们讲解。耐心和责任心，确是很重要。

（吴择中，2019年10月19日，四川省乐山市井研县）

四川绵阳的一位敬老师说，中师生是后来的本科生、研究生无所取代的，他们完成了最艰苦"普六""普九"工作，对整个学校周边的生活方式也有很大的影响。

问：敬老师，请您谈谈改革开放以来的教育成就，尤其是中等师范教育的成就。

答：你好，收到你的邀请我很高兴，准备了很久，但是始终找不到具体的数据来说明。最后，我还是决定从我个人的感受来谈一下中师生在教育教学中的作用。我是1993年从绵阳师范学校毕业的中师生，现在的学历是大专，我现在担任八年级语文的教学工作和班主任工作。回顾历史，我觉得中师生在国家的教育中起着很大的作用。但以我个人为例，我觉得影响就更大了，我最初之所以报考师范，就是受到我的老师的影响。当时，他在我们村上，我们家离学校很近，每次看到我们的老师锻炼、生活，我觉得他的生活是丰富多彩的，我觉得他的形象是完美的，我小时候就有了一个想法，要做一个像老师那样的人。结果，在初中毕业的时候，我就选填了中等师范教育，成了一名老师。

从教育教学工作而言，实质上我是从1991年就开始教育教学工作了，那是我读书的第一年，当时学校安排我回到了建华乡实习，也就是听课、上课。之前，我也回乡听过课但没上过课。1991年春季，我回到建华乡听课的时候，由于当时一个村上的老师生病没有其他人代课，学校的领导就找到了我，问我回村上去代课行不行，我想了一下答应了。去了之后，发现老师的生活真的是很简单而又枯燥。而当时，学校正在进行文娱比赛，我看了他们准备的节目，说句实话，水平真的很糟糕。虽然，我个人在音乐方面水平更低，但我感觉那个节目的质量真的是太差了。后来我告诉了学校其他的老师，我们一起改编了这个节目，这个节目在后来的比赛当中获得了一等奖。再次回乡我见到了学校的老师，他们告诉我说："科班生真的很了不起！"听到这话我很脸红，因为我知道作为一个中师生来说，我在音乐方面的水平其实是非常差的，但是以我这样差的水平居然能够获奖。可见，当时的学校是多么缺乏正规的、有能力的老师。

后来，我就正式参加了工作。本来教育局是把我派遣到当地小学的，可是在去小学报道的路上我遇到了当时中学的一个老师，他告诉我中学缺人并打电话告诉了校长，于是，中学的校长就在半路把我"截胡"了。把我带到了中学，拿走了我的派遣单。就这样，我一个中师生成为了一个中学老师。现在看来，我当时的学识水平是非常低的，是一个不合格的老师。但当时的学校，老师是非常缺乏的，所以我的到来让学校领导高兴不已。到了学校给我安排了一个班的英语，4个班的政治教学工作。说句实话，中师生的英语水平是非常差的，仅仅是初中的水平。可是，由于中师生在当时的情况下，可以说是初中生里面水平最高的那一部分人，所以，我边努力边教学边学习，一边学一边教，也完成了英语教学工作。但是，从另外一个侧面可以看出，当时整个教育的水平非常差，才出来的学生可以直接教授跟他们知识水平差不多的人。

时间一晃已经到了2019年，我来到了小枧中学。这个学校一共有20个教学班，中师生依然在现代的教育中占据着非常重要的作用。在20个教学班里我看了一下，作为学校教育的重要组成部分，14个班主任，他们都出自中等师范学校。虽然也有大学生，今年9月学校甚至还招了一名研究生作为老师。可是，我依然看到，作为中师生，在国家的教育当中，尤其是在乡村的教育当中，依然有着不可低估的作用。我也不知道该再说一些什么，从这些简单的数据，从我生活中所看到的现实，我觉得中师生在国家教育中起着无法替代的，无法磨灭的作用。

中师生在我们那个时代是从初中毕业生中招收的。由于当时整个大环境的影响，可以这样说，报考中师生的学生是当时初中学得最好的那部分人，是学习素质最高的那一部分人。而到了学校，当时中师生的主导思想叫作多能一专。什么叫多能一专呢？就是能够承担中小学的很多门学科的教学，其中有一门能够专精，能够做到最好。在这个指导思想之下，中师生在学校里，他们基本上对于初中的每一门学科的教育教学方法理论都在努力学习，所以中等师范学校出来的学生当时在学校是非常受欢迎的。尤其是在师资力量非常缺乏的农村，中师生往往比当时的大专生更受学校领导的欢迎，因为他们可以承担的教育教学的学科更多，他们可以在很多门学科之间轮换，并且每一门学科都干得很不错。所以，中师生在过去的，农村的中学小学的教育当中，作用是非常大的。

说到中师生在农村教育的作用，我觉得我刚才漏了一个最重要的事件。我参加工作的时候，学校的普六工作已经完成，也就是说是普及小学教育已经完成，正在进行普九教育，就在所有的乡镇上让所有的适龄儿童能够接受完九年制义务教育（六年小学，三年初中）。很多家长对于小学教育是很欢迎的。但对于初中来说，他们觉得孩子能算账了，能识字了，就可以了，所以对于初中教育是不太重视的。我参加工作的时候，学校的辍学率很高，往往需要我们老师到学生的家里动员学生回到学校学习。我现在印象最深刻的那一次是，有一天下大雨，我穿着雨靴走了五里多路到雨凤村去动员一个学生，回来的路上，雨靴上沾满了泥土，遇上了另外一个老师，还遇上了当时到乡下检查工作的乡党委书记，陪同他的有我们的校长。当时我们的校长就指着我说："你看看，这就是我们的老师，你看看他腿上，你看看他的身上，我们就是这样在普九的。"当然，普九工作最终完成了，可中师生他们在这一块是干得最多的人。因为我知道，当时的建华，普九工作完成的时候学校只有一个大专毕业的老师。其余的基本上是中等师范学校毕业的老师。也有几个民办教师，也就是说没有接受过专门的培训，简单来说就是代课老师。其实，可以说中师生从20世纪80年代到90年代，一直到2010年以前吧，在中国的基础教育是占了绝对的统治地位的。那个时候，学校能够有一个大专毕业的老师是凤毛麟角的。当然，随着教育发展，现在学校的老师水平越来越高、学历也越来越高，我刚才谈到甚至还有研究生到我们学校任教的。

可是我觉得，在过去的一段历史当中，中等师范毕业的学生，他们在中国的教育当中的作用是永远无法取代的。他们的作用不仅仅是完成了教育教学工作。在践行国家的教育方针和教育任务的完成上，有着莫大的作用，完成了最艰苦的"普六""普九"工作，他们对整个学校周边的生活方式也有很大的影响。

（敬军，2019年10月9日，四川省绵阳市）

五、知识改变农村孩子的命运

有的中师生从学校毕业后看到了山区孩子的生活状况，产生了极大的同情心和奉献精神。四川仁寿的周老师回忆说，他去了乡村小学之后，一心想让更多的孩子感知到知识的力量，用知识去改变自己的命运。

问：爷爷，您能先为我们讲述一下您当年考中师生的经过吗？

答：我们中师生，别看只是初中毕业通过考试就读中等师范学校，但在当年来说也是十分难考的，成绩必须十分优异才行。当年我们一个班也只有几位同学考上了。读书考试的过程自古以来都是十分辛苦的，但是当时我们面对的压力还有来自家庭的，家人觉得读死书还不如多干活来得实际，所以我当时每天都要早起把家里的活干完再去学校读书，现在想起来也是一段非常难忘的经历。

问：那您当时为什么要顶着如此巨大的压力考中师生呢？

答：因为在当时，中师生算得上是一股热潮了，许多人都想去考。因为大家都十分渴求知识，也十分想对社会做出一点贡献，读出来到农村教书，去让更多的孩子感知到知识的力量，用知识去改变自己的命运。

问：您觉得当了中师生对您的人生有什么影响呢？

答：如果没有当上中师生，我一辈子可能就是种种田、养养猪这么过了。很庆幸我能当上中师生，在教书育人这么多年的时间中遇到了许许多多优秀可爱的孩子，我觉得当老师是一个非常纯洁的工作，我很高兴能够成为他们的启蒙老师，让他们学会一些知识，并且愿意通过读书来改变自己的命运走出农村。当老师还有个好处是能够不断接触很多新鲜的生命，还能使自己不断地学习，现在好多中年人乃至年轻人已经不学习了，在我看来就是靠着"惯性"生活，不学习不思考，大脑自然而然就退化了。别看我七老八十的，我学用微信还是很快的！

问：您对于目前教育的现状怎么看呢？

答：我只能说你们太幸福了。现在学校的老师都是大学以上的学历，老师的专业性更强，不像我们那个时候老师太稀缺，会什么就要教什么。而且你们现在学校的活动也是相当的丰富了，各种社团活动，父母们对于你们的学习也是想尽了办法来支持。我们那个时候想读书可没这么简单，家长不同意，家里没有钱，都是摆在我们眼前的拦路虎。你们现在能学习和接收到的信息和知识也是十分多元化的，从古至今，从国内到国外，有许许多多的知识以及方法供你们学习，所以你们要尤为珍惜。

问：那您有什么话或者人生感悟想要分享给我们的吗？

答：学会学习、坚持学习。学习不仅是书本上的几个知识点，作业里的几道练习题，学习是无处不在的。要善于学习，最重要的是要把学习的状态一直保持下去！

（周建，2019年10月8日，四川省眉山市仁寿县）

四川乐山的一位张老师回忆起中师毕业几十年的工作经历时表示，看到学生因为自己的付出而改变命运，成了对社会有贡献的人才，就很开心。

问：您当初为什么要选择走中师生这条道路呢？

答：中师生在我们那个时候是很光荣的，是很优秀的，成绩特别拔尖的人才有机会去读师范。当时我农村出来，一个女孩子很难有读书的机会，所以我特别珍惜，成绩在班上数一数二，比当时很多男孩子还要优秀。农村的女孩，能跳出农门就不错了。父母和哥哥姐姐也特别支持我去读中师，觉得这是一个铁饭碗，女孩子当老师很好，家里出了一个中师生也是一家人的骄傲，甚至是一个村的骄傲。我是那个时候我们村唯一一个走出农村的女孩子。当时也很小，不晓得这个中师生是一种怎样的意义，但是觉得可以当老师，长辈很满意，我也很知足了。

问：请问您在您的教学生涯中遇到过什么困难吗？

答：初中之后就去读师范，毕业的时候我只有16岁，那个时候我被分配去教初中，比一些学生娃娃还小，男孩子是又高又大。新上任的老师，都容易被欺负，我又瘦小，学生调皮了又不能不管，管的时候心里还是有点怕。在教学路上，还是摸索了一段时间。

问：我想请问您后悔读中师吗？

答：不后悔，我很满足自己的生活，也无愧于自己的工作。虽然说一些在当时成绩没我好的同学，在三年后考上了很令我羡慕的大学，但不一样的生活有不一样的精彩。我教了很多学生，从16岁教到50岁，当了整整34年的老师，学生可以说是遍布全球，有在上海开公司的，也有在英国留学的。作为一名人民教师，我很骄傲，看见自己的学生有所成长我很开心，不是说他们有多大多大的成就，而是他们都是一个对社会有贡献的人，兢兢业业地在自己的岗位上。我们那代人，积极响应国家的号召，可以说是一块砖头，哪里有需要就往哪里搬。我热爱自己的工作，更热爱自己的祖国。

（张淑珍，2019年10月13日，四川省乐山市沙湾区）

四川雅安的一位杨老师坦言，正是农村孩子渴求知识的眼神，让她一直坚持了这么多年。

问：您从教多少年了呢？

答：我从教40年了，现在退休了。

问：请问您当初选择中师生的初衷是什么呢？

答：我高中毕业后我们村缺少教师，所以我就选择了当老师，为家乡的孩子们做一点力所能及的事。

问：可以分享一下您在中师生时期的学习经历吗？

答：我在村里当了10多年民师，又考进雅安师范学校进行学习。我的学习时期是非常艰辛的，当时正是两个孩子的母亲。在学校要努力学好各门功课，想要多学点知识，好把教学方法带回家乡，为家乡父老乡亲做出一点贡献，还要担心两个孩子和一个年迈的婆婆生活起居，现在想起都心酸。

问：通过我们的了解，当年的中师生是为了缓解农村小学师资力量的压力。那您被分配在农村当教师时，您所在的农村环境是怎样的，是什么让您一直坚持教学这么多年？

答：我所在的学校环境条件非常差，学校是间破旧的木房，教室里的桌子板凳也很破烂。厕所是一个露天的茅坑，操场是一个杂草丛生的坝子。每年秋季一开学都要组织学生除草，手都磨起血泡，除此而外就没有什么设施了。是孩子们渴求知识的眼神，让我一直坚持了这么多年。

问：对于您来说，您把您的美好青春献给了乡村教育，经历了乡村教育的改革变迁，您对现在的乡村教育有什么感慨与感悟吗？

答：就目前的情况来看，农村的普通小学和乡镇中心小学、城市小学从教学条件、师资配备、办学水平等诸多方面，是没法比的。但是作为学生，不管是生活在城市还是乡村，享受优质教育的权利是一样的。普通小学办学水平的高低，将直接影响老百姓心目中的形象。那么，我认为，作为一所普通小学的领导，面对着的是最基层的农民朋友，我们的办学理念、工作思路，从一定程度上说是我们教育实施水平的客观反映，我们的工作作风将影响学校的整体形象，所以我们肩负的责任是很重要的，不能因为学校的规模小、位置偏远、条件艰苦、学生家长文化层次不高等客观原因，而降低工作的标准和对自己的要求。老百姓的孩子也是孩子，要尽最大的努力，立足实际开展好工作，做到不舍弃、不放弃，不让一个孩子掉队。在工作上要调整好自己的心态，加强学习，勤于思考，不断提升自己的业务水平和管理能力。要恪尽职守，乐于奉献，为人师表。

问：当初选择成为中师生，您发现您的人生轨迹与当初未成为中师生的同学差距大吗，您为此后悔过吗？

答：差距不大，我从来没有后悔过。

问：作为当初改革潮流中的一代人，您对现在的学校教育有什么看法吗？

答：现在的学校风景优美，高大的教学楼，宽广的操场，挺拔的大树，翠绿的小草，教学设施是那么先进，投影仪、摄像头、电子白板、电脑、钢琴应有尽有，学校环境设施已经比较完善了。现在学校的教育相比以前，已经有了非常大的进步。

（杨绍琼，2019年10月7日，网络访谈）

六、基础教育的支柱

四川洪雅的一位张老师对中师生群体做了一个总体评价，他说中师生们"一直都坚守在这种偏僻的荒凉的乡村小学，成了当代中国教育中最坚固的基石"。

问：您当中师生多少年了呢？为什么您初中毕业后选择去当中师生？您对当时的中师生有什么了解吗？

答：很高兴接受你的采访，我之所以初中毕业考中师生，其实在很早以前我就有当老师的梦想。其实我小学的时候，我对老师的印象就是给同学们讲题、给同学们上课。那么到了初中毕业的时候，选择读中师，最主要是为了摆脱农皮、跳出农门。在农村的生活太苦太累，我不愿过那种面朝黄土背朝天的日子，那样子的日子太苦太累，我受不了。所以我就立志发奋，初中毕业考中师，成为一名人民教师。第二个原因，我想考大学，也想实现自己的大学梦。但是放弃中师去读高中，虽然收获很大但是目标太远。夜长梦多，变数太大。以前，高中考大学要经过两次考试，第一次是预考，第二次才是高考。只有预考过了，才有资格参加高考。所以难度太大，要想尽快摆脱农皮，吃国家粮、成为国家干部。确实难度太大了，所以我走了这个捷径考中师。

问：据了解中师生是教小学的，当时的条件是怎样的呢？

答：中师毕业后，我就被分到三宝小学。是一个偏远的小山村，小山村里当小学教师，当时是要走到那个学校的。走路，早晨要走两个多小时，才能到达那个学校，如果遇到寒冷的冬天，走到那个学校都是9点过了。然后在那里把课上了回来，踩着泥泞的小路回到家里。有时已经是晚上6点多了，做了晚饭吃了，拖着疲惫的身体去睡觉，又准备着第二天出发。那里地处偏远，条件也很艰苦。学生的教室都是没有窗户的，寒冷的冬天只能用报纸把窗户糊了，才能够防止寒风的侵入。门也是烂的，上着课，寒风都透着门吹到自己的脚下，真的太冷了。然而我们的讲台只是以前的双人桌做讲台，算是三尺讲台吧。我们的黑板是用木架支撑的一块木板，用黑漆漆成的木板，条件是非常之艰苦。学生的桌椅板凳更不用说了，有的甚至是家里面带进去的，参差不齐，环境非常之艰苦。

问：当时中师生的考试严格吗？

答：当时中师生的考试是很严格的。我们当时考中师，第一步要进行会考，会考成绩在前面的，相当于一个年级两三百人，要考到年级前10名才基本上有资格考中师或者中专。然后经过第一轮的会考过后，当时会考是在六月份，然后中师中专考试是在七月份，当年高考是七月七号，七月七号、八号、九号高考。当时中师中专考试是在七月十二号、十三号、十四号的样子。也就是比现在推迟了一个月。是要把全部乡镇的学生拉到城里面来一起考试。就像现在的高考一样。那个时候，我们由很远的地方来到城里面，在老师的带领下，从农村进入城市里面看到这样的情景也是很震撼的、很激动的。当时考试也是很严格的，我们要进入考试区域，也是要通过警戒线，经过老师的检查。检查核审你的准考证，当时都还没有身份证。教室里面也是前后两个老师监考，要听着中考的铃声、老师的指挥来进行考试。结束只要铃声一停，都要把笔放下，就像现在的高考一样。

问：中师和中专，两者有什么区别吗？

答：中师当时是初中毕业生中成绩最好的、最聪明，最好的才去考中师，也就是我们现在说的最强大脑才去考中师。次强大脑，也就是说中师然后考不起才去考中专，那么这就是次强大脑，这是第二梯队了，第二梯队去考中专。第三梯队考高中，考高中也有相对说成绩更好的才能考上县上的重点高中，其次就是一般的高中。还有考上中师过后，无论中师、中专考出来都由国家直接分配。但是对于中师来说，国家要免去生活费，要给予一定的生活费，对于当时农村条件非常艰苦的家庭来说，是减轻了很大的一笔经济负担的。所以说，很多人要选择中师，一个这样能更快地走出农村，只要读过中师，三年过后就能够分配工作，就能够吃国家粮，就能够摆脱农村的贫困，不再过那种面朝黄土背朝天的日子。同时，还能减轻家庭的负担，因为国家能给中师生一定的补贴，所以说减轻了家庭的负担。

问：您认为中师生对国家教育的贡献有哪些呢？

答：中师生对国家的贡献是特别大的。因为大约从 1983 年开始，为了缓解农村中小学师资严重不足的压力，都在全国范围内实现从初中毕业生招收学生就读中等师范学校。学生毕业后一般都到城乡小学任教，那么他们一般都是分配在那种比较偏僻的地方。他们就像一把把蒲公英的种子，被撒到祖国的肥沃和贫瘠的土地上，他们中的绝大部分一毕业后，一直都坚守在这种偏僻的、荒凉的乡村小学，成了当代中国教育中最坚固的基石。

问：您对您当初选择中师生后悔吗？

答：我选择当中师生我一点都不后悔，因为第一个原因是我从小的梦想就是当老师。这个实现了我的梦想，同时解决了我走出农村的问题，我不再过这种面朝黄土背朝天的日子。那能满足我当时的衣食住行等基本的生活条件，所以我觉得我是不后悔的。我虽然是个中师生，但是想获得更高的文凭，可以通过自考，通过委托培养的方式，通过成人高考等方式来获得更高的文凭。对于我来说，我可以通过自考考上专科，然后通过成考拿到本科文凭，那么我也实现了我读大学的梦想。这虽然说没有在校园内接受全日制的教育，但是我也学到了在校园内可以学到的知识，所以我不后悔。

（张卫红，2019 年 10 月 6 日，四川省眉山市洪雅县）

四川乐山的一位张老师表示，自己几十年教书育人也算是"为国家做了一些该做的事情"。

问：您能先给我们大致讲一下中师生是什么样的情况吗？

答：那会儿跟现在不一样，中师生就是实行从初中毕业生中招收就读中等师范学校，学生毕业之后就可以到城乡小学任教。

问：您是多久成为中师生的？

答：30多年前了，那时我差不多20出头。

问：那您还记得当初为什么当中师生吗？

答：我们那时候的话，条件很差，就想让自己的日子好过一点，不用每天挖地喂牛养猪这些，想着说可以出人头地，毕竟当初中师生的待遇还是不错的。

问：那您当初是怎样成为中师生的呀？

答：就是要考试，跟现在还是差不多，还要填报意向这些的。我当时就是对文字特别喜欢，不过那会儿条件也不好，我那会儿考的时候特别吃力，最后考上了，还是觉得值得。

问：读中师生是你们当时大多数人的选择吗？

答：也不是。那会儿条件实在太艰苦了，我们家那时条件算好一点，像很多家庭人又多，吃饭都吃不起，基本上就是差不多年纪就回家去帮着干农活。有些家庭就算有钱，那时候考也不好考。

问：那你们班上考上中师生的人多不多呢？

答：没有几个。

问：那当时考中师生很难吗？

答：还是算难的，那会儿教育质量又不像现在，要的人也不多。

问：当时的教育环境是怎么样的呢？

答：跟现在相比差远了。当时上课就是一个黑板、粉笔写字，不像现在还有板板通、电脑这些，现在的技术更加发达了，环境肯定比以前好得多。

问：当时你们中师生的待遇如何呀？

答：当时的待遇算是不错了。当初能当老师也是一件很不错的事情，就相当于是知识分子，有文凭，教书育人，待遇还是可以。

问：当时的教育与现在有什么区别呢？

答：说大也大，说不大也不大。因为现在由于技术更发达，可以有网上视频、电脑、网络等这些先进设备教学。但是，都是一个道理，就是好好的教书育人，虽然教育方法变了一些，但还是希望教更多的农村孩子去学习。

问：当初当老师最大困难是什么？

答：最大困难还是那些不听话的孩子，让他好好学习，他不听话，调皮捣蛋的，有时候上课就会影响其他学生。

问：您考中师生，家里人是支持的吗？

答：家里人还是支持的，那个时候家里有个人出去教书，还是一件很不错的事，然后有家里人支持，自己就更有学习的动力，就更加努力学习了。

问：经过教育改革，曾经的中师生现状是什么？

答：是中师生的老师基本上退休了，这部分老师大都是20世纪60年代或70年代初的人，现在上课的老师基本上是本科生。

问：您当时的教学与现在相比，有何差别呢？

答：那时比现在差得远了。现在出来当老师的基本都是本科生，接受的教育肯定比当时好得多，所以当初的教学虽然也可以教书育人，但是没有现在的老师学得更多更广吧！毕竟现在教育经过改革，教育水平提高了！

问：那您对当今师生关系的看法呢，或者跟以前比有啥变化吗？

答：变化大了，现在的师生关系我也不是很了解，但是我觉得比起以前来说，变化肯定大。现在也不是我们那个时代了，思想肯定也不一样。我还听说现在的学生还踢老师，像这种情况，我们当时是不可能的。

问：对未来国家教育政策您有什么期望？

答：现在国家在教育这方面做得挺好的，政策也不错，就希望教育水平更好，能够更好地教书育人！

问：您喜欢老师这个职位吗？对老师这个职业有何看法？

答：对于这个职业，那还是喜欢的。教书育人也算是为国家做一些该做的事情，当老师也是一个很伟大的职业，毕竟很多高才生也是经过老师的指导才能更加优秀的。

（张国强，2019 年 10 月 2 日，四川省乐山市）

四川的一位刘老师回忆起过往时表示，像他一样的中师生们甘愿成为垫在金字塔最底层的铺路石，如今芳华已逝，青春不再，但是自己问心无愧。

问：您当时班级里大概有多少人考上了中师呢？

答：只有两个，是我和我们班的一个女同学。

问：好的，那您可以说说您对中师生这个概念的理解吗？

答：我当时就是初中毕业通过升学考试去读的"中等师范学校"。这种学校就是培养农村小学教师。在我们那个时候，愿意进入中师就读的绝大多数都是农村初中毕业的学生，从中师毕业的学生绝大多数都会回到农村，在自己的家乡农村小学成为小学教师。我们把三年中师学习的教育教学技能付诸教学实践，想让农村孩子可以享受到和城里孩子一样正规的教育教学方式。

问：那你们当年上中师有哪些课程呢？

答：你现在问我这个问题我还真的记不太清具体的科目了，但是我们要学习的东西很多，书本知识、教育技能、练字、写作等，什么都是要学要会的，而且当时每天早上都会起来对着学校的山坡背书的，同学之前也都会相互督促的。

问：中师毕业后去哪里工作呢？

答：我们到了中等师范学校读了三年书后，大多数就奔向了乡村教育一线。而这个时候，我们大多数才十七八岁，也有小部分人会选择继续深造，但是多数还是奔向我们当地的乡村小学。

问：你们当时可以继续深造吗？可以去考大学吗？

答：是，但是我当时家里穷，所以就直接去当老师了，没有再去学习了。

问：那真是太可惜了。老师，那您现在还在学校工作吗？

答：我现在已经退休了，我没有进修也就没有继续留在学校。

问：好的，那您可以谈谈对于您自己是一位中师生有什么看法吗？

答：我为我自己是一位中师生感到骄傲，能在祖国家乡需要我的时候尽一份绵力，让我感到自己的人生十分有价值。

问：嗯嗯，老师我听完之后真的是正能量满满。老师您能谈一谈中师生对中国教育的影响吗？

答：不能否认的事实是，当年的中师学校的一届届毕业生，是当下中小学讲台上的主力。不论工作成绩或大或小，中师毕业的老师，撑起了当年中小学教育的半边天空！他们在经过师范专业的养成教育和教师岗位的历练之后，一个个在业务能力上出类拔萃。在这样的矛盾和焦虑中，他们艰难前行，为国家中小学教育事业的发展，贡献着自己的青春和才华，把自己变成一支蜡烛，照亮着一批又一批学生的内心。有认真从教者，安贫乐道，每月拿着不高的工资，认真上好每一节课，教好书，育好人，或得以认可被重用，成为校长、教育名师，或恬淡虚无过生活，知足人生。而对他们个人的前途来说，他们甘愿成为垫在金字塔最底层的铺路石。从这个角度来说，他们之中仍然在从事中小学教育事业的人，值得致以崇高的敬礼。如今，芳华已逝，青春不再，但我们问心无愧，因为没有忘记当初的誓言：忠于人民的教育事业！

（刘友兵，2019年10月7日，网络访谈）

四川渠县的一位徐老师评价中师生的贡献时说："中师生撑起了我国基

础教育、义务教育半边天。"

问：请问老师您是如何成为中师生的呢？

答：我1980年高中毕业，带病参加了高考。高考结束填志愿都是我二哥帮我填的，填没填写师范我不清楚，我只记得我跟我哥说了要报泸州警官学校。当时流行"把最优秀的学生送到师范院校"，我这个比专科线差2分的被渠县师范学校录取了，就这样"中师生"就成了我的第一学历。

问：您能讲讲对中师生的看法吗？

答：成为中师生的感受不谈了。要说的话就几句，读万卷书不如行万里路，行万里路不如名师引路，名师引路还得自己去参悟。不走出去，没名师指点，即使是全县（市）中考第一名，分到偏远山区，也可能"僵卧孤村"一辈子！

问：成为中师生后您的感受是什么？您在教学方面有什么心得体会？

答：1978年科学技术大会召开后，国家把人才培养提到了前所未有的高度，师范生包吃包住包分配，还不交学费，于是师范就成了很多农村娃"跳农门"的首选目标。渠师招高中生我记得就79、80、81年三届。初中生读中师在我们渠县农村蔚然成风，初中毕业大都以考上师范为荣，甚至有不读高中、复习一两年初中考师范是常见的。由此可知，当时的师范生，无论是高中毕业考上的，还是初中毕业考上的，都是当时的顶尖学生。事实上，中师生撑起了我国基础教育、义务教育半边天，一部分中师生通过继续教育，还成为高中、大学教育的骨干。也有少部分中师生转行成了其他行业的翘楚！

一句话，中师生绝大多数都很能干。在教学方面，我的体会到可以写一篇大文章。做教师，就要做专家型教师。首先要阳光，你阳光明媚，才能照亮学生；其次要灵光，不断学习，活水不断，教学才有新意，思维才不会僵化；三是要放手，放手让学生去自学，去讲解，老师只引导、解释疑惑，采取一些手段激励他们，让他们动起来。教育，不是你老师讲得好就好，是要学生学得好才好！

问：最后您能讲一下任教的经历吗？

答：我 1982 年中师毕业分到一个乡中心校教初中化学。1985 年调到区内另一所乡中心校，校长要我读化学专业。连续三年都没有成人学校招高职的化学专业，直到 1988 年校长才准我报考了达州教育学院的数学专业。1990 年专科毕业，考虑到女朋友中师毕业能进中心校，又回到了原学校教数学至今。期间，到广东闯荡了近一年，1998—2004 年担任了 3 年学校教导主任、4 年副校长，拿到了数学函授本科文凭。2004 年到四川省渠县中学教初中数学至今。

（徐友政，2019 年 10 月 2 日，四川省达州市渠县）

四川名山的任老师回忆起中师毕业后 38 年教师生涯，表示自己"说到做到了，把一生都献给了中国农村教育"。

在小学读书时就很羡慕老师，当老师光荣。教师是人类灵魂的工程师，我做梦都在想当教师，于是天天学习时事政治、政策、书本知识，终于实现了理想，这就是考教师的过程。当时新中国成立不久，国家还不富有，学校设备尚不完善，学校的校舍生活等尚差。与普通中学比还不如，其主要原因是三年自然灾害，因此造成了某些班还停班。我没有曾想过放弃，我做不来题，也没有想过不读书了。当我考试中遇到难题，由于不曾想过放弃，所以我挺过去了。当我拿到录取通知书时，喜出望外，决心认真学习，学好本领，为祖国的教育事业贡献自己的一生。我说到做到了，将一生献给了中国农村教育。38 年，我付出了我的全部生命力。

我考试过程中遇到过难题，做不了的题，但是我的态度是遇到难题也挺过去了。我们450人，只收40个，我也考起了。其中有一道很难的题，我没有做起，但是我读的书多，光是凭数学我是考不起的，我是靠的语文。我真的不会教数学，数学你没有学过你就不会做，语文认识字还可以读懂。我都没想过放弃。我读小学的时候，就看到教我的老师穿得干干净净，当时我就想，当老师就是好，所以我做梦就想当老师，遇到困难我就尽力而为，考得上就考，考不上就算了。结果，居然考上了。

我读名山实训班的时候，我的班主任后来是雅安师范党委书记，他最瞧得起我。他讲了课，讲完了以后，总结课文，一篇课文要讲两三遍。全班学生都要去发表个人意见，讲完以后还要我用自己的语言去讲台上讲我自己的所学所得，在黑板上写出来，大家的掌声都十分热烈，我在班上就是这样的学生。我入党前三年的教学成绩是名山同级同科的前几名，比如说教毕业班，我教的就是语文。我在三大队就是学校的负责人，我在八大队也是学校的负责人。这下我的理想也实现了，为祖国贡献教育事业，没有三心二意。我一个红领巾都没戴过的人，我入团就更不容易，后来我入党也不是那么容易。1984年让我入党，我都没有去，我想到的就是我老了，1985又再一次来找我入党，校长给我介绍。他说："你写正式入党申请书，你就要找介绍人，这就是入党介绍人。假如你找到我当入党介绍人，你所有家里的一切，祖宗三代的人，都要给你调查清楚，你家有多少人，你哪里出生、哪里成长、哪里读小学、读初中、读高中，都要给你调查清楚，一点都不假，一句一句都是实话。"我说到做到了，将一生都献给了中国农村教育，一共38年，付出了我的全部生命力，领到了国家30年乡村教育的荣誉证书。就算我死了，30年、50年、100年以后，只要这个证书还在，我的子子孙孙都拿得出手。

（任安邦，2019年10月5日，四川省雅安市名山区）

四川乐山的一位林老师，说起中师生群体与中国农村教育的关系时说，"中师生可以说是国家教育的基石"。

问：请问林老师，中师生到底是什么呢？

答：主要是指初中毕业进入中等师范学校学习的学生，一般学制为3年，分为普师、幼师以及艺术体育（音乐、美术、体育）专业。20世纪80年代初，全国各地需要大量的师资充实中小学校，国家决定从初中毕业生中招生进入师范就读，毕业后分配到各地中小学任教，所以被称为中师生。我们的入学年龄普遍都在14—15岁，18岁左右毕业就被分配到各地中小学任教，只有极少部分进入高一级大专继续深造。20世纪90年代开始，乐山师范学校还开设有特殊教育专业。

问：老师当初为什么选择走中师生这条路呢？

答：生于农村家庭，读中师主要是为了减轻家庭经济负担，并能很快工作。那个时候大学录取的概率非常低，主要都是教育条件好的城市人上，农村学生考上中师，既能解决吃住问题，又能分配工作。

问：老师当初选择这条路时家庭状况好吗？

答：家庭经济困难，还贷款支付了2400元的委培费。

问：老师当初得知自己当上中师生的时候是什么心情？

答：考中师是读初中的人生目标，得知录取后很高兴，可以成为一位人民教师，同时很难过。高兴是终于找到一个工作了，难过的是还得让家人贷款交委培费用。

问：选择中师这条路您后悔过吗？

答：不后悔，因为读完中师就被保送到了大学学习。这是个难得的机会，能进入中师的，几乎都是尖子中的尖子，感觉脸上都有光。以好成绩考起了中师，把青春献给了学校，中师生也为国家教育做出了巨大的贡献。

问：请问老师您看过《中师生，中国崛起的垫脚石》这一篇报道吗？您对这篇文章有什么看法呢？

答：貌似看过。中等师范教育对当今中国的师范教育很有借鉴意义。中师生可以说是国家教育的基石，促进了中国中小学教育事业的发展。

问：您过去和现在的心态有什么变化呢？

答：没有变化，我为自己是一名中师生感到骄傲。

问：您对中师生的现状有什么看法呢？

答：中师生毕业后都通过自己的努力，获得专科、本科、甚至研究生学历，在教育战线上均为骨干，扎根于教师岗位，从事中国基础教育，是一个很好的选择。

问：您对如今给中师生的补偿的有什么看法？

答：没听说。如有，当然很好。

问：您跟以前一起读中师的同学还有联系吗？他们现在都怎么样了呢？

答：跟当时班上的同学经常联系，他们现在工作、生活都很好，有当校长、副校长的，有评上特级教师的，有高级教师的，有教幼儿园、小学、初中、高中的。我们这一代中师生，也算是功臣了吧。

问：您对现在的师范生有什么建议吗？

答：现在的师范生，为了成为一名合格的人民教师，也依然是责任重大，要做好为教育事业奉献充分的准备。当然，教师资格证应该是每个师范生都必须得到的了，学好专业课，提升教师技能，做到理论与实践相结合，能力强的老师自然就可以有机会选择去好的学校发展。以后中国教育事业的发展，需要综合素质更高、专业能力更强的教师，所以你们的努力刻不容缓。

（林天兴，2019年11月7日，四川省乐山市）

四川乐山的一位涂老师认为，中师生在特定的历史时期对中国教育发挥了极为重要的作用，甚至"教育发展的 70% 的力量都来自这个群体"。

问：您当初是怎么走上教师这条路的呢？

答：我高中毕业应该是在 1979 年，当时值改革开放初期，那个时候应该说待业的人比较多。在当时的社会状况下，想去读师范的农村人居多，因为他们想要走出"农门"。在当时教师这个行业，它并不是很有尊严、很受人尊敬的职业，主要是想找一个谋生的职业。在改革开放初期，教师很少，农村里面民办教师居多。我是高中毕业参加高考差了几分，于是报考了中等师范，当时叫高府中师，中等师范在 1983 年最后一年招生。当老师并不是每一个人的第一选择，当时的工资甚至还不如供销社的职员高，不如很多地方的行业。

问：当时的中等师范生和本科师范生相比有什么差别吗？

答：有差别的。当时的中师分为几类，如果是高中毕业进去的中师就会被分配到去教中学。我当时进的是乐山师范学校，其是现在乐山师范学院的一部分。我们当时的课程设置是初中课程，对我们高中毕业进去的来说，说实话，没学到什么东西，因为它的教材简单，两年的学制很快就结束了。

问：那当时是毕业了过后就会给你们发教师资格证吗？

答：那个时候还没有教师资格证一说，因为那个时候出来之后都包分配，主要还是分配到农村的中学，这个时候国家是包分配的。我当时是 1980 年进的校，1982 年毕业的，然后开始从事教师这个行业。

问：随着教育事业的发展，国家对教师的要求也越来越高，要求每个老师都要有教师资格证吗？

答：当时是为了规范教师这个行业，才要求的要有证书。在当时的时代背景下，就和我一起毕业的那些老师，也就是我的同学们，他们都是非常优秀的，他们在高中阶段的学习都是非常不错的，但当时考大学是非常不容易的。当时的专科学校在全国都只招27万人，而现在2019年几乎要招800万人。在当时的情况下进入大学是非常难得。这些中等师范毕业的老师，对于他们来说，考教师资格证是很简单的事了。

问：您当时毕业之后被分配到了哪所学校了呢？

答：当时我从乐山师范毕业过后，我和我的同学很多被分配在乐山市范围内，包括眉山的一些地方。当时的分配原则大概就是，你从哪个县来的就把你分配到哪个县去。但当时绝大部分同学都被分配到了偏远山区。我被分配到前卫的一个中心学校，有初中也有小学。当时的条件是非常艰苦的，我的寝室是没有灯的，教室也很差，体育场是用石头墩子砌的，我当时还拍了照，现在拿出来看肯定是很震撼人的。一个水塔一样高的墩子上面嵌一个铁环，那就是篮球架，而且跑步经常会撞上去。所以当时的条件可想而知，老师的工资也不高，生活条件也很差。破破烂烂的房子，相近的两个寝室之间根本没有什么秘密，就是用半高的墙隔了一下。不管男的女的都住在一起。当时那个乡镇一个星期只有一趟班车。还有一个地方条件更差的，我记得叫建设乡，现在叫同心，有的同学被分配到了那个乡镇。我1982年分配到前卫那个地方，我只在那个地方待了3年，实际上我是很不甘心、很不服气的。当时去的老师都没有什么关于教学的目标，想的都是怎样早日调离那个地方。那个时候进去一个人很容易，出来就更不容易了。

问：涂老师，在那么艰苦的条件下您是怎么坚持下来的呢？

答：我是一个吃不了苦的人，我没有坚持下来。但我的同学们，我的学长们他们坚持下来了。被分配到建设乡的那个同学叫张仲书，他在那个地方一直坚持了10几年20年。当然，还有很多同学都把自己最美好的年华，最热血的青春时光等，奉献在了偏远的山区里面。1985年过后，我有了一定的基础过后就被调离了那个地方，但还是一直在从事教育，只是环境没有那么艰苦，收入也高了一些。所以，我就很佩服那些一直坚持下来的同学们。当时我们班上一共有48个同学，大多数都是从农村来的。他们能很快地适应那个艰苦的环境，在当时的教师队伍里面，到了20世纪90年代或者是1988年左右，这一批老师就是中流砥柱了，在教师这一领域里面很快就成长起来了。这个其实是很不容易的。

现在的师范学校毕业的大学生是完全不能和他们相比的。1995年的时候我去开校长会，一抬头发现80%的都是当时中师毕业的校友。也就是说这一批人除了教学都在随着那个时代成长。当时坚持下来的同学大多数都是25、26岁就当了校长。自认为我的发展还是可以的，我当时进入了另外一个学校，在28岁的时候就已经是副校长了。当时条件非常艰苦，我们进入教师行业并不甘心，有很多梦想。但是我们在实际的工作中慢慢地适应这个行业。在这里我就要提到我的学生，说实话我们开始喜欢上自己教的学生，我们开始由被动转换为有意识地培养那些学生。当我发现我们教的那些学生有了一定的成绩之后，我们很有成就感，才发现我们的付出都是值得的，慢慢地我们就沉淀下来了。

随着年龄的增长，随着教育事业发展，我们也在一步一步成长。你们可能还不知道，当时国家投入教育的资金是非常少的。在当时，可能你们的父辈比较清楚，农村每家每户都是要交教育经费的，所以教学的环境并不是那么好。当时能够坚持下来的老师都是非常热爱教师这个行业的。在20世纪80年代毕业的老师，现在都差不多50多岁了。1995年最后毕业的那一批老师大多数都是中等师范学校毕业的，真正大学毕业的老师没有几个是当了校长的，几乎很少。教育是正能量的东西，能够进入中等师范的学生在当时来说是非常优秀的，初中毕业之后都是优先录取进入中师再录取进入高中。报考中等师范的都是农村的孩子居多，他们期望早点出来工作，早点找到一份属于自己的职业。

说到坚持，因为见得多了，其实在各行各业都是一样。其实教育特别需要一种情怀，我们当中的很多人，当在教了7、8年书之后，你就会发现你离不开教育了。坚持从事教育行业这么多年，如果想换一个行业其实还是很容易的。那为什么又有那么多人一直坚持几十年直到现在呢？那就是因为他们有了情怀，已经离不开了。而且，义务教育的发展很需要这一批人。对于现在来说，中等师范生已经成为历史，现在有很多的高等师范院校在培养优秀的教师。但他们的这一种坚持是很可贵的，同时这种坚持也是自我完善的过程，让自己变得更有追求。

问：涂老师，那您认为中师毕业的一批人在整个教育行业中扮演着什么样的角色？在改革开放之后又取得了哪些成就呢？您能结合您和您的同学谈一谈吗？

答：从我个人来讲，刚刚也提到了的。当坚持了3年5年、7年8年之后，有一种离不开的感觉。我19岁开始教书，那个时候教的学生比我小不了两三岁。等坚持了很多年以后，再回头来看那些学生，他们从事着各行各业，心里面就想，这个学生是我教过的，我们由衷地感觉到欣慰，因为他们都成长了，他们都曾经得到过自己的教诲。我教了上千人了，应该说教书39年快40年了，遇到有不同的学生。实际上在你的回忆当中，当然现在我还不是回忆的阶段，因为我还在从事教育工作。我觉得作为教师是很有成就感的。因为，你工作的对象和你交往的对象，都是同事、学生、家长。这种经历让你感觉挺好的。因为你每个阶段，每个时刻都有可能回忆起在你年轻的时候，在你中年的时候，甚至是在你不如意的时候，在你生病的时候，你都会回忆很多，回忆你感到很温馨的时候，这就是成就感。

不是说我有多么伟大的，我觉得我不是一个教书匠，我只是一个富有教育情怀的人。因为我现在从事的教育是需要收费的，但我实际上首先考虑的是一个孩子，这种情怀在我的工作中体现在我首先考虑的是一个孩子的成长，他的规划是不是对的，是不是对孩子有利，这就是一种情怀。先把孩子教好，考虑对他有利还是没利。当然，还有一些成就让我感觉隐隐的自豪，我教的学生中考的时候有一次有 5 个数学考满分的，这个成绩当时在整个乐山都找不到的，这就是我自豪的地方。当然，这只是一个个案，有这种情况你就能教好所有的学生吗？我们这个群体还有很多优秀的人，有去做官的，中师这个群体，绝大多数都是从底层出来的，他们有很大的韧劲，既具有智力，又具有勤奋，他们绝大多数在这个行业都做得非常棒。举个例子，在鼎盛时期这一批中等师范生里面，在学校当校长等职位的人很多，在教育局工作的人也很多，还有到教育局局长这个位置的，有很多那个时期出来的大学生都没有到这个职位。对于我们的国家来说，这个群体非常庞大。就拿乐山市来说，在当时的乐山、眉山、峨眉山都有师范学校，每年培养出来的老师至少有 300 多个。在当时的那个阶段，对我们实现义务教育做出了非常大的贡献。因为有这个群体，你才能做到有这么多师资，有这么多优秀的勤奋的人。到 2000 年左右，包括我们高中教育的发展，实际上都离不开基础教育。据我统计，我们班上当时 48 个同学，有 80% 都还在从事教育行业，现在还有人坚持在一线教学。他们毕业的时候刚好是改革开放的时候，这个时期的中等师范生几乎见证了改革开放 40 年的发展。教育发展的 70% 的力量都来自这个群体。

（涂建军，2019 年 10 月 3 日，四川省乐山市）

海南乐东的一位黎老师说，一代中师生溢满中国教育的最大正能量，是中国教育"最可爱的人"。

问：请谈谈您对中师生的认识。

答：20 世纪 80、90 年代，国家为了缓解中小学师资缺乏的问题，出台了政策，从初中毕业生选招优秀毕业生到中等师范学校给个干部身份、城镇户口，学习三年后回到乡村学校当老师。初中毕业上中师，一时成了初中毕业生最佳的选择。在乡村民办教师一个个退休后，是中师生毕业的中小学老师撑起了乡村教育的大半个天空。我是20世纪80年代的中师生，在乡村当了七八年教师，进入90年代，为了提高本人教学水平、业务水平，再考成人大学，从教育学院二年级毕业后，又回到乡村附中小学当老师。我算是赶得上时代的潮流，与时俱进。进入21世纪，评职称、发工资时，中师生其学历依然是中专！待遇差，工资低。很多人都为了提高待遇再读成人大学获得大专文凭。这全是历史发展造就的。现在很多20世纪80、90年代的中师生都成了国家的栋梁。

问：您做老师的收获有哪些？

答：我1988师范毕业后在乡村教书5年，为了提高教学水平和业务水平，1993年读成人大学。毕业后，一直在乡村附中小学工作。原来教初中，后来农村附中都砍掉了，就从事小学语文教学。我从事教学几十年，收获很多很多。这么多年，教了这么多学生，他们都陆续进入社会，成了对祖国有用的人才，这也是我一种事业上的成功。想到这么多的学生，让自己感到欣慰。桃李真的满天下，成就感满满。虽然辛苦自己，但为了传播文化，值得！在教育学生的同时，也收获了自己的价值，收获了很多社会人际资源，还有养家糊口的工资。

问：谈谈您对改革开放以来中师教育的成就。

答：中师生，要学很多科目，语文、数学、历史、地理、物理、化学、生物、音乐、美术、体育学，除了英语其他主要科目都要学，而且样样都要过关，都要能教。每个中师生身上都透发出那种朴实、勤奋、本分的品质、品性。改革开放40多年以来，我国教育事业发展十分迅速。中师生素质高，一直是教学骨干，一直挑大梁。20世纪70、80年代中师生，是教师中的强势群体。很多都当了校长、副校长、教导主任和骨干教师，培养了一代又一代的人才。改革开放以来，祖国大地各处都有中师生，中师生是一个庞大的教师群体，也是教师群体的中坚力量，是支撑基层教育大厦的栋梁。我国现在人才济济，都离不开一代中师生的血汗和辛勤付出。一代中师生，溢满中国教育的最大正能量，这就是中国教育最可爱的人。

（曾育强，2019年10月6日，海南省乐东黎族自治县）

四川邛崃的一位蔡老师说，中师生是中国基础教育的主力军，支撑起了义务教育的半边天，很多中师生都已发展成中小学学校的业务能手、教育精英及学校各层领导，是学校绝对的中流砥柱。

问：蔡老师，您结合自己的经历，谈谈改革开放，中师生对我国教育基础的贡献吗？

答：中师生是中国基础教育的主力军，支撑起了义务教育的半边天。以四川省邛崃市为例：64万人中小学初中教师就有40316人，中师生占比80%以上，绝大多数学校仅在2000年后陆续新进一批大学生。高中学校，也有近20%教师为中师生。也就是说，即使现在，在邛崃市的九年制义务教育学校中，中师生依然是教育的绝对主力。没有中师生，也就没有中国教育的崛起，没有今天的中国教育，中国也没有明天。九年制义务教育学校的领导校长、教导主任等其中也有大部分是中师生毕业，他们也是在教育工作的实践中成长起来的。还在工作的中师生几乎95%以上的教师都在工作中通过自考、函授等学习方式，取得了专科、本科学历。[注：邛崃市师范学校（中师）于2002年撤销，即2002年后全市不再培养中师生。]

问：请您谈谈中师生的现状。

答：很多都已发展成小学、初中学校的业务能手、教育精英、甚至学校各层领导,是学校绝对的中流砥柱。文凭提升,中师生文凭并非他们终生的身份,他们仍在根据时代发展的需要提升自己。老一辈的中师生已经退休或逐渐到了退休的年龄,我市最后一批中师生2002年毕业的也已经36、37岁,再过20年,昔日的中师生即将退出教育讲台,退出教育的历史舞台。中师生是当年从初中学生中选拔出的最优秀者,佼佼者,他们经过师范学校的系统在书法、音乐、绘画、教学方面的学习,往往实力强劲,甚至超越当下很多二本院校师范生。

(蔡成祥,2019年10月19日,四川省邛崃市)

一位芦老师评价起中师生群体时说"那个时候我们就是农村中小学教育的奠基人"。

问:您是因为什么原因才选择当一名中师生的呢?

答:因为那个时候我在我们初中的班上成绩很好,但是家里穷,当中师生可以解决当时的就业问题,不再当个农民,还可以有个铁饭碗。那个时候考上中师生就是一个很骄傲的事情,当时我和家里的人都很高兴。

问:您当时读中师的学校环境怎么样呢?有什么优惠政策呢?工作有保障吗?

答:因为当时国家也还在发展中,所以当时学校的环境自然是没法跟现在比,不过比起面朝黄土背朝天的农村要好得多。那个时候只要去读中师生国家就给我们转城市户口,而且那个时候的工作都是铁饭碗,不像现在要自己去找。而且我们读中师生那个时候,国家是给我们免了学费的,还有一些生活补助。

问:看来当时您去读中师生是一个偶然和必然的结果,也是顺应了时代吗?

答：是的，的确是这样。

问：那您读中师毕业后经历过一些特殊的阶段吗？

答：我刚毕业那会儿，年纪还很小，身边有很多跟我一样是读了中师生就出来教书的同龄人，那个时候我们就是农村中小学教育的奠基人。但是后来随着国家教育水平越来越高，我们中师生的身份也越来越比不上大学生、研究生、博士生，现在我们的这些乡村小学都更愿意要高学历的老师。自从2000年以来，中师教育基本上就不再发展了，到现在中师生也很少了。

（芦珍，2019年10月19日，网络访谈）

伍老师将中师生视作"教育金字塔塔底的基石"，是"支撑农村基础教育大厦的栋梁"。

问：伍老师，能跟我们分享一下您当年读中师的经历吗？

答：我当年考上中师的时候，才刚刚15岁。那时候能上师范的，都是学校里名列前茅的学生。我读的初中在乡镇上，大家的条件都不太好，都希望通过学习能改变自己的命运。当年我们那一届有3个班，大概200人，我通常都考前三。家里人都希望我能考上中师，我自己也这么想。填报志愿的时候我毫不犹豫地选择了中师。考上的那天晚上，我激动得一晚上都睡不着。一纸通知书，我从此成为国家的人，端国家的碗，吃国家的饭，再不用面朝黄土背朝天。读师范是真的好！首先是家里不用花太多的钱。学校按月发给每个学生饭票、面票和菜票，若打紧安排，若能忍嘴，靠学校发的"三票"，基本能解决"吃"的问题；住的是大寝室，上下床，免费。也不用多向父母伸手，增添父母的负担。其次是师范校没有升学的压力。文化课的要求不高，但必须能歌善舞，多才多艺。师范校要学文选、数学、政治、历史、物理、化学、地理、生物、体育、音乐、美术、教育学、心理学、小学语文教材教法、小学数学教材教法……凡是学的，样样都是主科，样样都得考试，样样都能教学。当年考上中师的，都是顶尖的学习高手，学文化课是高手，学艺体也一样是高手。经过三年的学习，我毕业以后被安排在乡镇上的小学教初中。我们那时候中师毕业以后，短时间内是不允许考大学、转行和从政的。我在那所小学教了十来年，后来自考了大专文凭，才到县城教初中。

问：请问您对中师教育这段历史是怎么看的呢？

答：20世纪80、90年代，中等师范学校承担了培养基础教育师资的艰巨任务，学校招收优秀的初中毕业生，为基础教育培养出了一批优秀的小学教师。可以毫不夸张地说，中师生是教育金字塔塔底的"基石"，也是支撑农村基础教育大厦的"栋梁"。中师教育是特定历史阶段的产物，尽管它可能使我们失去了一些机会，但是它对国家的发展来说，确实发挥了巨大的作用。我们应当全面地看待它。我们清楚，当代教育背景下，用当年的中师文凭，比对现在中专文凭，是对中师生的不公平！其实，我们并不是没有上大学的机会。以当年中考时的成绩来说，我们这些中师生甚至有上重点大学的潜力。只是那个时候，在农村里的家庭条件都不太好，对于前途未定的大学，读三年就包分配的中师学校，显然吸引力更大。这是历史的需要，更是我们自己的选择。事实上，也不是所有的中师生都选择让自己的学习生涯在此戛然而止。很多的同学都选择了，边工作边学习。我有一个同学，就是中师毕业以后当了老师，后来响应国家号召就下海了，现在他在深圳已经有一家公司了。所以，我认为无论何时，努力都是非常重要的。

问：您对于上中等师范学校这件事后悔过吗？

答：我从来没有后悔过，我为自己是一名中师生感到骄傲。那个年代，能上中师是一种荣耀，只有优秀的初中毕业生才有机会上中师。后来，我当了小学教师，看着孩子们渴望知识的眼睛，我更加坚信自己的选择并没有错。

问：您为没有经历过高考和上过大学而感到遗憾吗？

答：肯定是会有遗憾的。但是如果再来一次，我应该还是会选择读中师的。那个时候，农民家都比较穷，有的时候学期都要结束了，还有的学生交不起学费。去读中师，学费全免，还有补贴，毕业就当老师，农村人哪能不心动呢？

（伍勇，2019年10月14日，网络访谈）

四川营山的一位陈老师认为，中师生的责任心普遍很强，教学质量较高。

问：您当时是在哪里读的中师？

答：我就读于南充营山师范学校。

问：您当初为什么会做出当中师生的决定？

答：当时自己还小，也不懂什么，迫于父母的压力，认为有个铁饭碗，工作较稳定，所以选择了师范院校。

问：您是以怎样的成绩进入的当时的中师学校？

答：由于我当时是教师子女，因此比其他学生低了10分录取，具体分数记不清楚了，大概是580多分。

问：您知道自己考上中师生时的感受是怎样的？

答：当时知道自己考上了，很开心，很激动，因为那时应届毕业生考上师范校的非常少，而我是其中之一。

问：您刚开始进入中师生的学校有什么感受，和自己想象的学校有什么不同？

答：刚进入学校有着不同的意义与感受，面对新的事物，感到新鲜而又陌生，在心中下定决心，要加倍努力。

问：当时您一届的中师同学现在怎么样呢？（继续深造还是再创业）

答：当时和我一届的中师生大都在教育岗位上。

问：当时和您一届读书而没有进入中师的同学现在怎么样呢？

答：当时和我一届没有读师范的同学现在大都在做生意，当老板。

问：您中师毕业后有没有再继续深造呢？

答：中师生毕业后都是一边教书一边拿文凭，到现在大多数是本科文凭，少数专科，大都读的函授学院。

问：您认为当时的中师生和现在的教师有什么不同呢？

答：当时的中师生和现在的教师要因人而论。但总的来说，中师生普遍责任心强，教学质量较高，而新教师虽文凭高，讲课也行，但课堂管理不行，没能很好把握住学生的心理。

问：对于当初去读中师您有没有后悔过？曾想过放弃吗？

答：说心里话，有时后悔过，有时也想过放弃，但放弃后我们又能做什么呢，所以一直没有鼓起勇气。

问：您在教育职业生涯中有难忘的经历吗？

答：教学生涯中，难忘的经历太多，有一批又优秀又听话的学生让我感到难忘，也有一些调皮捣蛋的学生让我今生难忘，翻学校院墙，打游戏，打架的那些等。

问：您有没有和您的子女讲起过您中师生的故事？若有，他们是什么反应？

答：我女儿从小就一直跟在我身边，在学校里长大，虽然我没对她说这些事，但学校发生的事她都知道。她认为我对学生比对她好，所以她从小就立志以后决不当教师。

问：如果让您再次选择的话，还会选择做老师吗？

答：让我再次选择，我也许还会选择教师，其实有时想来乐趣也蛮多的。

（陈琳琳，2019年10月19日，四川省南充市营山县）

钟老师回忆起中师毕业几十年的教学生活感慨道，个人的爱好应该让位于国家的需求，她把中师生的工作当成了一种时代的使命。

问：请问钟老师，当时的中国为什么会有中师生？

答：在20世纪80、90年代，中国的小学教师绝大多数是代课教师、民办教师，在小学教师队伍中是正规师范生毕业的很少，就连拿到普通高中文凭的教师都很少（有高中文凭的老师连初中高中都不够用），还有一部分老师是接父母的班进入到教师队伍中来的。小学教师的待遇非常低，实在没有其他门路的人不得已才会到小学当一名代课教师。教师的业务知识和能力水平很大程度上限制了中小学教育的发展，为解决这一师资问题，我们国家专门培养小学教师的中等师范学校就诞生了。

问：您当时为什么选择当中师生？

答：原因有几个：一是家庭原因（这是最主要的原因）。父亲早逝，家里母亲一人抚养三个孩子特别困难，上顿饥，下顿饿，生活条件特别艰苦。读书期间国家按月给予生活补贴，只要自己节约点，家里基本不用贴生活费，可以大大减轻家庭负担。当时读中师是要包分配的，毕业了会由政府分配到一个偏远的农村学校成为一名正式教师，每月能领到几十元钱的工资，能帮家里解决很大的问题。而且，当时有一份正式工作，在组建家庭上也有一定的优势。二是意识状态。当时社会信息封闭，没有网络，没有电视，没有手机，能够偶尔听收音机已经是很了不得的事了（收音机里也了解不到过多的外面的信息），根本不知道读书有多少条路可以走。初中学校也只宣传考中师中专，中专生收分高，出来有的进政府进企业工作，但怕读了中专出来政府或企业里没关系找不到工作。为了稳当些就只报了中师，甚至连高中都没报，根本没想过去读高中考个大学什么的，甚至有部分人根本不知道读完高中可以考大学，可以学习除了师范外的很多专业。

问：中师生平时学习的内容是什么？

答：我们读中师时学习的课程有文选、语基、数学、政治、物理、化学、音乐、体育、美术，选修课程有音乐、体育、美术、信息技术、摄影、书法等课程。必修课程和普高差不多，但比普高稍微简单些，选修课程基本就是自己工作后的艺体任教学科了。

问：您选择成为中师生对您和家庭有什么影响？

答：我选择成为中师生，最后成了一名农村小学教师，可能终生都是一名农村小学教师。对我的影响是，在参加工作时一定程度上解决了自己和家庭的温饱问题，把母亲和家人从困难中解救了出来。中师生也基本上确定了自己人生的定位，就是做一名扎根农村教育的教育工作者，要想做出改变，希望渺茫。身边的中师同学能够转变身份，做出较大成就的基本上没有。试想，如果当时家庭条件好点，自己的信息来源广泛点，以当时自己作为初中应届生的第一名去读高中，应该能考上一个很好的大学，那自己的平台将是完全的不一样。

问：如果再有一次中师生的选择机会，您会如何选择？为什么？

答：如果再给我一次选择的机会，我会更加审慎。如果家庭条件允许，我会选择读高中，进而考取自己理想的大学，学习自己喜欢的专业。比如我喜欢唱歌，我也许会选择一所艺术院校，成为一名专业歌手，或许开了自己的演唱会，或许拿着吉他游走在街头巷尾，干自己喜欢的事情，过自己喜欢的生活。当然，如果在我选择时，我们的小学教育还是20世纪80、90年代的师资状况，以我这么多年从事农村小学教育工作，看着中国小学教育在我们这一代中师生的努力下发生的翻天覆地的变化，或许，我还会抛弃我的喜好，再次加入农村小学教育行列，背负起时代的使命。毕竟，时代的使命大于自己的爱好，有多少人何尝不是跟着时代的步伐，舍小家，顾大家，奋战在祖国最需要的地方呢？

（钟志凌，2019年10月13日，网络访谈）

蒋老师回忆说，走上了读中师教小学这条路，就必须"一心一意地扑在学生身上，扑在教育上"。

问：您当时是在什么样的情况下选择去当中师生的呢？

答：第一个是因为当时的家庭条件比较差，我们家庭条件也比较困难，选择这个也是一个比较好的选择。第二个是因为中师生的待遇比较好，生活有补贴，很快参加工作，算得上是吃公粮。加上那个时候大环境就是这个样子，好多人都很想去。

问：那您现在的生活状况如何（在待遇方面），中师生的经历给您此后的生活有什么不好的影响吗？

答：现在的退休金和各种补贴加起来大概每个月有三四千，还是能勉强满足生活。但是和当时的那些比，我是差一点的，和去考了大学的同学相比，我的待遇确实还是不算好，还有当时在职的时候，因为我们这样的中专生，并没有大学本科文凭，所以在评定职称的时候还是吃了不少的亏。

问：您当时教书的工作情况和环境怎么样呢？那您教了这么多年的书，有什么印象深刻的吗？

答：我是20世纪80年代的中师生，那个时候读了三年都顺利毕业了，大家分开的时候还有的舍不得。根据县教育局大致安排，也有的找人帮忙分好一点的地方，但很多同学都没有找人帮忙，多数都分回原籍，有的到中学，有的到小学，刚开始都有干劲，想干点事业出来。回顾这么多年来，我最大的快乐就是学生，我最大的收获就是学生。我从没有考虑要拿多少钱和荣誉。如果考虑收入这些，就有烦恼。而考虑学生，你就会拥有无限的激情和成就感。只想让他们都有出息、有本事，其他的都没想那么多。真的是走这条路，都一心一意扑倒教育上和学生身上。其实我还是幸运的，那些没有当老师去考高中的学生后头工作压力和竞争肯定比我大，所以也是有好有坏。

问：您选择了中师，后来后悔吗？

答：说后悔也谈不上，不后悔。因为生活也过得去，没什么好抱怨的。再说，教了很多学生，他们都很不错。有很多孩子，现在都会来看看我。这个也是一个宝贵的人生财富。

问：那如果当时您没有选择去当中师生，您可能会选择做什么呢？

答：如果当时没有去的话，应该可能会选择继续去读高中吧，然后，上大学。当然那个是不一定的。以后可能会是一个大学老师、公务员，或者其他的职业。这些也都很好的吧，也不用吃这么多亏了，还是比较遗憾的。

（蒋德政，2019年10月9日，网络访谈）

一位何老师认为，中师生都是很负责的，在教育学生方面"真的是非常优秀"，也很爱国。

问：根据我的了解，当时能够成为中师生的你们都是非常优秀的，您为什么要选择成为中师生而不是继续在校学习呢？

答：主要还是跟我自身以及我的家庭有关。我们家有三兄弟，还有两个妹妹，我是老大。家里没有那个经济条件送我们几个人念书，我们要么出去打工，要么留下来当农民。我当时成绩也不是很好，在班上还是排前几名，我也不想出去打工，也不想当农民，当时又听到说读中师还是可以去教书，所以说我就选择了去当这个中师生。

问：您选择当中师生主要是自身原因和家庭经济原因对吗？

答：对，差不多就是这个样子。

问：你们当时在中师都学些什么呢？

答：我们当时学的就很多了，比如说语文、数学、思品、音乐、美术、体育都要学，记得当时教你的时候就是什么都是我教，还教你们唱过歌的。

问：是的，您当时不仅教我们文化课，还有一些艺体课，教我们画画唱歌，还有打篮球。

问：那你们当时学习压力大吗？

答：当时的学习压力还是很大，当时身边的同学都很优秀，差不多每个人都是尖子生，压力很大，就跟你们现在高考压力差不多。

问：那您在学习的过程中有没有什么比较难忘的经历呢，可不可以分享一下。

答：难忘的经历，我记得有一次上音乐课，我唱歌不好听，就觉得很尴尬。

问：那您对当时的这个中师生群体有什么看法呢？

答：我觉得这个群体的每一个人都是很优秀的，每一个人都是很爱国的，然后就是每个人都是很负责任的，在教育学生方面真的还是优秀的。

问：我也这么觉得，我觉得您当时真的很优秀，那当时社会上的人们对中师生这一群体有什么看法呢？

答：我们出来过后就是直接当老师了，我们当时是在农村当老师，大家对我们还是很尊敬的，在大家眼里我们还是一群很了不起的人。但是到了后来，慢慢地中师生群体，就是我们这个群体，就不再受到社会和人们的关注与重视了。到了后面学校对老师的要求也就越来越高了，我们这个群体是没有你们现在说的教师资格证的,所以到了后面我们这个群体也就慢慢地被人遗忘了。

问:这听起来确实有点惋惜。我想问一下您去当中师生对您后来的生活有什么影响吗?

答:感觉没有什么影响,就是到了后面就会有一种失落感,其实对于我当时来说,当中师生对我来说还是圆了我想就业的梦想。

问:那在家庭方面对您有没有什么影响呢?

答:家庭方面,也没有什么很大的影响,可能就是家庭经济方面会有一些影响,因为我们出来教书的时候工资真的不高,养家糊口还是比较困难的。

问:那您的家人对中师生这个群体有什么看法呢?

答:我的家人对中师生这个群体也没有什么看法,还是觉得我们还是很优秀的一个群体。

问:对于中师生那么早出来就业,您后悔过吗?或者有想要放弃的念头吗?

答:没有后悔过,也没有想过放弃。中间有些日子确实很难熬,但是我很自豪我是中师生。换个时代来说,我们不比现在的重点大学的学生差,我们只是出生的时代不一样。

(何孟,2019年10月7日,网络访谈)

四川的一位钟老师说,反正都是为国家做事,当了中师生从不后悔。

问:在您看来,或者说在你们那时候"中师生"这个词是什么意思?

答:那些国家政策文件讲得太复杂了,我就讲讲我自己怎么理解的吧。"中师生"就是初中毕业之后,读师范三年,然后出来做老师。

问：那这个中师生的政策当初是在什么情况下出来的呢？您有没有大致了解过？

答：那时候和现在的就很不一样了。我1971年的，也算是好命的了。家里本来还想着我要怎么偷偷读书，总不可能那么小个孩子就当农民。改革开放之前的10多年，我们中国在教育上落后太多了，可能国家也意识到，就有了这些政策，大概是20世纪的1978年、1980年左右的事。

问：那您当年是怎么想到要去当中师生的呢？

答：老实说，也不是自己有多伟大的理想，最开始也没想说什么教书育人那么厉害。我爸妈就经常和我说"国家远高于个人"的，毕竟他们那个年代，经历过大大小小那么多战争，爱国刻在骨子里的。就是国家有这个政策，国家有需要了，你个人能做到的都尽量去做。

问：那其实就是爱国精神的使然。您后悔当初听了爸妈的话去读中师吗？

答：不后悔。以前年轻的时候也有想过这种问题，明明还可以再多读两年书，当个书生轻轻松松的，怎么那么年轻就工作呢？"值不值得"这四个字我常常问自己，也问别人。其实现在回想起来，也只是每个年轻人都会有迷茫期而已，就算不当中师生也会有的。反正是为国家做事，我不后悔当中师生。

问：讲得太好了！那老师您初中的学习成绩怎么样？因为很多人对中师生都会感觉听着是中专，有成绩就不太好的感觉。

答：其实这真的是个误解。我们学历是中专，可是我初中的成绩在班级和年级都称得上数一数二的。而且我们那时候基本每个中师生都是成绩优异的，继续读高中是能上市重点，考大学也很正常的。你们现在的中专生很多都是读不上高中才去的，我们是为了响应国家政策，放弃了继续升学的。

问：那您刚刚也有说到学历问题，中师生的学历也就是中专，这个学历放到现在来说，基本就是比较低的，对您的教学生涯有没有什么影响？

答：其实前几年影响还挺大的。我出来工作了大概十几年，中师生政策就没了，慢慢地本科生、研究生满大街都是了。我们学校在市里也就算是中等学校，现在招人都是研究生起步的。不过，我们这些中师生教了那么多年书了，比起刚出来的大学生，还是有点经验的。学校理解我们，也不会说辞退我们，我们也理解学校要提高教师学历要求，很多中师生老师都退居二线，基本是管理层，很少在一线教书了。

问：您教书30年了，您对现代教育事业有什么看法？

答：老师就是传道授业解惑也。十年树木，百年树人。现代教育事业的话，就是希望大学生们除了掌握书本知识，更多要掌握职业技能，最基本的就是以身作则，做个正直的人。

（钟艳萍，2019年10月6日，网络访谈）

时至今日，全国已经拥有师范类大学100多所，每年有60多万师范类大学生毕业，高等师范教育已经成长起来替代了中等师范教育所发挥的作用，再也不会出现"教师荒"了。从一个方面讲今日取得的成绩是在过去中师生群体努力奋斗的基础上取得的。因此，对于特定历史条件下中师生群体与农村基础教育的关系，有几点需要明确。

第一，中师生有一片爱国爱家的赤诚之心。时代选择了他们，他们也没有辜负时代，一心扑在教育上。以他们的资质和勤奋，如果选择其他的行业，大概率会取得令人瞩目的成就，然而他们还是义无反顾地选择了农村中小学教师这条路。这是他们对社会主义教育事业真实的情，也是对社会主义祖国诚挚的爱。

第二，中师生心甘情愿为农村基础教育付出了最美好的年华。中师生毕业时一般在18岁左右。这个年龄阶段的青年接受能力强，对时代敏感，在那个改革开放如火如荼展开的年代充满着无数的可能性。然而，他们却在此时进入乡村，基本上与城市发展切断了联系，失去了特定时代和年龄阶段赋予人生发展的各种可能性。他们当中的多数人领着微薄的工资，默默无闻地工作到老。

第三，中师生是长期在极其简陋的环境中开展教学工作的。在当事人的回忆中，"偏僻""山区""简陋""荒凉"是频繁出现的词汇，教学环境和教学条件之简陋超出了许多人的想象。当时的国家处在特定的发展时期，各地方政府财力有限，校舍、设备、教具常常无力添修，有时连教师的微薄工资都无法保证。在这种条件下，农村教育不至于"坍塌"，可恃者唯有中师生的过硬本领、奉献精神与爱心。

第四，中师生为国家的腾飞、民族的复兴铺好了一条平整扎实的人才成长之路。他们为农村孩子带去了新的知识文化、思维方式和新的眼界，为原野山乡的孩子改变自身命运提供了可能性。接受教育的农村孩子们在过去的几十年里人才辈出，屡创奇迹，为国家的各行各业作出了巨大贡献。可以说，中师生为乡村振兴奠定了良好的基础，也为中华民族的伟大复兴培养了一大批基础扎实、坚守本心的人才。

第六章　中师生入职乡村学校后的日常生活

中师生毕业后通常回到乡村从事教育工作，教师身份的获得使他们戴上"人类灵魂工程师"的光环。不过，中师生也是社会中的一员，原本就来自农村，因此，他们的生活也会伴随着改革开放的推进而发生变化。那么，"农村（中）小学教师"身份下中师生的吃、穿、住、行、用等日常生活状况是怎么样的？在社会转型变迁的时代浪潮中，中师生又是如何在农村基础教育阵地上坚守的呢？

一、饮食起居

四川的一位何老师对入职乡村后的生活印象最深刻的，说是"在村上一天三顿饭都要自己煮"。

以前中师生，要在乡下村上教，我出来一直在教初中，在中师读书的时候，当时感觉自己物理化学学得比较好。当时就有点害怕到村上教书，在寺庙里面教书。你可能不知道，那时的学校是以前的寺庙，后面又建成学校，在山顶上建一个学校，学生放假了，村上的两个老师就在里面守着，条件艰苦。

我读中师的时候，由于初中教物理化学的老师在全县都有点名气，我们又学得比较好，所以说在读中师的时候自己就有理想将来要去教小学，这是当时年轻时候的想法。读书的时候学物理和化学的时候比其他科目要认真一些。我当年读书的时候缺老师，就是一个专科老师就可以教中师，现在就根本不行，本科生都可能不行。那个时候有个老师要去进修本科，我当时就给他代课，给中师生上课，就培养自己，所以说后面我中师毕业我实习就是教初中的物理化学，所以说出来我就顺理成章的教了化学。

我们当时中师生出来，一年就转正，第一年出来的工资是29.5元，那个时间在盐亭教书有两元钱的额外补贴，实际领到的工资是31.5元，后来转正过后额外补贴就涨成5元了，工资36.5元，总共就41.5元了。我们出来有很多同学在村上教，很艰苦，就是我说的在庙子里面教，离那些农家户非常远，一个人在那儿蹲守，当时还有些当地民办老师就回家了，公办的老师就一个人在那儿守庙子。他们的工资和我们的工资是一样的，乡上和村上的工资是一样的，条件非常艰苦，日子很难过，要自己煮饭。我们在乡上有专门的厨师给老师煮饭还好些，在村上一天三顿饭都要自己煮。

民办老师相对于公办老师来说工资要低一些，有补贴没有工资，因为他们也分了土地的，要回家种地，所以大体只有我们工资的一半。在村上教书的中师生一天三顿都要自己挑水自己煮饭。那时候粮食都是供应的，还要自己翻山越岭去买，那个时候要大的公社才有粮站，小的公社没有，自己买粮背到学校去然后煮饭。那时候肉也是供应的，村上没有供应肉，要到公社买，所以他们是很痛苦的。有些才去的同学还哭鼻子，还有自己煮饭都不会的。

那时候是买粮用粮票，买肉用肉票，买油用油票，买布用布票，全是国家供应，价格比现在便宜得多。肉是七角钱一斤，油也是七角钱一斤，米是一角三分八厘钱一斤，非常便宜。但是那时的工资也非常低，普通教师是供应二十七斤粮食一个月，一天九两粮，一斤都没有，像我们才出来供应的粮食根本吃不饱。

（何小川，2019年11月4日，网络访谈）

四川广安的一位徐老师回忆说，当时在乡村工作"生活非常辛苦，是不怎么见得到肉的"，"有时候连油都没有"。

我大概是恢复高考之后第三年进的中师。1977年恢复高考，1979年初中毕业读的中师。初中毕业，当时我们小学是读了5年，初中读了2年，中师读了3年。我们参加工作前，读了10年书。

我们当时还有个特点是，那时小学最开始国家的教育和现在有些不一样。现在很规范，都是秋季招生，我们小学的那个时候是春季招生，秋季毕业，反着来的。所以，我们小学毕业就相当于到另一个学校又读了半年然后才赶上。后面的改革就规范为秋季招生，就相当于小学读了5年半。

那么，中师我们初中毕业之后，先预选的，选我们先上线的去考。那个时候是民办初中，我们当时在公办初中里面，公办初中大概是五六个班，民办还有三个班，中师跟中专基本都一个录取线。我记得当时中专好像还多几分。当时我们学校考起去的人比较少，不像现在，那个时候还有很多人考不起高中的，读不成高中，初中毕业就不读了。我们小学毕业，升学到初中还要考，还有人当时还读不起初中。

中师读3年，师范学校在南部，我们老家在广安。从广安到南部以前交通没有那么发达，需要走两天才到。我们从广安站要先到南充，才能到南部县去，我们那儿到南部县也并不远，以前的路我们到广安要二十多公里，广安到南充八十多公里，南充到南部九十多公里。以现在的交通的话，也就两三个小时就到了。当时交通是很不方便的。我记得以前我回家都是坐客车，就是那种加班车，尤其是放寒假的时候，放寒假的时候比较冷，那个客车会搭棚，然后吊在那个支棚的吊杆上面。

学校生活比较单调。我们当时有比我还小半岁的，但是也有比我大的，当时可能有比我大八九岁的，也就是说当时他们读中师的时候大概就二十五六了。

我们读书时还是比较单纯的,我们学校当时还有农场,到农场可能要走五六里路。每年要种油菜和红麻,红麻就是一种麻,可以拿来制作为绳子。种红麻是最麻烦的,种油菜就还好,因为5月份就收了,种红麻的话会在下半年收,大概在9月份,9月份收的时候就捆成捆,然后就沉在水里面,把它面上的表皮泡烂之后再把里面的拿出来,拿出来之后把它搓成麻,拿来卖钱。我们就给老师说,老师就给校长说。我们当时那个校长是一个非常廉洁的校长,当时我们就问他"我们老师跟同学很辛苦,要去劳动,那么劳动有没有补贴",他说"怎么可能有补贴,这个每一分钱都全部用在学校里了"。

当时的生活可以说非常辛苦,是不怎么见得到肉的,一般都是煮南瓜汤,连油都没有。我记得我们去实习的时候,到南部县实习,那些学生还有穿补丁的衣服,生活很差,他们会带饭来学校,直接热了吃。我们学校当时还面临住房改造,我们还要去两三里路远的河坝那边背鹅卵石拿来铺地面,每个班要划一个地面,那个地面是三合土,要先垫石头再倒水泥。那个时候水泥用得比较少,可能主要是因为当时那种生产力比较落后。现在已经距离我们当时40年了。

那么到了后面,建校也是38年了,所以说,劳动生多。当时我们那个校长,据老师们说,他要求学生响应毛主席的号召勤工俭学。修操场后来也是去背过鹅卵石的。修学校,那天我们看到学校修了几栋楼起来,我们那天去,那栋教学楼还没拆,当时我们感觉那个教学楼好大,现在看到那个教学楼好小,跟我们江源中学的教学楼比,起码小了三分之二。

(徐文明,2019年10月13日,四川省广安市)

四川剑阁的一位蒲老师回忆说,当时学校连电也没有,只有用煤油灯照着煮饭和备课。他还谈到心理问题,说学生放学回家后自己"觉得很孤单"。

问：请问您对"中师生"这个概念是怎么理解的呢？

答：当时的中师生就是一种短、平、快的职业，培养的主要是教师，用以满足当时师资的缺乏。国家包分配，吃财政饭。

问：那您能给我们讲一下您从事教育事业中难忘的事情吗？

答：那个时代缺少教师，我们就成了主力军，文化程度在当时是佼佼者。很多民办教师都羡慕我们。学校领导也很器重。再差的学生，在我们手中教出来的成绩在全乡镇都是数一数二的。而那个时代，学校条件差，没有泥碎路，更没有水泥路，到学校都是步行，走一两个钟头。

问：那时很艰苦，您现在后悔当时的从教选择吗？

答：最难忘的就是艰辛了。我是高观乡第一个教复式班的老师，教小学一、三年级，一堂课45分钟要分成两半，一半时间教一年级，另一半时间要教三年级，轮换时就布置作业。两个年级的所有课程都是我一个人教。学校没有电灯，晚上照煤油灯煮饭和备教案。有时不放假，学生回家后就剩我一人在校，觉得很孤单。记得有一次星期天不放假，晚上吹大风，呼啦啦的烈风把四壁吹得啪啪作响。昏暗的煤油灯经不住风，吹灭掉了，煮完饭吃后，觉得很冷，就把灶内的火刨出来暖身，实在难以入睡，没有电视、手机，无聊中就把一瓶酒拿出来倒入茶杯中自酌自饮。

问：那个时候条件艰苦，你们为祖国教育事业付出了太多了。那您曾想过自己当初不选择当老师的话，现在会是什么样的生活吗？

答：我觉得我虽被时代遗弃，但我没有辜负了学生，也算值得。如果我当时没选择教书，我一定比现在生活得更好。

问：当年的老师辜负了太多了。假如让您重新选择，您当时还会放弃自己的学业，而选择教书育人吗？

答：是当时的环境，我依然会选择教书。

问：为什么呢？

答：因为那个时代的民办教师业务能力不高，农村太缺教师啊。

问：那您觉得当时的从教经历对您现在的影响有哪些呢，各方面的都可以。

答：影响最大的是我从1986年教书，到现在任村党支部书记，工作30余年，其他同学都成了公职人员，而我还是一个地地道道的农民。

问：对您的职业造成了影响，但是从您的谈吐来看，还是能感觉到知识分子的不凡。

答：农民也并不低贱，只是我老了，仍然未解决后顾之忧，要自己购买养老保险。唯一觉得自慰的是我一生很充实，对得起党和我热爱的祖国及人民。

（蒲雪林，2019年10月16日，四川省广元市剑阁县）

四川通江的一位王老师说起在农村小学的生活时说，村小的生活条件非常糟糕，就算吃水也要从5公里外的地方提回来，下雨天只能接屋檐水喝。

问：王老师您好，请您介绍一下您的基本情况。

答：你好，我是巴中市通江县民胜小学教师。1995年参加工作，工龄24年了，我现在教的是小学理科类，基本都教过，教过科学、数学。

问：请问您当初为什么要选择当中师生？

答：我们当年因为农村孩子条件非常差，找一个工作不容易，就想考个铁饭碗专业，好解决家里的经济问题，也就是考一个国家工作人员，所以，就把师范学校作为自己的首选。

问：请问您毕业后的工作情况怎样？

答：我们毕业以后，我们是属于师资专业，农村教师比较缺乏。按照国家的政策，分配回自己家乡通江的村小，然后这所学校在几年之后就被拆了,我就被调到了现在的民胜小学,一直工作到现在。

问:可以请您描述一下当时的环境条件吗?

答:我被分在杨柏的一个村小里面,这个村小不是很偏僻,距我们这边的中区不远,但是条件也非常糟糕。第一,房子是瓦房,下雨是会漏水,桌椅板凳也非常破旧。第二,教室的地面凹凸不平,要自己动手翻瓦平地,我还翻到过骨头,当时立旗杆也是比较艰苦的。第三,生活条件艰苦。当时吃水需要到距离学校5公里处用手提回来,下大雨时就基本没水吃,就接屋檐水吃。当时没钱买菜,就吃清水面,有点油盐就不错了。

问:请问现在学校条件有什么变化吗?

答:总体来说现在的教学环境改变是比较大的。我当年教学写字用的粉笔需要自己用火烧了才能在木黑板上写得清楚,木黑板要用墨汁染了才能写。现在我们用电子白板方便多了,吃住这方面与之前相比较是大大提高了,学生的用品改善了,以前的泥操场变成了塑胶场,体育用具也很多了,还有老师的工作环境、生活环境以及待遇都有了明显的改善。

问:您对教师这个工作满意吗?

答:刚参加工作的时候,对自己的工作十分不满意,一点儿也不喜欢这个职业。但是,工作几十年过后,通过比较我发现就现在的所有的行业里面,我认为最好的职业就是教师。

问:您怎么看待中师这个职业的呢?

答:老师这个职业很伟大。能够通过合理的方式教育孩子,看到他们点点滴滴的变化,而且当老师的作息时间规律一点,生活虽然清贫,但是我们面向的孩子,不会像其他职业要面临思想复杂的人群。当老师就是要教好书,当了几十年老师之后,虽然有时候学生不怎么记得我的名字,但还是很有幸福感的。

问:在教学过程中您有没有印象比较深刻的事情?

答：有些学生在上课过程中很认真，当我在黑板上写错了什么他就会帮你指出来，有时候上课学生会积极地跟着老师来学习。有一次我在院子里改作业很疲惫的时候，有个学生走过来给我揉揉背。还有学生很体谅老师，帮我倒水的，也会收到学生们的短信问候。还有很多很多，一言难尽。

问：最后一个问题，您对当今师生关系的看法。

答：我觉得只要你善待每一个孩子，他也会尊重老师的，多给他们关心和帮助，学习上耐心讲解，他也会觉得老师非常好，所以说师生关系还是可以比较融洽的，就看老师怎么处理。

（王泽健，2019年10月13日，四川省巴中市通江县）

四川乐山的一位黄老师回忆起在山区教书的日子时说，让他记忆犹新的是："学校是靠着大山建立的，每次晚上睡觉的时候山上都会有狼叫，再加上有非常多的蚊虫，每天都会把身上咬很多的大包，条件真的很差。"

问：请问您做过中师生吗？

答：做过的，那年读高中之后，没有参与高考，与很多人一样做了中师生。

问：那您能讲一下您的中师生经历吗？

答：好。还记得当年，虽然家里的经济状况很差，但是依然坚持让我读高中，加之我的成绩在班里很好，不久我便考上了高中。在高中的时候，我一直很刻苦，读书也很认真，加上我很勤劳，在班级里已经很受老师和同学的欢迎。但是奈何我出生的那个年代，高考制度尚未恢复，导致我当年没有考大学。当时摆在我面前只有两条路，要么回家种田，要么就是去做你说的中师生。我考虑了很久，最后选择了中师生。

还记得当时，我被分到了一个十分偏僻的小学。那个小学在大山里，环境真的十分的简陋，教室破败不堪，教具也十分的稀缺，条件真的十分差。还记得当时，最让我害怕的就是晚上睡觉的时候。因为我是从外地来的老师，所以被学校安排住在学校的宿舍里。那个条件真的挺简陋的，条件十分差。到了晚上，因为学校是靠着大山建立的，每次晚上睡觉的时候山上都会有狼叫，再加上有非常多的蚊虫，每天都会把身上咬很多的大包，条件真的很差。在那边待了一个多星期，我就瘦了好几斤，上课的时候状态也不太好，加上伙食也很差。在那里去做老师的，大多数都不愿意在那里教书，但是我坚持了下来。

还记得那个年代，教育的观念真的很淡薄，很多人家就早早地让自己孩子辍学回家，帮着家里去干农活。当时看着课堂上每天减少的孩子，我真的于心不忍，不想让这些孩子失去受教育的机会。于是，那时的我就去挨家挨户的走访，了解每一个家庭的具体情况，帮助每一个孩子可以有学上，可以有书读。说实话，当时很多的家长是反对的，他们大多数都认为，读书没有什么用，用着读书的时间，还不如在家里帮家里多做些农活。于是，我当时就跟每一个家长耐心地解释，告诉他们读书到底是有什么用。对那些不想读书的孩子们，告诉他们大山外面的样子到底是什么样子的。还记得那时，我为了这件事，走了很多的山路，我的脚走得就都是血泡。当时，我还是不放弃，我依然坚持走访，在我的不懈努力下，课堂上的孩子们也越来越多了，我当时真的很欣慰。就这样在那里，我们坚持了几年，后来家里相亲，我就认识了我的那个他，就回到了我的家乡。

问：那您舍得那些孩子吗？

答：当然舍不得了。我对那些孩子的感情很深的，直到现在我都会想念那些我曾经教过的孩子们，他们是我的骄傲。

（黄菊花，2019年10月22日，四川省乐山市）

二、安贫乐道

多年以来,教师的工资待遇并不高。四川资阳的一位周老师感受到毕业后的低收入给自己带来的巨大房贷压力。不过,至今他仍然坚守在教育岗位上。

我 1999 年参加工作以来遇到很多坎坷。当时分配到城郊一所学校,觉得很不错,有寝室。可是现实改变了,2004 年在城里按揭了套房子,当时工资才 300 多元,可每月要付 900 多元房款。房贷那 5 年真的是死里逃生,可想是什么日子,每月就是想的在哪儿可以借点钱。在这种状态下就开始不安于现状了,觉得教师确实是一个"收入稳定"的职业,虽然工资不高但也非常稳定。

(周斌,2019 年 10 月 17 日,四川省资阳市)

冯老师回忆说,他刚刚开始工作时的收入"还不如乡镇上杀猪的和卖百货的",不过他并不十分在意。

问:您是怎么考起中师生的?

答:我是高中毕业考起中师生的。我高中毕业过后,我们当时还没恢复高考,我当了两年农民过后就恢复了高考,于是我就全力复习,就把高中的知识和初中的知识拿过来看。第一次高考我还差点分,当时我想考大专,第一年分从低分到高分录取我就没有录起。接着第二次考,也是同一年,我就自己对自己做了一个评估,我说我稳到走就考个中师算了,我考中师就超了很多分,考大学都考得起了。考上中师后我就在邻水读,读了两年的外语,专门学的外语，当时我就觉得外语很有趣。我就想教初中或者高中，我本来可以教高中的，后来因为种种原因，我就教了初中。教初中看到师范文凭不够我就自己又去自考，又考了个大专，大专考到四川省剧院，买起书来读就复习，自考考了几年才考完。自考过后就全力以赴干工作和建立家庭，就这样慢慢过来了。

问：您对现在的教育环境有什么看法？

答：我现在也没有去上课。但在前几年，在我上班之前，我是很崇拜我的这个职业，我觉得教书育人，是在培养下一代，培养祖国的花朵。因为都说科技要上教育事业必须要先上，因为哪行哪业都需要人才，你没有人才，你怎么可以发展呢，所以我是很喜爱我的事业。我工作的时候也是兢兢业业，全力以赴、全心全意地扑在教育事业上。我上班二十几年，在教书的时候我觉得我还是可以，我也没有说因为工资低还是高。管他工资高与低，我们干就好，我就坚持干，而且干得也是蛮好的。我就觉得，我资历还是蛮好的，教学质量、管理，我在班主任工作这一块，都得到了领导、老师、家长和同学们的认可，这一点我还是很满意、很高兴的。

当老师站在讲台上，学生们在下面看着我，你就会觉得不把课讲好都不行。传道授业，把学生教好，教书育人，要教好书就得要先教好学生怎么做人，要先学会做人才能更好地学习。我接到班主任的工作，先花5天时间把学生全部认熟，然后教他们怎样做人。教他们在学校要尊敬师长、团结同学，当个好学生；在家应该尊敬父母，当个好孩子；在社会上当个好公民。这样一来，我的学生也越来越乖，我对事业的看法就是教育事业很好，我很喜欢。

问：您当了中师生，您的地位或环境有什么变化吗？

答：肯定有变化。是中师生，那时觉得自己文凭低。不怕文凭低，只要有理想，也可干一番事业。但干事业肯定要一定文凭，文凭是一块敲门砖，所以我就坚持不懈地学习。后来我还读了大专，自己也把大专文凭也拿了。还有老师的看法是，社会上的大学，还是可以的，得到了别人的认可，只要有能力，又有文凭。光有文凭没能力，光有能力没文凭，你的晋级、提干都是不行的。我读了中师生出来，拿了大学自考文凭，去担任任课老师，当班主任，又当教研组长，其实感觉这一路走来还比较顺利，很满意的。

问：您认为中师生有什么优点、缺点？

答：我对学生这么说，要走近路的话，初中毕业就可以去考中师出来，因为当时可以考，1997年的时候都还在考中师，1997年过后就没有中师中专了，都全部纳入大专了。中师生的优点，我就说的是时间短，见效快，花爹妈的钱少。我就觉得家庭经济比较薄弱一点的，直接就先考中师中专出来，然后大了出来工作了，自己再去想办法学习。我自己是读了中师出来的，我都觉得自己文凭低了不行，还要继续上升，因为学习是无止境的，所以要继续学习。你要想上高一级的话，你必须要有文凭，优点就是时间短，见效快。我的看法就是这样。

问：中师生刚开始出来的地位和您的看法。

答：中师生刚开始出来没有地位。我那时候读中师生的时候，刚开始我考进的时候我觉得还没有当医生好。我就觉得没有地位，没有钱，受人瞧不起，地位差，还没有那些杀猪匠、卖百货的这些挣钱，地位高。但是我觉得桃李满天下，我觉得就是认识到学生，人缘比较广，这一点好。

问：到后来中师生的地位有变化吗？

答：后来，老师的地位就变了，工资也涨了。中国的科技要提升，首先教育事业要提升，要兴国你就必须要有知识，要有知识就必须培养老师，就要重人才，有老师才能培养学生。老师的地位就高了，老师的工资就涨了，后来考中师考老师就不好考了。

我的女儿就不想考老师，因为她看见当老师好辛苦，工资又少。老师是很辛苦的。我记得以前上班，八九十个学生，有些班三四十个学生，我一个班都当别人两个班,把我累死了一天,非常的累,非常的辛苦,觉得不好。后来我就跟女儿说,当老师还是好,一个女孩子当老师,工作还是比较稳定,又还照顾到家,生活还是有规律。我这样说了,我的女儿还是坚持不当老师,你说在那个时候当老师,没有地位,待遇比较差,不受人待见。后面工资一涨,人们才重视知识了,慢慢地,老师的地位就高了。到现在来说的话,听说现在的高级教师,就我们这个地方的,高的至少快到七千元,我的丈夫就快六千元。我的一个同学没有退休,现在就快七千元了,现在还是可以了,以前没有得到重视,现在得到重视。过去的待遇差,到现在待遇好了,变化大。

(冯钟群,2019年10月10日,网络访谈)

四川乐山的一位罗老师说,当时农村的教学和今日有很大不同,当时的学生有许多是和他差不多大的,甚至有年龄比老师还大的。

问:您能谈谈什么是中师生吗?

答:中师生就是中等师范学校毕业的毕业生。意思就是说他考上之前是初中生,是一个初三的学生。读书三年国家就出钱培养他们,然后包分配工作,成为一个农村小学的教师。

问:为什么当时有那么多的人要报考中师生?在当时中师生存在时代背景是怎么样的呢?为什么当时中国迫切需要大量的中师生?

答:第一,一定程度上解决了当时人们的就业问题。第二,国家当时师资紧缺,那么成为一名老师,这也为国家解决了小学师资的后顾之忧。第三,当时的历史大背景下,需要大量的教师,尤其是小学、中学老师,尤其是农村的中小学老师。所以基于以上的三点,可能中师生当时就成为一种时代的选择。

问：您成为中师生后生活有什么变化吗？

答：生活上的变化的话，我觉得还是次要的，为什么呢？第一，你初中毕业之后考上中师生了，国家需要拿出生活费，国家就基本上帮你包完了。因为那时候比较穷，一分钱都拿不出来的话也可以让你毕业。第二，就是你毕业之后有一个稳定的工作，是个铁饭碗。所以这对农村孩子来说，这是一个不错的选择。这是从经济生活这一方面。另外，我觉得更重要的是从心理思想这个角度来说，成为一个人民教师是一个光荣的事情。所谓天底下最崇高的职业，就是成为一名人民教师，光环还是挺亮的。

问：在当今社会背景下，中师生的角色为什么淡出社会了呢？

答：这个问题和刚刚的问题是相辅相成的，因为时代在改变，时代也在进步。中国的教育事业几十年来蓬勃发展，取得了举世瞩目的成就。几十年前，一个中师生都可以担任小学老师。到现在的话，你看，报考小学老师的都是本科师范院校的学生，就像你们师院的学生一样。据我知道，好多同学出去报考小学老师都很困难的，这说明小学老师的水准也在提升。

问：您从学生走向讲台成为老师，遇到过什么教学上的困难吗？若有的话，您是怎样解决的呢？

答：就我个人而言的话，第一是信心的问题。因为毕竟从高中学生大概就17、18岁的样子，自己都觉得自己还是孩子，然后马上出去就要面对一群比自己小几岁的孩子成为人家的老师。一方面感到很惊喜，另一方面也感到自己的压力还是蛮大的。第二就是也有一些不适应，因为当时学生的年龄有跟我差不多大，比我大的也有。年龄差不多也是好事，因为大家容易沟通。但也有些力不从心的感觉。至于解决的话呢，这是一个成长的过程。首先，从思想上要提高认识，端正认知，我是老师，他是学生。第二就是表现在行为上和语言上，从知识面上来说我也是受过教育的，肯定比他们要懂得多些，所以为人师表是行的。

问：为何当时报考中师生的大部分都来自农村呢？

答：这和国家当时中师生的那个培养目标有关。因为中师生的话，他的那个培养目标，就是以地方的尤其是农村的小学师资为培养目标，所以就有很多农村的初中生去报考。当然也有城市的，政策没有规定必须是农村的或城市的。当时的历史背景是，缺少师资力量，老师的待遇又很低，城镇的也不需要去考。当时背景下农村面临就业问题，这是对农村孩子比较好的，对个人来说也是一个比较好的事情。如果是城镇户口的话，他们可以接班，也就解决了就业问题。当时老师的社会地位和待遇不像今天这么高，当时是特别低的。一个中师生如果在20世纪80年代的话，刚刚参加工作时也就十几二十元钱。但现在是几大千元了，过去的中师生到今天平均工资起码是在四五千元吧。

问：那当时没有考上中师生的农民子弟的出路如何呢？

答：要是没考上的话，他有两个去向。一个是可以考高中考大学，这是一条路。如果他要是对当老师有兴趣，他可以通过上普高之后报考高等师范学院，这可以满足他当老师的志向。另一个他如果没有考上普高的话，在当时的历史背景下他只能回去当农民了。他那个命运就不像现在有很多选择了，比如自己打工了，可以自学了什么的。所以，我们应该感谢改革开放。

（罗江新，2019年11月3日，四川省乐山市沙湾区）

四川的一位秦老师回忆说，当时的生活环境非常艰苦，工资只有20多元钱一个月，又要管穿，又要管吃，什么都要弄……这点钱是远远不够用的。

问：您为什么选择中师生呢？

答：那个年代当个中师生很不容易，要农村中有本事的人才考得起的。

问：你们班当时有多少人选择当中师生？

答：我们班大概有五六十个人选择考中师生，我们总共有6个班，一共几百个人。

问：当时哪一类人有资格去读中师生呢？

答：要在农村表现好的，家庭没有什么历史问题的才可以去读中师生。表现不好的，家庭条件好的想读也读不着的。

问：读了中师的人毕业后是不是都去当了中小学老师？

答：当然，它相当于是读师范校，读出来后学校要分配工作，分配出来后都是老师，但也有后来改行的。

问：中师生出来工作后，对自己及家庭的生活带来了什么影响？

答：学出来以后工作拿的是国家的钱。对于我来说是幸福的，虽然钱不多，但对于我们来说也是一份收益。那时候家庭的劳动要赚工分，赚不到工分，就分不到粮食。当中师生对家庭的生活也是有一定好处的。

问：您做了中师生有什么感受呢？

答：还是要感谢共产党，给我们带来了幸福。我现在几十岁了，退休了，拿的这些钱，也是共产党给的。好处多呀！

问：当中师生的这段时间里您有没有遇到过至今还令您难忘的事？

答：难忘的事情还是多。就比如说，在家的时候每天都要干农活，一顿的饭量就是一斤这样干粮的饭。在学校读书的时候，有时候一天的粮食才一斤，吃都吃不饱，还不是要咬紧牙关地读书。那个时候条件艰苦，很多同学上学没钱坐车，也吃不起饭，但也咬牙坚持了下去。

问：你们读中师是如何分配工作的？您教什么科目是怎么分的呢？

答：读出来后，各县的转回各县，由文教局统一安排你在哪个区或者哪个乡，就这样分下去了。你教什么科目，就看你分配的那个学校的条件了。我们出来后什么都教，语文也教，数学也教，音乐也教，美术也教，体育也教，什么都包干。乡村的小学一共就一两个老师，一个人有时候要教一两个班，甚至几个年级。

问：您开始工作时的生活环境怎样呢？

答：生活环境那肯定是艰苦的。当时的工资才 20 多元一个月，又要管穿，又要管吃，什么都要弄，换到现在这点钱是远远不够用的。反正很艰苦，也很辛苦，既要考虑到家里面，又要考虑到个人的生活，还要考虑到个人的教学质量，一定要把国家的娃儿教好。

（秦科亮，2019 年 11 月 3 日，网络访谈）

四川省剑阁县的一位杨老师回忆说，让他记忆最深刻的是刚刚参加工作时一个月 29.5 元的工资。

问：杨老师，您是从什么时候开始教书的？

答：从 1982 年中师毕业开始的，在一个农村小学教书，教小学的音乐、初中的英语。

问：中师生兴起的社会背景是怎样的呢？

答：当时刚刚改革开放不久，考试制度还没有建立健全。当时我们就想的是农村的子女通过考学来改变自己的人生和生活环境，所以就去考了中师。后来也就考上了，当然考上也很不容易。

问：那考上中师需要满足什么样的条件呢？

答：首先年龄不能超过 18 岁，其次就是成绩必须要优秀。考中师是应试教育，完全是以成绩的好坏论高低，当时全县所有学生可能考上的不到 50 个人吧。

问：既然考上中师生人成绩很好，那您为什么没有继续读高中然后考大学呢？

答：当时很多家庭都是多子女，有的一家有6、7个子女，最少的也有3、4个，经济很困难，条件很差。中师在当时是会分配工作的，上高中和大学家里会付出很大的成本，所以是没有条件的，而我们也是属于多子女的家庭。

问：刚开始教书时您遇到过困难吗？最后又是怎样克服的？

答：我们那时候教书都是一腔热血，是很热爱教书这份职业的。问题就是条件不好。住的条件很差，都是泥土造的房子，都只有10平方米，不仅是寝室，也是办公室，也是厨房，条件很差。上课也只有一支粉笔和黑板。学生的桌椅有的是他们自己带的，有的是政府做的。教室都是什么仓房、厂房改造的，教室连风都挡不住。老师吃饭都是统一蒸饭或者是套餐。但是工作还是很有激情的，毕竟每个月都要领二三十元钱的工资。

问：您遇到困难后，后悔过当一名教师吗？

答：没有后悔过。毕竟当时当老师比当农民好得多，每个月都有工资拿，在农村努力一个月可能十元钱都挣不到。我当时第一个月是拿了二十九元五角的工资。教师可以改变像我们这样农村孩子的命运，当然我们又去教农村孩子也很希望能够改变他们的命运。

问：您觉得以前的学生和现在的学生有什么不同吗？

答：一是那时候的学生比较淳朴，因为生活条件原因，他们上街的机会都没有，县城就更没有机会去了。现在的网络发达、信息畅通，孩子们可以走出去了，所以现在的学生眼界就更广了。二是以前的孩子受社会影响小，家庭一般也就只提供吃穿住，但是还是很重视学习，所以当时的孩子们都很单纯，相对来说要好教一点。现在的学生认识社会更多了，他们更活跃复杂，教起来的难度更大了。

问：您教书的心情有没有发生什么变化呢？

答：从我个人来看还是有变化的。当时，与其他职业相比，老师的地位还是算比较低的，有时候还会有一些情绪的波动，改行、跳槽的想法都有过。现在觉得教师这个职业还是很不错的，因为现在国家还是很重视的，无论是教师的政治地位还是经济地位都有所提高，家长对老师也非常尊重。总体而言，现在的教师地位普遍比以前都要高些。

问：作为老师，您认为学历和教学经验哪个更重要？

答：教师这个行业是活到老学到老的职业，知识在不断地更新，所以要不断学习。当然已对学历有要求，老师评职称什么的都必须要学习，所以当时的中师生都抵得上现在的重本生。但是随着教育事业的发展，教小学需要专科文凭，教初中需要本科文凭，所以我们也在不断地学习。后来我也去学习了两年，拿了专科文凭，再后来又拿了本科文凭。因为要得到社会的认可，除了真才实学之外，还需要有证书来说明你的分量。我觉得在学历和文凭之间，学历和文凭是一个外在的东西，真才实学才是你的生存之本。如果只是有学历和文凭，而没有你的综合教学经验，不能将教学质量提起来，不能将学生管理好。所以，要做到既要有学历和文凭来装点门面，还必须有真正的能力。如果没有扎实的专业基础知识，是教不好学生的。所以，我觉得真才实学是重于学历和文凭的。

问：现在教育有了很多辅助教学设施，但它也有弊端，您认为现在和以前的教学方式相比哪个好？

答：社会在不断地进步，教育也在不断地改革，当然这是根据形势所发展起。所以老师也要不断地采用新的教学手段，才能适应教育改革发展的趋势。总体而言，现在的教学方法、教学措施、技术手段，都比以前要好得多，现在教学更加生动直观。当然任何事物都有它的两面性，要一分为二地看，有这样的一些好处，就注定会有一些坏处。从好的来说，现在的教学更生动直观，更容易让学生入心入脑，学生更容易掌握，也可以减轻老师的教学负担。当然也是有弊病的。比如，现在一些教师采用微信给学生布置作业，这本来是一件好事。但是这个要求学生就必须有手机，手机的功能有很多，就会影响学生的注意力和思想。总体来说，现在的教学设施就是利大于弊，但是如果要使用好就必须要研究。它的弊端就是学生把那些不好的东西给接受了。但是还是说，现在的教育技术手段还是好的。请注意，现在也要求老师要学会用多媒体等现代设施，这还是有好处的，比我们以前陈旧的方法和手段都好得多。

问：您教书多年有没有非常难忘的事？

答：我最难忘的事就是，当时年轻的时候教学经验还不足，学到的专业知识也还有所欠缺，当时当班主任对待学生的方法上有些粗糙。我班当时有一个男生帮女生说话，因为扫地的原因，然后我打了那个男生和女生，这是让我终生难忘，也是很遗憾的事。后来班级聚会的时候我还给他们道了歉。还有就是我当时教的一个班的英语成绩在全县都是排名前几，我现在都还把他们每个人考了多少分的笔记本保存下来的，看到自己取得的满意的教学成绩还是很自豪的。这差不多就是让我比较难忘的事了。

问：国家现在有没有对中师生的一些好政策呢？

答：现在基本上中师生这个学历层次已经消亡了，对过去的中师生如果有什么代课教师层次的基本上国家都给予了简单的考试转为正式老师。同时一些乡村教师，比如在我们剑阁县每个月都有400元的补贴，现在的最低学历要求就是专科。以前的中师，现在基本上都已经转为正式老师，基本都可以去评职称。

问：您根据这么多年的教学经历，那您对现今当教师有什么建议呢？

答：作为现在的你们要学好专业知识和教育理论，这是第一步，而不是在大学里虚度光阴。因为现在读大学相对比较容易，读了大学就要珍惜，珍惜学校的学习平台。第二个就是，在走向社会以后，想要走上教师这个岗位必须要参加统一的报名考试才能被录用。第三，如果有机会当了教师，就要干一行爱一行。当了老师就要有专业思想，把自己的工作搞好。现在党和国家对于教师的经济待遇、政治地位都还是不错的，所以还是要把工作搞好。

第四，还是要学会为人处世。要服从学校领导，和领导处好关系；然后还要和学校的老师同事处理好关系；还要和家长处好关系，要多和家长接触，不能出现打学生的现象；最后就是要和学生处好关系，现在家庭的子女都很少，对学生要抱有一颗爱心，采用适当有效的方法来教育学生，尤其是调皮捣蛋的学生。我们就觉得，后来对你很好的学生往往是那些调皮的学生。所以就是要和领导、教师群体、家长、学生处好关系。只有在一个人际关系和谐的环境下，才能把自己的教学工作搞好。这就是我的一些建议。

（杨成永，2019年10月5日，四川省广元市剑阁县）

四川南充的一位谢老师回忆说，当时感触最深的是农村小学教师的工资比不上那些外出打工的农民。由此可见，当时教师工资的一般水平及其在社会上的经济地位。

问：您为什么选择读中师而不是读了高中然后考大学呢？

答：以前高中毕业的时候，我是考起了本科的，分数超出了本科线十几分。当时一个县可能只考得上几十个本科，由于我身高体重这方面的原因，没被录取。然后营山师范问我愿不愿意去读师范，家里综合考虑，说要先有一个职业，我就去读了师范。

问：您是怎么看待国家对中师生政策呢？

答：当时国家中师招生，是为农村初中和小学培养基础型的教育方面的老师。从那个年代来看，教师还是比较受社会的尊重，就从考上中师生的那些学生来说，他们都是当年学生中的佼佼者，非常优秀的。

问：好的，请您继续谈。

答：不优秀的要么去读高中，要么去读中专。我们那时读中师的，来自高中的只有我们那一个班，那一届另外还有两个班是初中读三年来考的中师。

问：是的，您接着谈。

答：因为那时作为一个老师，当时的社会环境，在社会上还是非常受人尊重，不像现在这样的大环境。

问：你们读中师的时候是学的哪些课程呢？

答：当时开的课程比较多，比较杂。像心理学、教育学、语文基础知识、语文写作、数学的教材教法、所有基础知识、物理化学，反正开得比较多，还有音体美那些，是开齐了的。

问：你们那个时候琴棋书画都要精通吗？

答：就是，反正音体美那些都是开齐了的。但是我那时候，体育还可以，音乐不行，美术也不咋行，其他那些文字科都还是非常优秀的。我的缺陷就是美术和音乐，这两方面不行。

问：您读了中师生没有去读大学，您后不后悔选择这条路呢？

答：这个倒基本上不后悔。毕竟已经走到这条路上了，每个人都有自己的生存环境、生存道路，这个你没法去和别人比。自己选的路不同，发展状态就不同，你没法和别人比。

问：您从教初中到教高中，从教物理到教数学，这当中您为什么会有这样的转变呢？

答：因为师范毕业的时候分到一个乡的中学。当时初中缺数学老师，所以学校直接让我从初二教起，初二到初三，教到毕业我就调到双河去了。双河那边缺物理老师，然后学校就让我教物理，监管实验。以我们的高中和师范的那一种文化底子来看，教个初中的数学和物理，文化基础方面的知识是没有问题的，那是绰绰有余的。

问：那后来您教了几年初中呢？

答：初中数学教了两年，物理教了一年。

问：那您后来怎么又教高中的呢？

答：后来我物理教了一年后又在南充去读了两年大学，南充的那种专科大学。读了两年后回到双河中学的时候他们缺高中数学老师，我读大学的时候又是学的计算机专业，计算机在当时的情况下又派不上用场。我历来非常喜欢数学，加上南充那里读那个专科大学的时候数学课也开得比较多，我自己觉得教个高中是没有问题的。所以后来学校说起，加上我觉得自己可以教，学校领导就安排我去教了，就这样一直教上来了。

问：您读大学是为了进修的目的？

答：就是去进修，那时也是通过考试，就是在职老师去考试。当时考试非常激烈，我们好多高中同学去读了师范的，也是出来当中小学教师的好多都没考上。因为他招的人太有限了。

问：那您当时考的时候还是成绩很优秀的啊？

答：那肯定很优秀。我那时读高中的时候成绩就还可以，只是那时有点儿不懂事，作业方面做少了，练习度不够，所以高考考得不好。

问：您作为教育行业的拓荒者，在你们那个年代的农村教育是什么样的状态？

答：那时我的感觉就是，老师都非常淳朴，社会上的民众对老师的好感度也非常高，家长对学生的教育也非常的支持，学校里老师和领导之间、老师和老师之间、老师和学生之间，各方面都很少有矛盾，这个可以说非常的协调。但是现在就难得体会到当时的那一种淳朴的环境了，很难得体会到了。

问：那您觉得现在的教育环境怎么样？

答：现在的教育环境，要从两个方面来讲。从硬件方面来讲，那肯定比我们才开始教书那个时候好了不知道多少，起码是好了百倍以上。在硬件方面，国家的投入，政府的投入简直是没得说的。但是，软件这方面跟那个年代好像还比不了，主要是现在各方面的矛盾比那个时候要多一些。它这个矛盾，体现在老师与老师之间，老师与领导之间，老师与家长之间。这些矛盾比以往突出得多。

问：您指的软件还包括哪些呢？

答：主要是指老师与老师相互间的关系，还有老师收入水平，主要就是指这两个方面。硬件就指的是教育部门或者是政府部门和学校建设这方面的投入。

问：那个时候的农村老师的待遇是怎样的？

答：那个时候一个人的收入可以养活一家人。现在老师的收入想要养活一家人可能就不行。到后来教师的收入就不怎么行了。

问：为什么会不行了呢？

答：改革开放后，农村去外面打工挣钱的比较多。所以相对来说整体水平就提高了。我印象最深刻的是20世纪90年代，大概1993年的样子。过年的时候我们会回家和父母一起过年，外面打工回来的在玩牌，我们就只能站在旁边看，因为我们不敢去，我们的收入水平就比较低就没有办法去跟他们比。

问：老师您的观点是当时社会对老师的评价比现在要高些对吧？

答：以前社会对老师的认可程度高一些，尊重度高一些。现在不管是社会还是家长，学生对老师的认可程度尊重程度都要低一些，都比不得以前。这实际上是一种大环境造成的。

问：那刚才您提到学生不尊重老师的情况，那您有没有在教学过程中遇到什么让您特别难忘的事情？

答：我暂时还没有遇到过这种情况，就在你们的那个学校我亲眼看过两次学生在办公室打老师。因为那个老师在处理那个学生的时候说了他几句，那个学生就把那个老师打在地上，眼镜都是打烂了的，我还去劝了架。还有一个就是,有一个学生想去和那个班主任班上的一个女生耍朋友,就经常堵在教室门口瞅。那个班主任老师就想解决这个问题。结果,那个学生就和那个老师在办公室打起来了,打得特别厉害,我从背后面把那个学生抱过来,拉开了的。后来那个学生被他的班主任批评了。这就是我亲眼目睹的两件事情,大概是2006年所发生的事情。

问:那您有没有在教学过程中遇到可以让您开心的事情呢?

答:那还是比较多,但我最开心的事是学生和我探讨问题,这是我感到最开心的。

(谢银华,2019年10月20日,四川省南充市)

湖南耒阳的一位陈老师回忆说,"那时候真的是很清贫",但是大家"干劲很大"。

问:请问您是从哪儿毕业的?毕业的时候是在施行中师生政策的哪个阶段呢?

答:从湖南的耒阳师范学校毕业。我那个时候读书刚刚是国家恢复高考的时候,高中生通过高考考取的学校,当时的情况是考得上学校的就去读书,考不上的就没有书读,只能去学习技术。

问:中师生大多数都是会被分配到广大农村中小学教书,请问您是在哪里任教的呢?哪个时候毕业去学校教书的呢?是任何种职位呢?

答:我们当时毕业的时候也知道,中师毕业一般的情况下都是分到农村去,分到城市里面去工作的机会很少很少。我当时是分到我自己的家乡(乡下)的一个小学(中山小学),教的科目是语文,担任班主任。大概在那个学校教了3年时间左右。

问:您是通过什么机会,或者是因为什么原因让您选择了中师生这一行业?

答：我们那个时候读书之后出来工作，其实没有什么很多选择的余地。在农村里面的人就是想着跳出农村这个圈子，我当时想的就是以后可以通过国家分配工作，之后可以稳定收到国家发的工资，同时也觉得对于女孩子来说当老师的行业也很不错，在当时是一门自我觉得很崇高的职业，所以我就选择了老师这一行。

问：您任教时期，在您身边发生过什么让您印象深刻的事情吗?

答：我当时教书的时候，教的语文并且同时担任班上的班主任。第一个印象深刻的是我的一名女学生。当时她的成绩真的相当的好，她也是我的得力助手，什么都可以协助我帮我管理好班上的事务。还有一件令我印象深刻的事，是我当时到那里的时候，班上有一个男学生成绩非常不好。一般情况下，如果他参加统考的话，会拖拉班上的成绩很多分，但是我就会经常鼓励他帮助他，尽量不让他考20分或者30分。这个男学生在我的鼓励下，后面他每次统考都可以考到40分到50分左右了，我当时就觉得非常高兴，就觉得可以在我的鼓励下让一个学生变得可以提高分数，不把班上拖得那么落后了。所以，我教的语文成绩在乡里面所有评比的小学里每次都是第一，并且可以拉第二名10多分，我为此事是感到很自豪的。

问：有篇描述中师生的文章《初中毕业上中师：教育之大幸与个人之大不幸》。请问您看到这个题目，是否有同样的想法呢?

答：我觉得并不是这样。那时候的情况，确实是成绩最好的学生才能被推荐考师范学校。如果考上师范学校之后，不去读的话，高中也没有机会读了。所以当时有些人可能就因为这一点没有考虑清楚，就选择读了师范学校，也可能因为这一点，才会觉得初中毕业上中师是教育之不幸、个人之大不幸。但是我并不这样认为。读了师范以后毕业去教书，也可以边读书边学习很多知识的。对于个人其实是没有什么损失的，对于国家而言的话，就是一大贡献。一般而言，这样子出去的话教出来的学生也是会很优秀的，所以我觉得这个应该是成正比的，不应该是文章说的这样的。

问：全国的中师生特别是20世纪80、90年代的中师生，都有着相同的特殊心路历程：你们优秀，却走了一条平凡而清贫的道路。请问您对中师生政策是怎样认识的呢？

答：20世纪80、90年代的中师生，我们就是那个时代出来的。我刚好是1982年毕业的，那时候真的是很清贫，我们这些老师可以说是没有一点补助，但是我们学校的这些老师干劲很大，工作相当负责相当认真。而且像我们那时候毕业，有些人成了校长，有的人就成为骨干教师，一般都是骨干教师，真的在当时撑起了教育事业的一片蓝天。后面慢慢国家发展了，对于我们中师生来说也越来越好了，一次一次的给我们提高了教师的待遇，所以教育事业的待遇还是很好的，这也是国家的强大，给予我们政策上面的好处。

（陈老师，2019年10月4日，湖南省耒阳市）

罗老师直言，在农村小学工作的那些年"吃不好睡不好，感觉老得好快"。

问：请问在当时那么艰苦的年代，是什么让您踏上中师生之路并始终支撑着您呢？

答：当时就是积极响应国家号召，因为当时成绩比较好，所以一听到这个政策，一下子就想要去做这件事，像我们自己当学生的，也知道一个好老师在学习中的重要性。国家振兴教育事业是万万少不得好老师的。自己也带着自信了，肯定是，所以自己也就去了。苦肯定是苦，但是自己确实当时年轻，所以也带着满腔热血做下去，坚持下来了。

问：当时生活如此艰难，真佩服您的勇气和担当。

答：这也是作为一名老师，作为一名中师生，要去勇敢地去担当的东西。

问：请问您曾经后悔过选择走这条路吗？可以谈谈您这些年从教的心路历程吗？或者有什么感想，从中悟出了什么道理？

答：感想也有很多，这里不细说了。然后，这条路说不后悔，肯定是假的。倒不是说谁一生没做过后悔的事情。是真的，和一些其他继续读书考大学的同学相比，后期的机会少得太多了。老师，这个职业确实是高尚，教书育人，桃李满天下，确实是个好事。但当时也确实是因为没有钱，同时家里又穷，觉得早点去走中师生，从这条路可以为家里减轻经济负担。然后在三尺讲台上，奉献了一生，回看过去，也是蛮感慨的。作为一个老师，这些年教了不少学生，想到师生情以及各种各样的事，觉得这一生这半辈子过得还是挺好的。

问：在当时的年代，您认为我们国家为什么会迫切需要更多的中师生呢？您如何评价当时国家的这个政策呢？

答：振兴教育，恢复高考，肯定需要老师，所以有了这个政策，这个政策肯定是有意义的。国家做这个决定肯定是有道理的，我们也就是响应国家号召，积极去做一名中国人应该做的事情，做一名学生应该做的事情。国家的这个政策就是为了国家当时教育的振兴，为了我们中国更好地走向富强、走向复兴。所以这个中师生，也教育了很多学生，也为国家出了力，觉得还是很幸福的。当时这个政策也起到很大的作用，培养了一大批为后来建设国家、建设祖国的人才。国家当时制定这么一个政策，肯定是商讨了很久才制定出的。

问：请问您的家人当时支持您成为中师生吗？您现在及以后会有什么打算，或者说会继续您的教育事业吗？

答：家里人当时大部分还是支持的，知道考上了之后我也非常高兴，家里人也都非常高兴，毕竟放在当时是一件很光荣的事情。现在想想，在台上教书，教人教了一辈子了，快一辈子了，到现在还没有退休，打算好好做一名老师，一直到退休。今后没有什么特别的打算，就想在退休之前把书一直教好。做一名老师，就要尽好自己一名老师的责任。退休之后，还是想好好享受一下退休之后的生活，要出去旅游开阔开阔眼界。

问：您当时成为中师生经历了哪些磨难和挫折？能给我们简单谈一下吗？

答：当时我被分配到的一个小山村，一个月也就几十元的工资。有时候还不能按月发放，吃不好睡不好，那些年感觉自己都老得好快。当时很多一起上学的同学，后来大学毕业了，有的进入大城市，还有的后面考了一些师范学院，然后去当了一个正式老师，感觉自己跟他们比有点后悔。但是，既然选择这条路，就毅然决然地走下去，后悔归后悔，我在那么一个小山村里，结识一些可爱的小朋友和一些很好的学生，感觉这也值了。

（罗永辉，2019年10月14日，网络访谈）

四川隆昌的一位谌老师回忆说，自己刚刚到农村小学工作时同时做总务工作和大量教学工作，还有一部分农活，而工资仅有21元。

当时读中师非常艰苦，从黄家到隆师校（隆昌师范学校）每周走40多里。那时候读书是星期天下午去，然后第二个星期五下午回来，走了一年的路后，才买了一辆自行车。很少赶公共汽车，除非星期五下午下雨，泥巴路特别不好走，所以非常艰苦。

隆师的生活也是特别艰苦的，一个星期里有钱就吃、没钱就不吃。每天早上，是稀饭馒头，那个馒头不像现在的馒头白生生的，是用碱粉做的，里面碱粉特别重。读书的时候还是非常吃力的，非常用心的，不懂的问题一定要弄懂，就是想拿一张中师的文凭。因为没有文凭，会被别人看不起，别人还都说我们是顶替（隆昌一带的地方政策，父亲是教师，子女就有机会去学校顶替父亲的岗位），所以为了争这口气还是努力在学习。我们去进修是通过中考的，要成绩合格才能去。

星期五下午回来，星期六还要干一天活，星期天还要干半天，吃完午饭走路去学校。因为农村实行了联产责任承包制，家里的责任田要回来种，那个时候一边读书一边还要帮着家里干农活，所以非常的艰苦，不像现在条件这么好。

工作就更不用说了，工作更加艰苦。我在读中师之前在学校螺狮村小当总务（会计），一个星期除了当总务，还要上16节课，还有一个班的数学主课。当时做账全靠手写，算账用算盘不像现在用电脑。从中师回来之后就是要上课，除了上主课还要当班主任，一个星期17、18节课，而且一边工作还要一边进修提高自己。学生的作业自己还要全部再做一遍，就跟学生是一样的，要自己先熟悉，作业包括家庭作业、课堂作业。还要备课，备课不像现在有教参、教案，以前全都要自己去想，自己去构思一堂课该怎么上、采取什么办法。

以后到了黄家（黄家镇中心小学）条件要稍微好一点，但是自己还是要用心，不能敷衍，还是要干出成绩让家长、学生、社会、领导认可你。干出了成绩，家长、学生、社会、领导就会认可你。举个简单的例子：评职称，在1989年就开始小学教师评职称，我1989年评到了一级，1992年我就评到了高级。我总共工作了42年，这42年应该说兢兢业业了。读中师是1984至1986年。参加工作是1976年。当时代课一月工资9元，正式工作一月21元。

（谌继刚，2019年10月3日，四川省隆昌市）

四川彭州的一位周老师说，中师生的吃苦精神、敬业认真以及当时的艰苦条件，是当代大学生无法想象的。

问：请问一下您是哪一年的中师生？

答：我们是新都师范83届二班的。

问：当时您是不是初中毕业之后就考取的中师生？

答：我是初中毕业之后就考上的。我之前针对你这个问题去问过，当时是国家的基础教育很缺乏，然后招了10多届中师生，之后就是说基础教育基本就满足了，然后就开始出现大学生。

问：那是不是当时直接读高中的话就可考大学呢？

答：对，当时如果直接读高中的话就考大学。我问我同事，他也是中师生，是比较年轻的中师生，是后几届的了。他说当时对这个中师生的评价就是：中师生支起了中国基础教育的半边天。当时相当缺乏音体美方面的人才，培养人才根本来不及，名师不是很多吗，我们当时出来都有很多名师。我们新都师范，就是我们上面考上的82届，听说就是有高中生在那里读的，就是一九七几年的知青推荐的去读的，然后当了幼师。

问：您考上中师生之后是怎么样的？

答：当时我还在农村。考上的中师生是全日制的，现在的大学好多都是全日制本科、全日制专科。我们当时就称为全日制中师。

问：那中师生有什么福利待遇呢？

答：当时中师生中，我们农村的是占了大部分。去了的话，就是说农村上的田立马就没有了，自己就成为城镇户口。在那里去吃的全部都是由国家提供的伙食费，吃的是供应粮。每个月给中师生提供伙食费，中师生只需要交书本费。当时交得很少，一学期好像才几百元钱。三年毕业之后就被分配到乡村学校，正式发供应粮的本子。当时我还记得米是一角三分八一斤，当时的物价相当便宜，毕业出来工资48元一个月的样子，毕业一年之后就转正，转正是68元一个月的样子，米、油面全部都去粮站买。

问：在新都师范的3年主要学习什么呢？

答：前两年主要学习高中的课程，再带一点专业性的东西，最后一年直接是专业带实习。

问：那您是在哪里实习的呢？

答：当时是由学校分班级来实习，我们班是到彭州实习的。

问：那实习之后就开始教书吗？

答：对，毕业之后9月份就统一被教育局人事科分配到户籍的地方去工作。

问：作为一名中师生，您有没有什么印象深刻的事情？

答：我把我们当年的照片拿出来看。当时我们进去的时候班上大概是42名同学的样子，照片上看着乡土气息很浓厚。当时考上的绝大部分都是农村孩子，班上只有两三个属于城镇户口，毕业之后和才去的时候对照起来，给人感觉就像知识分子了。在1984年的时候有温江师专的学生来我们学校实习，师专比我们的文凭要高一些，当时欢送他们的时候印象还比较深刻。还有比较深刻的事情是我们每天早上都必须起床晨跑，音体美必须要学，所以工作分配之后小学老师是什么都要教。

问：有人说中师生是被遗忘的一代，您有什么看法？

答：我觉得当时的中师生确确实实是对中国乡村基础教育起了很大作用，现在我们好多领导班子都是当年的中师生，他们的能力很棒，他们吃苦、敬业，认真那种学习态度，还有当时艰苦的生活条件，我觉得这是当代大学生无法相比的，当年的中师生是十分吃苦的。当时的教学都是一心一意的，孩子们都是十分地朴实，十分努力。

问：如果再有一次选择，您还会选择当中师生吗？

答：教书这么多年，我觉得各行各业都有难处，只要你在行业中认真负责便能有所乐趣，我觉得教书我还是很有乐趣的。现在看到当年的学生长大成才，还是很有成就感的。比如说现在，师生同台，我的学生和我站在同一个讲台上还是很幸福的。当幸福感来临的时候，我觉得我还是会选择成为一名中师生。我觉得这个行业是和孩子们打交道，还是很幸福很开心的。

（周光春，2019年10月7日，四川省彭州市）

四川乐山的一位刘老师怀着复杂的心情表示："我们这一代中师生在教育第一线拿着低工资，比不了当时考高中考大学的同学。"

问：20世纪80年代艰苦条件下，您在中考后做了什么选择？

答：我选择去当一名老师。20世纪80年代末，初中毕业后，选择了读师范，也就是我们所说的中等师范学校。当初的选择，确实是因为那时太懂事，太懂得为家庭分担。那时候，家家都不富裕，早一点出来工作，就是早一点挣钱养家。而读高中，意味着再上三年学，假若考上了大学，意味着更多的花费。师范，当时是不交学费，国家还包分配，出来就可以当国家干部。这是国家为了振兴教育而实行的政策。当然，在这样优惠的政策下，必须有优异成绩的学生才能被录取。就这样，凭着优异的考试成绩和面试成绩，成了一名中师生。三年以后，成了一名普通的人民教师。这一干，就是近30年。

问：您当时为什么想着去考中专呢？

答：中考分数也还不错，离我们的市一中（最好的高中）只差2分。记得那时比我考得高的两个同学报了中专，比我考得差的、又没上中师分数线的都去上高中了，够分数线的都报了师范学校。因为家里父亲说了算，所以我也加入了中师的行列。

问：您如何看待国家当时的决策？

答：因为当时国家急需培养师范生来教育以后的学生，这是时代所迫，这个决策是正确的。当时很多人都想考中专，毕竟福利还是很多。国家发展起来了后，我们这一代中师生在教育第一线拿着低工资，比不了当时考高中、读大学的同学。

问：您后来后悔过当时报考中专的决定吗？

答：想过自己不考中专而去上高中考大学后的样子，可能现在比当普通教师要好很多。但是也没办法，当时都想着早点工作，没有那么多时间和钱去读书。我对现在的生活也很满意。即使当时我考上大学，我也不一定比现在过得好很多，当时的不确定性因素太多了。

问：听说那时候缺老师，是国家给的优惠政策吸引你们吗？

答：20世纪的80、90年代，国家为了缓解中小学校师资缺乏的问题，出台政策，从初中毕业生中选招优秀毕业生到中等师范学校，给个干部身份、城市户口，学习三年后回到乡村学校当老师。在当时条件下，去读这种师范学校肯定是比较好的选择。

（刘郭强，2019年10月8日，四川省乐山市）

四川资阳的一位张老师无奈地说，他很想让孩子在城里上学，接受更好的教育，但是没有办法。

1999年毕业后，我被分配到了资阳市雁江区碑记镇大佛初中。当时，那个学校严重缺乏语文老师，所以我被安排到去教初中语文。刚开始教书那几年，我没有谈恋爱，大佛场上也没有什么可耍的，连电视也没有，只好全身心地扑到教学身上，和学生打堆，所以成绩还算非常优秀，在全镇的教学排名中不是第一，就是第二。

2003年初，我结婚了，爱人也是资阳师范毕业的。那年下半年，孩子出生了，事情就更多了。2005年，学校又严重缺乏生物老师，又安排我去教全校的生物，我就服从安排，硬着头皮去教。初一、初二、初三的生物课，全由我一个人教。看起来多，但是周课时少，工作量反而比教语文略少一点。我不断学习，不断摸索，真的就像万金油一样，需要什么你就得去教什么，好在成绩不错，没有误人子弟。2008年，学校又缺物理老师，我又改行教物理。这时，我们家小孩马上该上小学了，我想把他弄到城里去上学，接受更好一点的教育，可是没有办法。考虑到小孩，我已经产生了调到城里工作的想法，但当时要调动是很困难的。于是，便萌生了支教的想法。

2009年，我报名参加支教，前往阿坝州黑水县支教了一年。在黑水支教的一年中，生活非常的丰富多彩。那时刚好在地震灾害之后，我亲眼目睹了黑水县藏族同胞的纯朴和那些孩子对知识的渴望。支教期间，我先后在黑水县城的一个学校和一个乡镇的学校工作。当时，教的小学四年级的语文，我很努力地教他们，但他们的成绩并没有我预期的那么高，一个班只有几个人及格。领导却告诉我说，我所教班级的期末成绩是他们乡四年级最好的班级。后来，他们还给我颁了一个级别很高的教学奖，这是一个让我觉得很意外的事情。

2010年支教回来，正要遇到资阳市开始公开招考乡镇优秀教师到城里来工作。我运气很好，当年就考进城了，进了雁江八小工作。进了城工作，因为没有乡村补贴，工资反而要低一点，唯一的好处是把小孩带进城了。从长远来看，这一步走得非常对。不过，当时有点辛苦，因为我爱人还在乡下工作，天天来回跑，很不方便。这么多年过去了，孩子上高中了，慢慢缓过神来了。

（张艳彬，2020年6月13日，四川省资阳市）

三、奉献与收获

四川宜宾的一位赖老师回忆说,在农村小学教书不全是艰辛,也有许多令人感动的时刻,这种感动是无法用金钱和利益来衡量的。

问:请问您是哪一年考入师范的?您当时为什么选择成为"中师生"呢?

答:我是1994年8月考入宜宾师范普师专业。当时我生在农村,母亲在我3岁时便去世,父亲一人带姐姐、哥哥和我,家庭条件非常困难。当时初中毕业能考入中师能参加工作,是最捷径的。如果读高中再考,需要再读三年,家庭经济条件不允许,而且老师这个职业,当时在我心中也是很崇高的。如果当时我考不上中师,已经决定就外出务工了,幸好考上了。

问:成为中师生后,您有过后悔吗?

答:从没有后悔过。其他行业的人,他们对教师行业不太瞧得起,但我觉得做教师好,毕竟还有两个假期,其他行业比教师还要累。

问:当时您参加工作的地点是哪里?待遇如何呢?

答:1997年8月,我分配到江安县大妙乡的一所兰花村小。那里只有一个班,就我一个老师,但我自己办了一个学前班,聘请了一位学前班教师。当时月工资只有198.8元。当时物价低,还是基本够用。

问:您从事教师行业以来印象最深刻的是什么?

答:是刚分配出来的第一个学校,也就是大妙乡兰花村小。当时那班的学生是四年级,虽然全校和学前班一起只有两个班,但我并不觉得孤单,那里地理位置比较偏,学生很纯朴。桂花开的那个季节,会有学生每天摘一束桂花放在我的办公桌上;橘子能吃的时候,每天都有一两个新鲜的橘子;黄桷兰开的季节,每天也有。孩子们学习都很认真,与我关系也非常好,平时都不用买菜,除了有校园地外,每天都会有学生给我送新鲜菜来,每逢快过年的时候,就有杀年猪的家长请吃刨猪汤,还会送一块最好的肉给老师。现在这班学生,都已经成家立业了,但常常都能收到他们的微信或短信问候。

问:您对现在毕业的师范生有什么期望呢?

答:那时的师范生,基本功都挺过硬的,算得上是"万精油"。希望现在的师范生,能有一个吃苦和虚心学习的精神,教书需要静得下心,用心去钻研教材和学生,干一行爱一行,如果能这样,一定能迅速成为一位优秀教师的。其实教学的过程中,也有很多美好的瞬间和回忆。

(赖显刚,2019年10月7日,四川省宜宾市江安县)

四川邻水的一位熊老师坦言,一代代的中师生基本上都是生活在农村的,言辞间不无叹息之意。

问:您还记不记得当时是多大岁数考上中师生的?

答:17岁。

问:那你们当时就是初中毕业后直接读的中师?

答:对,读了出来就当老师。

问:那你们班上大概有多少人呢?

答:读初中的时候有70几个。

问:当时您还记得你们班有多少人是走的是中师生那条路。

答:嗯,大概有5个。

问:那您当时因为什么选了中师生?

答:如果是从小的方面来讲,一切都是为了跳出农门,我不愿意当农民,为了谋一份职业。如果从大的方面说的话,就是为了教育,为了祖国的未来。

问：您当时选读中师主要是个人原因还是家人的决定？

答：自己原因。

问：能减轻一下家里的负担？

答：因为读高中考大学，读不起呀。

问：那时候的学费很贵吗？

答：人在农村，家庭条件不好，因为读高中要花很多钱。我们读师范过后就直接找工作了，因为读了师范之后学校都要发生活费，基本上家里人都不管生活费了。

问：当时你们那些老师或者初中学校有没有给你们推荐？就是在你们就是初三要毕业的时候给您推荐，学校要你们走那条路呢？

答：没有。都是个人去了解的，个人找的。因为我们那当时只有这几个师范生，还可以读中专。

问：那你们班有没有其他人选择继续考下去？

答：有。成绩属于二流水平的，就读高中；成绩好的，就是中师中专。

问：那其实还是多可惜，因为你们本来成绩好，如果家庭条件允许，个人到时候考个好的高中，其实未来说不定还更好些呢？

答：当然，主要是那时的师范生大都是生活在农村上的。没几个是城市户口，绝大多数是农村上的人去读师范的。

问：那你们当时中师生还是要考，有没有当时录取的比例？

答：分名额到每个学校，它在全县范围内录，我们邻水县整个只录了60个人，其中女生要占1/3。

问：女生为什么要占1/3？

答：女同学成绩差一些。如果说光是平等的录的话，那么女生可就都寥寥无几了。

问：女生分数低一点，录取时要给她们一点优惠吗？

答：因为教育需要女老师。

问：那为什么女生考试成绩要差一点呢？

答：身体方面吧，这方面我不太懂。但是实际上总体来讲还是男生好于女生。

问：那你们的学校班级里，男的比例是不是要普遍比女生高一些？

答：男同学占60%，女同学占40%。

问：您考上中师生时，心情是怎样的？

答：肯定很高兴呀。

问：为什么？因为自己找上了份稳定的工作了吗？

答：铁饭碗。就是说考上中师过后，基本上都是教书。还算是当时比较吃香的，包括亲戚朋友都比较骄傲，都相当于考上了现在的一本。

问：邻水县当时读书那么多人，只有60个考上，那肯定是相当于考重点那种的。

答：是的。因为我们要通过预选，这个就是相当于学生的毕业考试，毕业考之后，上了预选线，然后再进行正式考试。

问：你们考试都考两次，那还是有点累。比如您当时其实才17岁，岁数还算比较小的，您当时选择中师生主要是靠个人吗？

答：是的，因为我们的父母都是农民，他们对那些教育学根本不懂。

问：如果现在让您倒回去，还会选择中师生那条路吗？

答：如果回到过去的话，我仍然要选择做中师生。因为通过跟学生接触，学生非常天真活泼。就这方面来讲，我们几十年的教育，他们出来过后尊敬老师这些方面，我觉得感到高兴。虽然和其他那些单位部门比较起来，那些人的工资是要高一点，但是接触的人和事不一样。

问：就是说，在你们那个时候当老师轻松吗？

答：当时我们那个时候也不是很轻松。收学费农民没钱，那些学费交不起来是一个问题。我们工资本来又少，我们当时出去工作的时候才几十元。

问：听说你们读书的时候有杂费、补贴。

答：没有。在最初工作的时候有。

问：还记得当老师之后有让您感动的一些事吗？

答：刚出来教书的时候，那一年我过生日，不知道同学们在哪里听说了我的生日。凑了十几元钱买了个蛋糕，上课的时候拿出来。我觉得很高兴。孩子就是你真心对他们，他们有时候给你的行为真的很感动。

问：您还记得您当老师这么多年有没有遇到什么不开心的事情呢？

答：肯定有。在教书过程中，有些孩子特别调皮。特别是现在这个扶贫，让学生有书读。比如说我们现在教的一个是我班的学生，他辍学了的，这个他是由于建档立卡贫困户供上学，老师就辅导他，早上是英语老师，中午是语文老师。老师让他回答问题、读课文。他转头就说我不读了，就往外面跑。我们班主任老师把他弄回来，好好教育他。他说我本来不想读书的，你们强迫我读书，读书好累，我听不懂。他这种孩子教起来很恼火。

问：对于你们中师生国家当时有没有一些特殊的政策呢？

答：没有。

问：就只是提出了中师生这样一条路，相当于一个职业，以后的就业方向。因为可能是网上资料有些地方有偏差，中师生确实就是初中毕业，非常优秀的一批人。然后国家当时的政策就是鼓励他们去读中师生，出来教小孩子。然后他们高中毕业的时候是不允许他们选择其他那些学校的。这些是不是呢？

答：不是。因为我们师范出来过后，都是在农村教小学。很多时候由于初中差老师，所以中师生很多还是教的初中。然后自己再去进修。

问：在教师评级方面，你们读中师出来之后跟读完大学出来的有没有什么区别呢?

答:中师出来的工资低一些,大学出来的高一级。

问:那你们评职称怎么评?

答:首先你是中师生,教书合格、达标。如果达不到标准就没有办法评职称。

问:那有没有去尝试评职称?

答:有。那就是一边教书,一边提升自己。那还是挺累的。

问:现在已经没有中师生了,那您对中师生这个群体有什么看法呢?

答:对于我们中师生来讲,是委屈了一辈子,辛苦了一辈子。因为现在大学生出来过后,他的起点工资就比较高。比如说你们大学生四年出来,这个就从你读书开始算起。就是说大学生一出来的级别就要高一些。

问:那您现在的同事是中师生的还多吗?

答:我们的同事当中有中师生,但是不是很多了。因为从1994年之后不招中师生了,现在中师生至少都是40岁了。在每个学校当中,特别是农村出来的占一半的比例。

问:那招收中师生的政策是什么时候取消的?

答:2000年左右。我们邻水师范是1994年不招生的,邻水就在岳池师范、广安师范去读。

问:网上还是很多人说,中师生在那个时代是被牺牲掉的一代人。毕竟你们当时很优秀,要是自己有钱,继续读下去,你们可能会读到那种很好的大学,出来走的路或许会更好一些。

答:那是肯定的。因为我们同学成绩比较差的,人家后来读了大学。他们出来过后至少都在县城工作。

问:您今天对于中师生还有没有什么感想。毕竟您也从教30年了,比如对中师生的理解,请您随便说说嘛?

答：反正是找了一份职业，有工作。就是这样的，说点高大上的话都不起作用。做好自己就好了，还是教了那么多学生，也算是桃李满天下。因为教了一辈子书，基本上该得的荣誉也得了，市级、校级优秀教师得过无数次，都感觉到无所谓了。个人站在下面有再多的怨言，但是只要一站上去过后，就没有怨言了，那就只有奉献。因为你不能把负面情绪带到课堂上去影响学生。带给学生的永远是正面的，积极向上的。

（熊祎，2019年10月5日，四川省广安市邻水县）

四、恋爱与婚姻

在恋爱和婚姻方面，除了才华和能力之外，还要考虑经济状况。中师生的经济收入大都不高，加之家境普通不好，因此在恋爱和婚姻方面会受到很大影响。四川仁寿的一位杨老师回忆说，中师生长期在农村工作，在谈恋爱方面遇到了较大的困难。

问：您可以给我详细讲一下中师生的情况吗？

答：读中师的都是当年初中里面成绩最好的学生。比如说我们仁寿师范的中师生。他们就是当初都能够考上仁寿一中的学生。但是往往是因为家庭经济有一定的困难，想尽快让子女就业，所以就让他们走了师范这条路，能够很早就开始工作。一般十八九岁就开始教书这样一种情况。如果是让他们去读高中的话，这样一批学生一定能是很优秀的高中生，很多人都会考上大学，甚至是考上名牌大学。也就是说中师生都是很优秀的初中生。

我们当年仁寿师范一般就一个年级收四到五个班，大约200人。这200人他们毕业以后就进入仁寿的小学、初中。现在，仁寿下面的小学、初中，大部分教师应该就是当年仁寿师范的中师培养的学生。很多人现在是骨干教师主任或者校长。然后其中一部分更优秀的进入了政府等其他部门，也成为很重要的优秀的人物。他们往往才华并没有被埋没。中师的课堂和大学师范的课堂是有所区别的。它重点培养的是学生的写字、说话、唱歌、跳舞、体育等等各方面的能力。在文化课知识上，虽然也很重视，但是花的时间和高中相比要差得多。更多的时间是让学生培养他们的师范技能，包括他们的课堂的组织能力，教具的制作能力等。所以这些师范学校对学生技能的培养，抓得特别好的。这批学生进了中小学以后，他们利用他们在中师里学到的技能，可以说是为我们的基础教育作出了重要的贡献。

问：他们真的很优秀。

答：你随便找一个中师生，你会发现他的写字，特别是写粉笔字、钢笔字，往往都是一手漂亮的粉笔字或者钢笔字。有一部分学生他们的毛笔字也写得很漂亮，甚至成了当地的书法家。音乐方面的能力，有一部分学生也相当的强。你来我们学校读书的时候，都能看到很多痕迹。包括我们那个琴房。那个琴房是拿来干啥子的呢？就是我们当初中师的学生在里面练手风琴的。有老师指导，很小一个琴房里面，摆着一个风琴，学生练了以后，初中小学就可以用。

问：难怪他们都说中师生很厉害，什么都会。

答：对这些毕业生来讲是很不公平的，他们出去以后只有中师文凭，所以工资往往比较低。他们出来以后，又长期在农村工作，像谈恋爱、买房子这些都遇到了较大的困难。十几岁就参加了工作，但是和大学毕业生相比，虽然工作上很优秀，但是往往生活上有很多不如意的地方。我原来在一个班当班主任了解到，他们活得不是很好，感觉到社会对他们欠了些什么。

问：我都是第一次听我们老师说起，感觉他们快被社会遗忘了。所以才想借着这个题问问您呢？

答：我们学校是1977年开始办的。当时是因为社会紧缺老师，所以就采取了一种折中的办法，让这些初中毕业生读中师，经过三年训练以后就开始当老师。按道理应该是大学毕业才能当老师。但这是那个时代没有办法的事情，是一种过渡措施。所以到1996年中师就差不多结束了，政府就没有再给指标招中师了。然后中师就在全国各地陆续没有了，所以中师已经成为历史。

近年在网上有一些文章在反思这个中师的问题，有些就觉得把中师过早的结束了非常可惜。就我个人而言，也觉得把中师彻底取消了是一种很大的遗憾。中师生虽然文凭不够，但是非常接地气。他培养出来去教初中、小学，尤其是教小学是非常合适的。他集中精力把他的师范技能尤其是怎样写字，怎样把小学的短小的课文编得绘声绘色地给学生讲出来，讲好教好。只有优秀的中师生才办得到。往往很多大学生就把事情办不好。

问：是的，请您接着谈。

答：我自己读小学的时候是民办教师教我们的。那时候老师的水平你可想而知。进了初中以后我很幸运我的老师基本都是中师毕业生，他们很优秀。尤其是我的英语老师，我那时很幸运一开始接受的就是比较正规的英语教育。他教我们的发音是非常准确的。高中的时候也是，高中的时候的英语老师是峨眉师范毕业的，也是经过了专业的训练的。可以说我是我们这一代人中，在四川都是比较幸运的。英语学习一路碰到两个优秀的老师，所以我才自己后面有希望当英语老师。最优秀的人应该去教小学，据说在日本就是这样子的。我们的这一代中师生以后你有机会和他们接触一下。其实他们现在已经分散于社会的各个行业，不光是在学校里面。你会发现他们能力非常的全面，走到哪里他们都表现出他们相当优秀的一面。可以说这几十年让他们在小学和初中里面，的的确确，对我们仁寿的教育那是做了相当大的贡献的，如果让一个大学生去，他往往在小学初中里面教起书会不安心的，觉得有点亏待了他。而中师生他就能够静下心来教他的书，这点很难得。不是说大学生不行，大学生肯定也很行，但是大学生在大学里受的教育，他可能不一定接地气，比如说他写的字都很难说把他真正写端正，更不要说写得很好看了。我也是从大学师范出来的，我晓得在大学师范培养出来的那些技能实际上是不够用的，而我们中师生呢，当时培养写字，每天下午的第一节课，都是写字课。学生不去做别的，就是把毛笔粉笔、钢笔拿着，先写一节课的字再说，天天如此。你想这样三年训练下来有哪个学生的字会很难看。都很漂亮，有些甚至是写得相当漂亮。

（杨明，2019年10月15日，四川省眉山市仁寿县）

在乡村小学的生活是很难称得上丰富多彩的，中师生从趣味盎然的师范学校进入相对荒凉的乡村小学，首先要面对的是心理的调适。有人说，许多中师生最初都是抱着"跳农门"的心态去读中师的，毕业后还是回到了农村，因此会出现心理的落差。然而，大多数人在回忆中并不在乎这点，最多因为看到同龄人考上大学而感到某种失落。中师毕业后尽管还是回到乡村，但是已经有"国家干部"身份加持，中师生感觉自己"跳农门"成功了。直到入职多年以后，他们发现自己与读高中考大学的同龄人之间巨大的差距，才会产生一种"后见之明"的遗憾。此时，许多中师生才意识到自己的优秀，发出一阵时不与我的叹息。

其次，中师生在乡村小学工作面临饮食起居等现实生活困难。乡村小学大都在偏僻山区，交通不便，商业也欠发达，因此，中师生的吃、穿、住、行、用大都不便。有人回忆起乡村小学所在地居然有狼出没，老师的人身安全都受到一定威胁。中师生群体在恶劣的生活环境下扎根乡村，坚守初心，实为不易。好在中师生群体本就来自农村，大都具备很强的生活能力，做饭洗衣、水电维修甚至开荒种地都能胜任，因此，他们能够克服生活中的种种困难，在乡村长期工作。

第三，中师生要面对并不优厚的工资待遇。从改革开放之初至20世纪

90年代初，尽管教师工资待遇不高，但比起近在咫尺的农民来说还是具有优势，加上"国家干部"身份所带来的确定性，中师生们总体说来还是满意的。1992年以后，许多农民外出打工（尤其是广东、浙江等东南沿海省市），可支配收入迅速提升，相较之下，中师生的工资便不再具有优势。加之物价逐年上涨，中师生的实际生活水平便呈下降趋势。1997年以后，不少地方政府财政状况不好，拖欠教师工资的情况时有出现，更让部分中师生产生了较大的心理落差。

第四，中师生面临男女有别的恋爱和婚姻。经济收入水平直接影响着社会舆论对中师生的评价，而这种对中师生社会地位有心或无意的评价会大大影响中师生的恋爱和婚姻。在20世纪80年代，中师生的收入在农村具有一定的优势，加上知识分子的某种权威性和稀缺性，中师生的恋爱和婚姻是相对容易的。大约到了20世纪90年代中期，随着中师生收入水平与周边环境的优势丧失，中师生在恋爱和婚姻方面便面临一些现实的问题。在传统城乡社会的圈子里，女中师生找对象非常容易，且有较大的选择余地，她们通常还有机会追求甜蜜而永恒的梦幻爱情。对于男中师生而言，形势就严峻得多，若能找到同行，基本上已算最好的选择。就算男中师生找到了同行，也并不意味着就能高枕无忧，购房、结婚、生子的压力往往不是那份微薄的工资能够负担的。长此以往的后果是，优秀男青年对于加入农村教师队伍逐渐生出犹豫之心，甚至视为畏途。

上述诸点，引出几个值得深思的现实问题：如何吸引最优秀的人才到教育队伍中来？农村依靠什么才能留住优秀教师？教师队伍性别结构失调的根源在哪里？提高教师的实际收入水平，回应读书人的现实期待，改善教学条件，重塑教师的尊严和社会地位，或是着力之处。

第七章 中师生的职业发展

中师生的职业发展,大体可以分为坚守者、调动者、升学和转行者三大类。

一、坚守者

中师生绝大多数都只能是农村基础教育的坚守者,不过,坚守者的晋升通道是非常受限的。四川仁寿的一位秦老师回忆说,中师生毕业后的去向基本上全是乡村小学。

问:现在我们还不太理解中师毕业生是个什么概念,您可以给我讲解一下吗?

答:中师毕业生就是中等师范毕业的学生,也就是初中毕业就可以考师范学校,毕了业就可以直接出去教小学的老师。

问:那中师毕业生当时是不能教初中吗?

答:也可以教,也有教的。

问:那现在中师制度是不是已经取消了?

答:现在因为大专多了,中师现在就被取消了。

问:之前我听说中师毕业生就是中专生,是不是的呢?

答:中专包括很多,有工业学校、卫校、农校、无线电工业学校、煤炭学校等等,这些都属于中专。师范只是中等专业里面的一个,它属于教育系统的。

问：就相当于中专涵盖了中师这个概念吗？

答：对，是的。

问：现在的中师毕业的老师是不是基本上就是你们这种已经退休了的老师？

答：中师生老师大多是已经退休了。原来仁寿县只有2所高中校和1所师范校。

问：那当时像你们这种老师除了中师还有其他什么选择吗？

答：如果是师范毕业生，当然就是从教。

问：我的意思是说，基本上从教的都是中师毕业生吗？

答：大多数是，但是也有初中毕业出来教书的，因为那个时候有民办学校。

问：之前中师毕业生是很少的吗？

答：不多。比如说我们仁寿县，一所师范一年只招几个班，就3、4个班左右。一般的时候都是3个班，也就是150人左右。

问：中师当时是教育领域的领头羊吗？

答：从事基础教育，就是小学、初中之类的打基础的教育。

问：那您作为一名教师，当时是为什么会选择去当一名人民教师呢？

答：那个时候要普及文化。初中毕业的时候还要下乡进行扫盲活动，当时农村里面还存在很多的文盲，还有很多学生当时因为家庭贫困都不能接受教育。学校也办得少，以前一个公社也就是现在的一个乡，只有一所小学，改革开放以后，学校才开始办得多了，以前都不存在幼儿园之类的，就直接是小学起步。现在才是普及了教育，凡是适龄的都要读小学初中。所以后来很多人都自愿选择去当了教师。因为当时教师的话，就相当于吃国家粮了，相当于铁饭碗了。

（秦劲，2019年10月2日，电话访谈）

四川的一位陈老师说得更为明白，但凡评职称、提拔，"事事都要看第一学历，中师学历依然是这个群体的命门"，他将中师学历称为中师生的"胎记"。

问：您是哪一年成为中师生的？

答：大概是1979年。

问：您成为中师生的原因是什么？

答：一是那时候经济条件落后，生活比较困难；二是那时候缺乏教育工作者，中师生政府会分配工作。

问：那时成为中师生的要求或者具体的条件是什么？

答：我们那时候要考面试，而且分数也很高，一般对女生要求的分数会比男生稍微高一点。当时还有考形体、口齿、形象等等，多多少少都会考一点。当时要求的是一专多能，全面发展，国家要招收好的人才。我记得还考了乐理，还有五线谱。面试的时候，很多人就是其中一项没过，然后就被刷下来了，还是蛮严格的。

问：我还以为中师生只是对成绩要求高一些点就行，没想到要求有这么严。

答：那不一样，标准不一样，因为他们以后要成为人民教师，标准会高一点。而且每个地方的要求也不一样，像福州市的要求的会更高一些。

问：当时中师生的社会地位怎样呢？

答：当时还是挺高的，对老师相对还是比较尊重，社会地位相对还是比较高，但是就是收入不是很高。

问：在职业生涯中，有什么令您难忘的回忆吗？

答：就是孩子都很可爱，我们都还是专业一点，做好自己的事，还是各项技能都要掌握。包括写粉笔字、毛笔字、简笔画，包括我们自己的口语语音要标准等等。各种技能都是要掌握，因为在以后你会发现在职业生涯中还是技多不压身，还是很好用的。你什么都要会一点，要是你什么都不会的话就会比较麻烦。还是要趁大学多学一点东西，如果你什么都不会，你就会发现你和一般的老师都差不多，还是要有一点特长，把它学精、做精了，就很好了。

问：您由此得到的启示是什么呢？

答：要学好自身的各项师范技能，要一专多能，抓牢一项自己专业技能，其他的多多少少都了解、掌握一点为好。

问：您以前是教英语的，那现在英语有退步吗？

答：英语的话，现在没怎么说肯定会退步，语言就是需要环境。你要是不说的话，有时候还要好好想想才想得起来。

问：中师生出来只能教小学生吗？

答：一开始只能教小学，要教中学至少都要大专的。如果想教初中、高中甚至大学的话需要申请调动，把大专或是本科的文凭补上去之后再申请调动，照样还是要面试、考核，你才能到某个中学当老师，到大学只能当助教。反正硬性条件一定要达到，比如说他要什么文凭、什么资历，必须要有两年到三年的工作经历等等。达到了才可以去面试，且各个学校的要求不同，这个不好说。

问：那您现在是退休了，有没有觉得当时还是挺美好的呢？

答：不错，有很多美好的回忆。

问：那您有没有后悔成为中师生？

答：没有，我为什么要去后悔，后悔就当时不会去做了。不要后悔，选择了就努力去做。就努力向前，去发光发热就可以了，后悔这两个字，一直是负能量的，没有必要。世界上有一种无奈叫：即使你努力了，依然得不到认可。在后来的评职、提拔中，事事都要看第一学历，中师学历依然是这个群体的命门，他们本是最有资格炫耀初始学历的人，结果却是深受学历之苦。中师学历成了中师生身上的"胎记"，是他们内心永远也跨不去的一道坎。但是，他们依然深深地扎根这个行业。时间如指尖流沙，一天天，一年年，三年的中师生涯转瞬即逝，每个人背上行囊，流着眼泪，互道珍重，从此各自一方。犹如散落的蒲公英，扑向了基层教育最需要的地方，一方黑板，一身粉末，一笔薪水，终其一生。

（陈强，2019 年 10 月 20 日，网络访谈）

四川西充的一位黄老师表示，这几十年间在各行各业发展得好的大都是师范生。

问：您能先讲讲为什么会选择中师吗？

答：那个时候，大学的录取率是极其低的。主要是教育条件较好的大城市孩子考上。而中专则成为广大农村孩子的首选。考上中师和中专便是一步登天，上城市户口、解决口粮、分配工作、干部编制。直接一步到位，从此人生开挂。那个时候，咱们家条件一般，对于普通家庭来说，找一份普通的工作是梦寐以求的。包分配就代表着有铁饭碗，出来不愁没工作。

问：那当时考中师容易吗？

答：可不能小瞧那时的中师，在当时能上中师是非常了不起的，当时大姨那一届只考起了 3 个人，当时全村还放了电影庆祝呢。

问：那可以具体讲讲考中师有多难吗，和现在考大学比起来呢？

答：当时初中毕业报考中专要进行预考筛选，考分靠前的才有资格考中专，各个学校成绩排名前位的基本都去读中专了，而中师因为是师范类，又有更严格的要求。可以说，能进入中师的都是品学兼优的学生，不瞒你说，大姨还是复读了一年才考上的。如果拿现在的学历参考，我们是可以上

985、211 的。

问：那当年中师的社会地位与评价也一定很高吧？

答：确实是这样的，26 年前考上中师和中专的学子，是尖子中的尖子，学霸中的学霸。在当年，只有考不上中专的人才会选择去读高中，中专文凭完全可以处于所有学历鄙视链的顶端。当年在普通社会阶层，像我们这样的家庭，什么最有吸引力？那当然是能有一份稳定的国家工作，再说当一位人民教师，教书育人，再体面不过了！

问：那中师生到底有多优秀呢？

答：不是我自夸，以后几十年各行各业做得好的普遍都是师范生。无论是从政还是经商，相当一部分都是教师改行的，成为各行业的精英，那一时期很多政府机关选拔人才，都是直接从学校老师里挑选。以至于很多地方教育系统明文规定不允许老师跳槽，不允许在教师中挖人。即便如此，也有很多通过各种途径离开学校后大器晚成的。考入师范后，为了适应小学教育，要求全面发展，对音体美都进行强化训练。

问：如果再给您一次机会的话，您是选择考大学还是考中师？

答：按照当时的情况来看，我还是会选择中师。那个百废待兴、城乡差别很大的年代，早工作早谋生是一个普遍的愿望。再说国家号召初中毕业生报考中师，又因为免学费、包分配、国家补助伙食费，农村家庭的孩子一定会选择中师。

问：中师是什么时候开始走下坡路的呢？

答：在 1992 年之后，考上中师和中专的难度就急转而下，甚至呈现出"自由落体式"的"大翻转"，中师的价值一下子出现严重"贬值"的状况。2000 年左右的中师和中专生大概是最后一批包分配的学生。也就是说 20 年前的中师生都是包分配的。可以直接被分配到中小学和幼儿园。时过境迁，到了 2000 年以后中专开始不包分配，录取的学生人数也变多了，招生的条件放宽了，慢慢中专生从逐渐是优等生变成了中等生。到了 2005 年左右，一些大、中专院校实行了 3+2 模式，录取学生的门槛也越来越低，读中专逐渐不是初中毕业生的首选，高中成了大多数初中生的首选。

（黄雪琼，2019 年 10 月 5 日，四川省南充市西充县）

四川资阳的一位卢老师认为，中师生的职业发展有一种"高不成低不就"的感觉。

问：您可以具体谈谈您当年工作的经历吗？

答：当年我们毕业后被教育局分配到伍隍镇初级中学，因为我们都是属于中师生，相当于现在的中专文凭，所以当时学校的领导班子都不太愿意接收我们。当时我们也曾给教育局反映过这个问题，但领导给学校说先用用再说。后来，学校虽然都接收了我们，但只是让我们几个中师生去教生物、地理、历史等副科，那些语数外都是让师专、师大的毕业生教的。后来也是因为在这一行干得久了，于是就留了下来继续我的教学生涯。

问：请问当时您开始当老师面对的是什么样的情形呢？

答：其实像很多老师，包括我们学校的老师，很多都是中师生毕业就出来教书。当时毕业一出来，年龄是特别的小，感觉自己都是小孩的年纪，就成了老师，但对我们那时的十几岁的年轻人，确实大多数都早早地独立生活了。自己教的学生的年龄大多只比自己小几岁，所以刚刚教书的时候还是很不适应。感觉当时的学生很多就像朋友一样的关系，一起学习，成长，慢慢地教书就越来越娴熟。

问：是什么力量能让您教这么多年的书呢？

答：梁启超曾经说过："少年强，则国家强，少年富，则国家富"。国家要想强大，就要靠未来的青少年。而作为一名教师，则可以帮助国家培养出优秀的下一代，为祖国和社会做出贡献。其实有时候，我也很累，我也想过放弃，但是每当我看到学生们那满怀期待知识的目光的时候，我就又会充满力量，用自己的热血去谱写他们的青春。我认为自己有责任、有义务站在时代的前头，为传承文明作出自己最大的努力。

问：您可以讲述一下中师生群体的现状吗？

答：现在中师生的条件比以前好了许多。还记得我们刚毕业出来工作的那会儿。论经验比不上工作许久的老教师。论学历也比不过受过高等教育的老师。我们就只有去教一些副科。但现在好了。一类职业养一行人。我们在这个行业里待久了，工作经验也丰富了。伴随国家的发展，我们的学习资历也跟上了。国家让我们拥有了稳定的工作。总之一句话，我们现在的工作条件实在是比以前好很多了。虽然当年我们非常辛苦，但我认为这一切都是值得的。我们无怨无悔。我的青春是奉献给了教育，我也将继续在我的青春之路上前行。

问：您对改革开放以来我国教育事业的发展有什么看法吗？

答：说实话，我既骄傲又无奈，骄傲的是我们中师生作为改革开放事业中的先锋，弥补了我们国家在当时基础教育上的薄弱点。尤其是在农村那些不是很发达的地方，我们中师生去普及基础教育。让很多农村的孩子有读书的机会。但是，我们有无奈的地方，那就是我们的学历很尴尬，说我们算中专吗？也不合适，毕竟当初我们能考上中师，比现在考个大学要难得很多。但是吧，我们也没接受过高中教育，所以就有点高低不就的感觉。

（卢晓东，2019年10月5日，四川省资阳市）

对于绝大多数中师生来说，他们的职业大都锁定在乡镇学校。四川的一位文老师就表示，他的绝大多数同学至今仍然在乡镇教书，"如果再有一次机会的话，不会选择中师了"。

第七章 中师生的职业发展

问：请问中师生是如何发展起来的？可以说说吗？

答：大约从1980年前后，为了解决农村中小学师资严重不足的问题，国家在全国范围内，实行从初中毕业生中招收优秀毕业生就读师范学校，在师范学校学习三年，毕业后分配到农村中小学教书。当教师就意味着跳出农门，吃着铁饭碗，对许多家庭有着巨大的吸引力。

问：您是哪一年初中毕业的呢？当时您中考考了多少分？中考成绩的排名是怎样的呢？

答：我是初中毕业是1993年，考了460多分，在我们那个地方排名前三名。

问：您的志愿都是填的师范类的吗？

答：当时也没想那么多，就听父母的、老师的建议，说当教师好，所以大多数填的师范类。

问：在那么多志愿中，为什么选择了师范这个职业呢？

答：当时为什么考师范呢？就是为了从农村中走出去，可以不干农活了，就这么个想法。

问：在80年代，考上中师与考上高中哪个更好呢？

答：当时我们考师范感觉比考高中要好一些，能够考上师范的都能考上高中。就业前景就是毕业以后分配到乡镇一级的学校。

问：那您考取了哪个师范学校呢？

答：当时我考取的是三台师范学校，三台是三台县，以前的师范学校都是县级的。

问：当时你们的学校或者是村上有多少人考上了高中？有多少人报考上了中师？

答：我们当时考上高中的有十几个吧，考上师范的我们学校有两个。

问：当时被师范学校录取了，知道自己成了一名中师生，心里有什么想法或者是感受呢？

答：当时知道被录取了，还是很高兴。大家都知道，我国在刚恢复高考制度不久的时期，对于教师的需求量非常的大，所以国家就在政策上下了很大的功夫，以包工作分配和免学费的形式来吸引考生。当时中师生上学不用花钱，而且还有生活补贴，毕业也是包分配。想到以后都有稳定的工作，不用在农村干活那么辛苦了。

问：在师范学校要学哪些课程呢？

答：在师范，我们学了语文、数学、物理、化学、音乐、美术、体育、生物、地理。

问：大多数人分配在哪儿教书呢？分配在了农村有失落感吗？

答：考上中师，以后我们一般都分配到镇上的学校，职业前景也就比较渺茫了。我们其他考上高中的同学，很多都考上大学了，他们的发展前景都不一样啊！

问：随着成人教育的普及，您有没有想过提高自己的学历？

答：想过，但当时也没想多长远，就算了。

问：经了解，您的教龄有24年之久了，那在教书育人过程中，有发生过哪些大事吗？有哪些值得回忆和高兴的事情呢？

答：在教书育人的过程中，没发生什么大事，也没有什么太值得高兴或悲伤的事情。

问：您现在还在教书吗？现在是一个什么教师等级呢？您那时候考上了中师的同学还在教学岗位吗？

答：我现在还在教书，绝大部分同学都在教，是中学一级教师。

问：对于现在的多媒体教学，您感觉到困难吗？对此有什么想法和感受呢？

答：这个学校也给我们培训了，一学就会了。想法和感受，以前就只有黑板，现在有了各种网络媒体，说明国家科学技术的进步。

问：如果重新给您一次选择的机会，您还会报考中师吗？

答：如果让我再做一次选择的话，我不会再选择中师了。

问：您的职业素养那些有影响到自己的子女吗？

答：我自己的职业素养对子女的影响并不是很大。

（文正，2019年10月8日，网络访谈）

事实上，大多数中师生需要在农村工作40多年才能退休，不可谓不长。四川西昌的一位李老师回忆说，大家基本上在十七八岁就开始在农村教小学了。

问：请问您以前是在哪个学校毕业的呢？

答：阿坝师范学校。

问：那您之前在哪个学校任教呢？

答：西昌市河西中学。

问：您能谈谈以前学校和现在学校的区别吗？

答：学校以前的条件没有现在的条件的好，以前的教室都是砖瓦房和土房子，桌子板凳都是木头的很破烂，现在的情况好多了，桌子板凳教室样样都好，现在的娃儿比我们以前幸福多了！

问：在你们那个年代，读中师和出来工作大概是多少岁呢？

答：我们那个年代，入学年龄普遍在14岁到15岁，17岁到18岁毕业就被分配到各地中小学任教，只有极少部分会进入高一级大专继续深造。最早的一批中师生已经50多岁了，最后一批也快40岁了。

问：听说以前考上中师就解决了任何问题，是这样子的吗？

答：在当年，只有考不上中专的人才会选择去读高中，中专文凭完全可以处于所有学历鄙视链的顶端。考上中师和中专便是一步登天，上城市户口、解决口粮、分配工作、干部编制。直接一步到位，什么都给你解决了。那时候中师和中专真的不好考。全县上万考生，前50名才有希望考上。

问：那中师毕业前景这么好，现在为什么走下坡路了呢？

答：以前条件不好，读中专的话学校可以免学费，给家里减轻了好大的负担。在学校吃住，吃的话，是学校发的粮票，男孩子一般都不够吃，女孩子还好。现在条件好了，哪里会有吃不饱的，上学还可以找国家贷款，还有国家助学金。

问：那你们以前与现在比，在生活方面有什么区别吗？

答：2000年左右中专开始不包分配，录取的学生人数也变多了，招生的条件放宽了，慢慢中专生逐渐从优等生变成了中等生。到了2005年，一些大、中专院校实行了3+2模式，录取学生的门槛也越来越低，读中专逐渐不是初中毕业生的首选，高中成了大多数初中生的首选。如今国家越来越强大，我们的生活和教育也越来越好了，得到了很大的改善，所以要感谢中国共产党，你们也要积极争取成为一个党员，才能为国争光。

（李学慧，2019年10月18日，四川省西昌市）

四川省乐山市的一位陈老师回忆起几十年在乡镇当老师的生活时，不禁与自己的初中同学做比较，表示"那些读了大学的同学现在过得比我好多了"。

问：我听说当时的中师只有学习好的才能考上，是这样吗？

答：至少都是中等以上。当然那种成绩特别好的最后都考上大学了。

问：您觉得立中师教育有必要吗？

答：我觉得还是挺有必要的。以前没有师范大学，老师全是从中高师出来的，中师培养了很多老师出来，是以前老师的主力军。

问：您觉得您和您读了大学的同学相比有什么区别吗？

答：区别肯定有。我那些读了大学的同学现在过得比我好多了，我还是只能在镇上当个老师。

问：那您会对您当时的选择感到后悔吗？

答：其实也不能说后悔，羡慕别人肯定是有的，但是我觉得我现在的生活也很充实。在一个安安静静的小镇上，教着一群半大不小的孩子，看着慢慢长大，看着他们走出去，其实也有一种我自己走出镇的感觉。

问：那您觉得是职业选择了您还是您选择了职业？

答：我觉得都有。当时我成绩在班上成绩差不多前五，其实可以冲一下大学。你们这一代的娃儿可能不晓得当时的中师是包分配工作的，那个年代工作不好找，最后权衡了一下还是选择了中师，我觉得还是一个双向选择的过程。

问：听说当时去读中专也是有大多数人不支持的，有各种原因，那您为什么要去读呢？

答：当时家里人还是挺支持的。反而我自己心里有点抗拒。其实还是想去冲下大学的，不过最后还是妥协了，选择了比较保险的中师。

问：那您觉得改革开放后的政策对中师教育有什么影响吗？

答：基础教育是中国教育的基石，以前的中师为我国的基础教育发展起到举足轻重作用。特别改革开放以来，它成功培养了一大批业务能力突出的全科小学师资，占据着基础教育的半壁江山。而且其中还是有很多人成长为一线最优秀的专家型教师和教育管理者。现在我国师范教育转型，中等师范学校相继被撤销，小学师资改由高等师范院校培养。但是中师办学的成功经验和传统价值不容忽视，对我国小学师资振兴具有重要的借鉴意义，同时也对探索教师教育专业发展具有一定参考价值。

问：请问您和您的第一批毕业的学生还有联系吗？

答：有，但是有联系的不多了，也就几个。

问：站在您的角度，您觉得改革开放后中师教育有什么改变呢？

答：中师，改革开放初期"中等师范学校"就叫中师，这个称呼起码沿用了近30年。只是从10来年前开始，许多中等师范学校都逐步升格到了高等师范专科学校甚至升到师范学院、师范大学，"中师"这个名词才逐渐退出历史舞台。

（陈平，2019年10月18日，四川省乐山市）

面对职业发展的瓶颈，很多老师表现得很淡然。四川的一位余老师回忆说，在特定的环境里选择了教书育人这条道路，从不后悔，也不失落。

问：您当时读书的时候很艰苦，能描述一下当时的大概情况吗？

答：我读初中的时候每天来回走近2个小时的路程，一早出发，晚上6点过能到家，中午吃端到学校里在伙食团蒸热的饭菜。咸菜伴随我们三年的初中生活。时常光着脚丫去上学。看到两角钱一份的白菜羡慕极了，更不必说吃一顿肉。在初三住校期间，每天学习到晚上两三点钟，书本成了我的大餐。没想过毕业后考不上中师、中专怎么办？只是一味地努力再努力。

问：当时你们成绩都是拔尖的最优秀的，是什么原因让您选择成为一名中师生这条扎根教书育人的道路呢？

答：选择中师生，一方面是因为我的叔辈是教师，受到潜移默化的影响，包括成为一名共产党员，都是这样，我也想像我的叔辈一样受到大家的尊重。另一方面是因为别无选择，走出农村也许是我们当时所有学子最渴望的事。

问：当时您的家人朋友对于您的选择持什么样的看法呢？

答：考上中师，那是全家人的骄傲，乃至是全家族的骄傲。从此以后，家里有一个吃国家粮的人了，也是从那时开始，我们家5口人粮食才够吃。大家非常高兴。

问：当时最优秀的你们却一生扎根于乡村，当您回顾这一路走来的历程，会后悔自己当初的决定吗？如果能重来一次您会怎么选择呢？

答：不后悔选择，我喜欢孩子们，喜欢我的教育事业。唯有的遗憾就是知识文化浅了，在用时感觉不够。

问：从您成为一名中师生到现在也几十年了，有让您印象特别深的事情吗？

答：在读中师毕业分配后，分配到一个交通不方便的地方，工作生活条件很艰苦。看到那里的乡亲很穷也很纯朴。记得我过生日时，孩子们把家里的鸡刚下的蛋拿到学校给我过生日，我感动极了。我发誓说无论我在什么样的环境里，无论待遇怎样，我都会全身心地付诸教育事业。

问：有人说，曾经的学霸读中师，是"个人的不幸，却是教育的大幸"，说"中师生是最失落的一代"，您对此是怎么看的？

答：在特定的环境里选择了教书育人这条道路。从不后悔，也不失落。

问：经历了这些岁月，您应该也有很多感悟吧，您有什么想对现在的青年们说的呢？

答：作为年轻的一代，应珍惜现在拥有的幸福的生活。努力学习，好好工作！

（余东平，2019年10月6日，网络访谈）

面对数十年如一日的乡村教学生活，中师生们很少有怨言。四川平昌的一位白老师表示，自己并不觉得低人一等，每个人选择的人生路不同，既然选择了乡村教育，就应承担这一选择所带来的连锁后果。

问：请问您是哪一年就读中师的？

答：我是一名中师生，1985年进入师范学习，1988年回自己老家做老师至今。

问：您为什么当年要报考师范学校呢？

答：当时是有很多因素致使我去师范读书的。第一个因素就是国家出的政策就是这样。当年初中毕业升学，是先考中专，再考高中，就是说学习成绩好的学生会优先被中专录取。第二个因素是考上中专就会实现农转非。农转非的意思是农业户口转非农业的户口，上学国家出钱，毕业后国家包分配，也就是说，考上中专，你就是国家的人了。第三个因素是经济条件不允许。我生活的农村条件差，我的兄弟姐妹很多，我们家庭温饱问题也很难解决，高中也要到县城或者是外地去读，也要交学杂费，自带干粮，不仅离家远，还要自带被子去学校，大多数的农村孩子不具备这样的条件。还有一些很重要的因素是，当时我们的见识短，所知道的职业除了教师就是护士等其他职业。因此，当时填报志愿时也就只有这些选项。当时可选择的学校极少，师范类人数多，为了保险起见，老师就推荐报师范，而当时的学校录取是师范优先，所以我被录取了。在那个时代的农村，如果考不上中专的孩子，大多数都出去务农了。对于学校教育的创新性教学，我也有一些自己的看法。当时学校的有些老师只注重学生的成绩，而不注重学生的全面发展。传统的教育观念是把学生的成绩放在第一位，但我认为单纯的成绩指标不能评判学生的优劣和教学质量的高低。教学方式和学生的发展都应该朝着"多样化""个性化"方向发展。学生的兴趣和禀赋是不同的，每个学生都是独一无二的，应以学生为本，尊重学生的个性特长和兴趣。需要为每一个学生终身发展奠定基础。

问：对于曾经的你们，在学业上那么优秀，却因为国家政策而没能圆自己的大学梦，有什么遗憾吗？

答：师范毕业至今31年多了，无论世事如何变迁，我一直在坚守，在自己的家乡教育着一代代的孩子们，无论后来我的同学上高中、上大学、在大城市工作、做大学教授、做大公司老板、赚大钱、开豪车、住豪宅，我从不眼红，也从不后悔。社会如此，历史如此，那时上师范，对于我和我的家庭是最好的选择，做了30多年教师，我觉得这个教师职业也最适合我。

问：那您当时考虑过专升本吗？

答：我当时也考虑过专升本这个问题，但是在那个教书时代，看着这些偏僻荒凉的乡村中小学，有很多学生读不了书，当时我们那里的老师很稀缺，我教数学、语文、体育、绘画。如果我专升本离开了学校，那学校其他老师会更辛苦，那里的小学没有更多的教学资源，有些学生可能还会放弃学习。其他人升本，我也升本，那么中国的乡村教育也会受到影响。所以我就放弃了专升本，致力于在学校教书。

问：您与当时大学毕业的同学或者更高级别的老师一起聚会时，有什么感受？

答：首先，我并不觉得低人一等，每个人选择的人生路不同，既然自己选择了就应承担所带来的连锁后果。虽然我是中专毕业的教书老师不比他们有更高级的职称老师有优势，但是我们对于当时教学也是十分努力地改革创新，做出一个更适合学生的教学方案来。所以每个人身处的位置不同，那他身上担起的责任也不同。

（白群才，2019年10月7日，四川省巴中市平昌县）

二、调动者

中师生们并非完全一辈子在乡村小学工作，他们中的优秀者也有机会调动到县城里去工作。即便是在乡镇，也有小学、初中、高中之分。四川乐山的一位吴老师回忆说，只要一直学习、不断提高，中师生也有机会成为初中和高中教师。

问：请问您是什么时候考上中师的呢？

答：是在社会变革时，20世纪80年代初。那时中师生不是专门设置的。

问：您读中师需要读几年？有像现在的大学生一样接受专门的培训吗？

答：以前在电视广播学校读书，成为中师生就像现在的成人高考一样，但中师生是由四川省广播电视大学开办的。

问：那您从事教师行业多少年了？

答：30年了。

问：是从什么时候开始的？

答：从1980年开始的，2010年退休。

问：从事教师行业时，有什么印象深刻的事吗？

答：教师本身是个良心工作，要想尽千方百计把知识传授给学生，要使学生能够理解明白，关键是要把过程说明白，你不说清楚，学生就完全不懂。

问：20世纪90年代时很多学校都不愿接收中师生了，您当时是怎么想的呢？

答：随着社会的发展，肯定中师生是跟不上社会进步的，所以专科、本科就出来了。

问：您在从教的过程中有没有想过跳出这个行业？

答：一个工作哪能随便放弃呢，只能尽心尽力地去干好就行了。

问：当时的中师生都很优秀，如果不读中师可能还会上大学的，您当时想过不当中师生吗？

答：没有，每一件事都有一个过程的，你在特定的环境、特定的条件下,有些事情听起来很容易,实际上是很不容易的。

问:当年的中师生成绩都很优秀,但却只给了你们做小学老师的平台,你们有没有想去更高的平台?

答:中师生平台小这是错误的说法。一般说来,中师生是只能在小学,但是在实践中,自己在教学生活中能够自己提高,自己的终身教育是很厉害的。很多自己提高自己的中师生现在都成了高中教师、初中教师,这就是看你个人后头的发展,看你后头的学习了,不是一成不变的。

问:您当时面对那么多变化是怎么坚持下来的呢?

答:在那种情况下,你自己的条件不可能往更好地发展,那就只有坚持了。做一件自己喜欢的事情,就一定要做好。

(吴继荣,2019年10月8日,四川省乐山市)

有不少老师则抓住了人生中的机会,从乡镇学校调进县城成为小学或中学教师。四川仁寿的一位万老师就属于这群幸运儿之一。

问:我们知道能够成为中师生的当时都是非常优秀的学生,可以考上重点高中和大学,但当时您为什么要选择中师生这条路呢?

答:怎么说呢?应该说是被选择了吧!20多年前,不像现在这样网络通信各方面都很发达,当年面临选择的时候,我们也就是简单幼稚的初中生,什么都不懂,也没有从真正意义上了解那个选择代表什么,父母也是单纯的农民,没什么见识,给不出有见地的建议,再加上家庭贫困,觉得读三年中师就可以出来工作挣钱,为家里减轻负担。当年学校、老师好像也是理所当然就为我们安排了填中师或者中专的志愿,所以也就稀里糊涂就走上了这条路。

问:您能给我们分享一下您读中师生的学习和生活吗?

答：已不记得文化课学了什么了，印象深刻的就是心理学特别难背。除了文化课，我们还要勤练"三笔字"（钢笔字、粉笔字、毛笔字）和简笔画，学做标本、投影、电脑基本操作等。那个时候我们的选修课也就是在音乐、美术和体育里选一样，也有一些社团，比如摄影、普通话、小雨点文学社。生活肯定和现在的大学生完全没法比了。那个时候我们在学校都用餐票，当年有统招生（人数很少，我们年级200人，统招生好像只有20个）和委培生（学费要交高价），那个时候国家每个月给统招生发34元钱的生活费（都是餐票形式）。我们这种穷学生一个月的开销都不足100元。因为没钱，所以生活很简单，周末要么赖在床上看一天小说，要么去学校图书馆坐坐，或者同室友一起去逛逛金马市场（当年最便宜的市场），简单纯粹。也有难忘的时光，比如野炊、篝火晚会、文娱汇演（我还当过全校文娱汇演的主持人，还自编自导自演过小品）。停水的时候一起去学校后边的河沟里洗衣服，劳动服务周一周都搞卫生而不上课。第一次去实习，被小学生甜甜地叫"老师好"的自豪。虽然清苦，那段时光留下的却很是美好。所以，你们也要珍惜当下，不负青春，不负时代，不负自己！

问：您可以给我们分享一下您的从教生涯吗？

答：一晃工作20年了，感觉仿佛就如昨日。当年刚刚毕业的时候教过两年小学，或许是因为读书的时候学习成绩好，底子好，脑袋瓜还算聪明，学习能力也挺强吧。我感觉自己一直工作业绩上都还不错。这可能也归功于我愿意去钻研，工作态度也很认真。一路走来教过小学数学、小学语文、初中数学、初中地理、初中生物。大家常常开玩笑，我们那一代的中师生素质过硬，什么都能教。每接触一个学科都是自己先学习，钻研教材，大量做练习题，我总是觉得只要我学懂了，能做题了，就把我的方法教给学生，他们也就懂了。要给学生一碗水，自己至少要有一桶水，这是作为老师最起码要具备的条件。文凭也很重要，自考了专科文凭，函授了本科文凭。活到老学到老，教学上除了方法可以谈经验，我从来不觉得在知识上可以摆老资格。我教初中数学也有18年了，送走了一届又一届学生，但是从来没有觉得自己什么都懂。包括现在进课堂之前，我也都会把要讲的题自己先做一遍。这些年，也参加过大大小小的教学比赛，也得过一些奖，不过仍然时常会感受到教学的压力。因为时代在进步，学生的素质也要求老师要常变常新。在工作岗位上一日，就一直在路上。

问：您当初选择了当中师生导致了您后来普通的工作生活，如果当初您选择读高中读大学肯定比现在好，您曾后悔过吗？

答：谈不上后悔！毕竟当年也是顺其自然。而且，我觉得当老师也挺有意思的，因为我们的工作对象是一个个有思想有个性的孩子，挑战性极强。如果通过自己的努力，能尽力把较多的孩子教育成才，觉得很有成就感，比枯燥单调地坐办公室，日复一日地重复简单机械的工作，还是要来得惬意一些。虽然教师的工资待遇不高，但是做教师能照顾家庭，尤其可以有很多时间陪伴子女成长。所以，各行各业都各有利弊，最重要的是摆正心态。只要自己是一个对社会有用的人，无论什么工作，我觉得都应该脚踏实地地做好，在工作中寻找自己的社会存在感，不让自己精神空虚、生命虚度，这就是最好的人生。

问：那您是哪一届的中师生？读的哪所中师学校呢？

答：我是1999年从四川省仁寿师范学校毕业的。

（万雪华，2019年9月28日，四川省眉山市仁寿县）

四川德阳的一位汤老师不断努力，抓住机会，一路调动，现在已经成为城里的高中教师。

问：请问汤老师，中师生是在什么样的背景下出现的？

答：20世纪80、90年代，师资力量缺乏，而且师范院校很少，所设师范专业数量有限，所以为了培养小学教师而专门设立了中等师范院校。

问：培养中师生几年一届，开设有哪些科目呢？

答：是三年一届，就跟现在的大专差不多。中师生所学科目涉及所有科目，就像现在培养全科医生一样。

问：请问您是在什么时间成为中师生的呢？

答：我是在1983年的时候成为的一名中师生。

问：在您的那个年代考中师生的人多吗？

答：农村的孩子选择考中师的人数相对较多，在当时的那种情况，考上中师就相当于考上大学，在当时考取中师的比例基本上是1%，非常难考，比现在的学生考取大学的概率低很多，基本上是上了高中就可以读大学了。

问：当时考取中师有什么具体的要求呢？

答：考中师除了有成绩要求之外，还对身高、表达能力、才艺、身体健康这些方面有要求，需要表达能力非常好，才艺方面也需要能歌善舞或者在美术这些方面有很高的素养。

问：您当时读的是哪个学校呢？

答：广汉师范学校，现在已经被撤销了，被并入了现在广汉中学的高中部。以前的中师院校到现在基本上已经被撤销了，消失了，最起码都是成了师范学院或者大专院校。现在当老师都需要本科毕业并获得教师资格证等相应证书。

问：您当时的工作是学校分配还是自己去找的或参加应聘呢？

答：我们当时都是分配工作，到二〇〇几年的时候师范院校出来的基本上都是学校分配工作，但是现在，除了免费师范生，师范毕业生都需要自己去找工作，而不再是像以前与中师生一样学校分配了。

问：当时和您一起读中师的同学，后来是从事教师行业还是从事其他行业的工作呢？

答：大家刚毕业的时候从事教育行业的比例基本上是100%，都接受分配去当老师，但是工作几年之后有一些转到政府机构去当领导了。

问：请问您还了解在20世纪八九十年代教育上除了中师还有什么其他政策吗？能给我们讲解一下吗？

答：这个我不太清楚。我只知道大概从1985年开始兴起教师节，从那时候开始，教师越来越受到重视，教师的待遇也比之前好点了。但是现在去当老师要想待遇好，就建议去边远地区，如青海、甘肃、西藏等偏远地区。这些地区教师的工资待遇就比较高，他们的工资起码7000多，如果是在偏远地区的城市里面，其实条件也不是很艰苦。我之前也有去那些地方待过，其实城市里面的条件还是挺好的，并没有很艰苦，乡村里面的条件才是很艰苦的，有时候几百公里都没有人。你在那边去待个5年、10年就差不多了，签合同也不要签太久了。因为如果你觉得那边条件不错，那你可以选择在那边长待，但是如果你不想在那边待，走就是了。你要是有这方面的想法，就可以利用寒暑假提前去考察一下，他那边会有招聘，有现场招聘也有网上信息招聘。我们是四川省的肯定是觉得在四川这边还是会比较适应，工作环境和生活条件要好一点，但是工资待遇还是那边的要高些。

问：请问，你们当时那些没有考上中师生的学生后来都去做什么了呢？

答：大多是在农村务农。一般来说，农村的孩子没有考上高中和中师的，多数都在家干农活，那个年代也没有人外出打工或者下海经商的，基本上读了高中的就可以找到工作，但是没读的就基本上是在农村务农。

问：那个时候考中师应该是个热门吧？

答：对的，那个时候很多人都想考中师，就像现在的学生都想考大学一样，称考中师为跳农门。相当于考上中师就有正式的工作了，这也就是我们通常说的端铁饭碗了，就像现在考公务员一样的。我觉得那个时候考中师比现在考公务员还要难，但是现在考边远地区的公务员相对会容易一点。我给你们建议：本科读完了可以去读个研究生或者先出来就业，并且考取教小学初中的教师资格证，因为现在当高中老师一般都要求是研究生或者免费师范生。像你们这种非师范专业的本科生就可以去教小学、初中的学生，你们这一代正好赶上了教师缺乏、好当老师的好时候。因为二胎政策放开了，学生人数会增多，再加上一些年龄大的老教师又面临着退休，教师队伍缺乏人才，所以你们现在正处于教师队伍新老交替的时候。我想的话在5到10年内教师队伍会大换血，老一辈的退休了，新一辈的又进入了教师行业。还有就是你们现在作为行政管理专业的学生可以考专业对口的职业，比如公务员，我觉得早点准备的话也不是很难，而且考公务员可以分为两步走，即可以先考进事业单位，然后再边工作边准备考公务员。因为有些事业单位不像公招那样，只是在小范围内招人，你可以先考进事业单位工作，先养活自己，再准备考公务员。

问：当时您中师毕业的时候分配了工作，那您是一直在那所学校当老师还是有转到其他学了呢？

答：我是在不断地跳槽，不断地转学校从教。我们当时是遇到了初中老师缺乏，就直接被分配到初中学校上课，然后又面临着学历的提高。首先我们参加了考试，拿到了大专文凭，然后又考取本科，本科读完以后又遇到招高中老师，又考到高中去教书，所以就不断地跳了学校，不断地往更高的方向发展。我们读的本科是函授，也就是成人自考本科，只在寒暑假授课，一共要读三年。

（汤生云，2019年10月8日，四川省德阳市）

四川资阳的一位刘老师在乡镇小学工作十多年之后便调动到市里某知名小学。她回忆了几十年来从农村到城市工作的心路历程。

初中读了 4 年，一直觉得我属于没有读书天赋的那种人，好在自己刻苦努力，文科成绩在班上还能算得上中上，理科在 80 分以下。最痛苦的是记性不好，同学们半个早自习就能背诵的内容我要背几天才能记得住，所以我学得很辛苦，现在回想那时的日子实在是太苦，不是生活上的苦，是精神上的苦！初一时，隔壁班的班主任老师经常教隔壁班学生唱流行歌曲，一张大白纸上用毛笔写上简谱挂在黑板上，一根黄精棍子指着边教边唱，让我羡慕得要死。心想："要是我也能认识这些 123456 就好了。"后来在学校的垃圾堆旁边突然发现了那张写着曲谱的大白纸，我如获至宝把它捡起来偷偷拿回家收藏，有时间就看看，尽管那些 123456 一个也不会，但我还是收藏了好几年。

我不记得初中毕业后有没有参加中考，只记得要么读普通高中，要么去当保姆。在家里听爸爸说城里胡叔叔（爸爸的朋友）家要请保姆带一两岁的妹妹，他们想让我去，已经和胡叔叔家谈好了。说实话我真心不想再读书了，但一想到不读书了又很茫然，难道真的要出去当保姆或打工吗？好在爸爸最后还是选择了让我复读考师范，能解决工作拿个铁饭碗，于是让我开始了一年的复读生活，复读那一年，村里的同龄人初中毕业后都出去打工了，所有的假期都没有伙伴，做完作业就只有干活，说话的人都没有。特别是暑假，每天下午 6 点过太阳下山不热了就背着背篼去山上割红苕藤，一边唱着当时的流行歌曲《其实你不懂我的心》（好像是我骨子里带来的，所以对这种情绪的歌曲从小就偏爱），一边看着天边血红的晚霞，望着远处的山峦想着——山那边是哪里？那边是啥子样子？或者算算自己的各科考试成绩总分，离上师范校的录取还差多少分，如果数学多考十多分，物理多考多少分我就能考上师范……那个时候没人能与自己说话，喜怒哀乐均无人分享，说不出的那种孤寂，但对生活还是无限憧憬。

1996 年 9 月我作为委培生被师范校录取，进入资阳师范校普师班后学习成绩也一般，其实应该是差生，因为理科学得稀里糊涂，满脑子糨糊，不过由于有部分贪玩好耍的同学垫底，当不了倒数第一名，于是给自己定位"成绩一般"。中师三年继续在自卑里老老实实地"读书"，不好意思也不主动与同学交往，看着同学们成群结队地去南郊公园、铁路玩耍，我只能在心头默默羡慕。那个时候很迷茫，不知道自己要的是什么，生活和学习都没有目的。热爱学习的同学都去租小说或到图书馆借书看，而我总觉得自己成绩不好，再看小说就是不听话、不好好学习，对不起含辛茹苦的父母。现在想来真是白白浪费了三年的读书时光，现在想看小说却看不进去了，买回家的书几年来也就看完了三四本，最要命的是看完后就忘了书里讲的是什么。不过还是有让我怀念的情景：就是与我的同桌每天下课都拿出音乐书一边用手打着拍子一边视唱五线谱，由于长期的坚持，我学会了识谱，然后会唱很多很多歌曲，终于圆了我初中的那个梦想。虽然仅仅是会识谱，对工作也没帮助，但是由于我喜欢，故我觉得这是我这辈子最重要的受益匪浅的一个技能，它让我的生活比别人丰富了那么一点点。记得我还去新华书店买了一本厚厚的音乐书，上学就放在教室里，课间自己拿出来翻翻，今天学唱这首，明天学唱那首，周末就带回家。在家里我最喜欢烧火，因为烧火可以一直坐在灶边不动，就可以一边往灶膛里塞柴火，一边学唱书上的歌曲，那本厚厚的音乐书上的曲子我学会了2/3，不会的歌曲都是我觉得不好听的。

师范三年最痛苦的依然是假期，无论周末还是寒暑假，除了干活就是发呆，大年初二别人都在玩耍过节，我却拿上锄头去山坡上打柑子窝窝（给柑子树施肥的坑）或是去麦地里翻麦子行行。不是父母逼我，而是内心太孤独、太苦，只有使劲地一锄头一锄头不停地挖，然后把它们全都挖进土地里、深埋……

1999年师范校毕业，分配回镇上一所离城最近的紫薇小学教了我最不喜欢的数学，同时兼音乐教学。学校安排我和另外一个刚刚调到这所学校的同事江丽（后来我们成了闺蜜）教一个班，她比我高一级，比我早一年上班，由于她教了一年语文，我们两选择教哪一科时我选择了我最不喜欢的数学，让她继续教语文，从此我就走上了教数学的不归之路。工作半年后我和江丽商量一起参加全国成人高考拿一个大专文凭，她考上了，我没有考上，我继续复习，第二年考上了四川省教育学院汉语言专业，然后拿了一个大专毕业证。那时候工资330元，除了生活费剩下的钱全部拿回家还账。由于我性格原因，不会精打细算，但钱也没有乱用，妈妈总是嫌我拿回家的钱少了，她说我读书花了她的钱必须还，她的儿子花他的钱是该花的，因为她老了要跟她的儿子住，言下之意我是女儿，嫁出去的女，泼出去的水靠不住，因此我们总是吵架，我一点也不想回家，放假就到同学同事家玩，觉得自己就是一颗尘埃四处飘荡，不知道何处才是自己的家。几年后遇上政策调工资，好像一下子涨到了600多，后来700多，印象较深的是2007年生儿子，遇上涨工资我刚好1001元。

紫薇的老师都是农村人，他们信息闭塞，思想观念老套，成天不是摆东家长就是西家短，拉小团体，我内心不喜欢这样的生活，总是在心头问自己：难道要在这里生活工作一辈子？但又不想去改变，因为当时改变的办法就是调动，而这所学校是本镇最好的学校，要调动就只有往城里或城边调动。我不愿意爸爸为了我再去求人看别人的脸色，所以也没想过要离开这里。

在紫薇小学工作11年后，2010年6月同学劝我参加进城的考调，由于读书成绩一直不好，所以对考调我也没想过，但是同学极力劝我去试一下，还把报名表打印好亲自送到我手上，然后带我去买复习资料，结果她以第一名、我以第13名的成绩考上，故她是我生命里的贵人之一。当时是根据成绩来选学校，以我13名的成绩是选不到一、二、七小的，于是选了一所当时离家最近的学校。在这所学校里我的人生得到了改变，在紫薇教学11年没有人教过我怎样教书,加上自己天赋不够,工作成绩不是最差的但也不突出,在这所学校里我一年的收获比在紫薇11年的收获还多,连续五六年每年都能被学校派出去学习一两次,增长了很多见识,教学理念和方法也得到了大大提升。虽然教的是最差的班,但教学成绩不是最差的。在这里遇上了我的又一个贵人——分管学校教学的副校长,他和我们教同一个年级的数学,带着大家一起搞教研,叫我们如何教数学,几年的相处他很认可我的人品,收我做他徒弟,他每次上新课都要打电话叫我去听他的课,于是我迅速地成长了起来。在紫薇的11年没有完整的教完过一届学生,进城后完整地教完了一届,上一届的女生泼辣能干,无论是学习成绩还是管理能力,到了初中她们在班上甚至是学校依然优秀。这一届的学生不及上一届的能干,有待继续培养。

教完上一届接这一届学生时,我有机会教所谓的好班,但是我拒绝了,因为我不想工作得太有压力,同时觉得自己在人际交往与人交流这一块很欠缺,觉得选择教一个普通的班,做好自己分内的工作,教良心书,然后心情愉悦,快乐生活就够了。在这个学校已经10年半,年级组长当了8年半,现在协助学校做一部分学校的工作。期间也有机会换学校或单位,由于我是一个不喜欢折腾的人,最终还是没有挪地方。在这10年里让我欣慰的不是我的工作怎样怎样进步,而是我生活得越来越自信阳光,恬静淡泊、不悲不喜,这才是我一直想要的生活。我喜欢教师这个职业但并不喜欢教书,教书只是为了生存需要。

参加工作时我已经满了20岁,陆陆续续有大人给介绍对象,我比较排斥。一是不喜欢父母参与自己的生活(因为从小就叛逆),二是自己不自信。其实那时候没见过世面,没主见,不清楚自己要的是什么。后来终于谈了一个对象,父母都不喜欢,因为他们不喜欢,于是我和他们反起干。谈了4个年头,自己也觉得对方在待人接物等方面有很多我不认可的地方。但因为和妈妈关系不好，回家就吵架，从小就不愿意在家里待，一有机会就想出门到邻居家玩，如果父母上楼我就下楼，父母下楼我就上楼，反正不想和他们待在一起，跟他们一起我很压抑，不会说话不会笑。说实话，在我童年到结婚前我想象中的家一直是灰暗的：昏暗的屋子里两个或几个人走过去走过来，各做各的事，没有语言的交流，没有阳光。

在一个家庭中，好好说话很重要，信任、尊重、理解很重要，不幸的人用一生去治愈童年，我觉得我就是这个不幸的人。之所以说自己是不幸的，不是父母不爱我，而是我从小生活的环境：邻居与妈妈的争吵、妈妈与爷爷的争吵，每天妈妈在饭桌上一边吃饭一边哭诉，她如何辛苦如何被人欺负、爸爸如何不理解她，哪家又如何不对，不准我们和邻居家的小孩玩，出门邻居对我们的不理睬，我们又是如何如何的不听话。日复一日，我就是一个垃圾桶，每天盛满妈妈的垃圾情绪，然后我小小的内心就装满了沧桑、卑微与无助。虽然那个时候我并不知道沧桑这个词语以及它的意思，直到去年我才明白原来我的那些沧桑有很多都是妈妈的，别人听我唱歌后说我是一个有故事的人应该是这个原因吧！开始由于年纪小只能听着，默默承受，终于有一天我受不了了，开始反抗、叛逆，不愿意听妈妈说话，她一开口我就反感，直到现在。只是我不怪他们，毕竟他们也不懂，直到现在他们依然不明白我和他们的关系为什么这么生疏，为什么我不愿意和他们交流，不愿意和他们好好说话。

后来因为不想回家和妈妈吵架便结了婚，但是结婚后我发现依然生活在指责埋怨中。不过儿子的出生让我心头充满了阳光，30年里叫爸爸妈妈一直叫得很别扭很不自然，有了儿子后，叫起来要自然多了。由于在婚姻里得不到信任和尊重，从小到大都生活在争吵、指责与埋怨中的我不想再过这样的生活，于是在2015年3月时值我36岁时过上了单身生活。5月拿着6万元的家当买了现在的房子，78个平方米，运气好，刚好遇上新出政策"首套房首付可以只付两成"，总价30万，首付刚好6万元，2015年工资2495元，除了房租800元，还房贷1750元，工资根本不够，后来银行降息，工资也在逐年增长，现在工资3175元，虽然还是那么少，但是生活没有压力。

后来同办公室的姐姐带我走进了摄影圈，认识了几个哥哥姐姐，只要有时间就和他们一起耍，他们借单反相机给我用，但到现在我都没学会，一是我自己不肯钻，二是每次都被他们当模特使唤，后来我成了如风姐姐的御用模特，她成了我的御用摄影师。在玩摄影的这段时间我变化很大，学会了与人交流了，年长的姐姐们也教会了我很多东西，让我对自己有了正确的认识，变得越来越自信。在这5年里，朋友的关心帮助让我非常感动，在我遇到困难（买房、装修、生病、工作等问题）时，他们都会在我开口之前主动伸出援助之手，父母虽然借钱给我，但是他们给我的是嫌弃和指责，虽然他们是爱我的，而朋友给我的除了帮助还有温暖。所以，我的体会是：一个人的一生有真心的朋友，才是幸福的温暖人生。

2016年10月师傅帮我联系了装修师傅，谈好价格后，找朋友借钱开始装修。2017年搬进了真正属于自己的房子，小巧温馨，只有它才能为我遮风挡雨，才能接纳我的喜怒哀乐，从此风雨无惧，从此漂浮了半辈子的心终于尘埃落定。

（刘雪梅，2020年7月4日，四川省资阳市）

三、升学和转行者

中师生在工作中表现出来的优秀素质使其成为地方政府补充生力军首先考虑的对象。与此同时，社会还留给了中师生一条通往高等教育的狭窄之路，即通过自学获得大学文凭，甚至攻读硕博士研究生学位。

四川乐山的一位吴老师便是其中的佼佼者。

在当时国家刚刚改革开放应该是急需教育人才的这个情况下，需要速成形式地对教师培养，因为我们那个时候就是从初中毕业就去考师范，当时师范有两种，一种叫普师，还有一种叫高师，高师就是高中之后去读的师范，当时师范读两年。我们这种初师，就是初中毕业考起的普师，去读三年。三年毕业后，出来就让你教小学，当然有些初中缺教师的，会让你去教初中。

我印象中我自己教过语文数学，外语没教过，那儿会没学过外语，还有音乐体育美术，这些小学开的所有课程都要去教。这是第一个。第二个当时的学校状况几乎没有大中专学校毕业的老师，基本都是代课教师和民办教师，我当时分到一个村小，那个村小4个班，我一去什么都不懂，就去当村小老师，一直当了5年到1987年才调到中学。

当时确实需要老师，但是从个人命运来说，中师生和当时的同龄人比较反差太大了，这一部分人为国家的建设做了很多贡献，但是当时的中师生个人的人生价值没得到充分体现。我最明显的就是，当时我们全乡考上中师生的是全年级的一二三名，而我有个同学成绩靠后的，也是我的老乡，当时他考不起师范只能去读高中，读了5年就考起了大学，大学出来当老师又开始考研究生，后面又考起了博士生，读了出来以后当上了政府官员，重庆市的地厅级的官员，后面辞职不干了，又自己出来当老板。他应该是典型的成功人士。我们的很多同学都进了市、县一级的政府部门。

当时一个很大的趋势就是教师转行，去当公务员之类的。我们以前班上将近一半的人转到政府部门去了。所以，从总体来说，我们中师生个人至少没有充分体现出自己的人生价值。

（吴长青，2019年10月18日，四川省乐山市）

四川大英的一位周老师表示，他读中师的同学有一部分已经转行了。转行的同学中，大都从事行政工作和经商。

问：周老师，您现在还在任教吗？在哪里任教呢？任教多少年？

答：还在任教，在大英县，今年已经有21年了。

问：您是什么时候考入中等师范学校的呢？您考入的是哪所学校呢？

答：是在1995年9月的时候，是遂宁这边的师范学校。

问：当时您是怎么知道这个中师政策的呢？

答：当时大多都是老师宣传，一进初中老师就宣传3年以后你的去向，主要是通过学校方面知道这些政策的。

问：你们当时有多少人选择了中师生呢？

答：当时选择中师生的还是比较少，因为录取的人数还是比较少。它必须具备两个条件：一是初中应届毕业生，二是应届毕业生中的优等生。因为录取的人数还是很少的。

问：请问您对中师生有什么看法呢？

答：我们那一批中师生，不管是哪一方面都是比较强的，成绩方面当时在应届生中肯定是最好的，工作能力等各方面都是比较强的。

问：刚刚您也提到考入中师生的条件，首先是成绩要优秀，各方面都很强，对不对？

答：对，音体美在考试中也要占一定的分值，就相当于是要求全面发展，光成绩好，音体美这些不好也是考不上的。

问：那些没有考中师的人，他们会选择做什么呢？

答：没有考上的学生，当时那个环境，有两种选择：有一部分同学继续再读一年，但是他就没有资格选择中师生，因为不是应届生了，只能选择中专；还有第二种选择，就是考高中，再通过读高中来考大学。

问：那请问您还记得当时关于教育上的一些政策吗？

答：教育的政策，这么多年了，一些具体教育政策不是很清楚了。

问：那时国家培养你们中师生的主要方向是什么呢？

答：主要方向就是培养中小学教师、一线的教师，所以我们在读中师的三年当中，成绩当然是第一的，此外，特别注重我们能力的发展，普通话、口头演讲、"三笔字"等等，反正就是能力方面的要求是非常高的，主要就是能力，对各方面的要求比较严格。

问：那你们当时读中师的时候主要学习哪些课程呢？

答：课程应该和现在高中的差不多，只是少了一样，英语没有学，语文、数学、政治、历史、地理、生物、化学、物理都学了的，文化课都学了的，艺体方面就是体育、美术、音乐都是必修的，都是必须要学的，都是必须要达到一定的要求。还有一个就是文化课方面的，对于教师的教法，对于小学语文教材教法的课程比较多。

问：那请问您中师毕业过后第一年做了什么呢？

答：第一年是比较辛苦的，我第一年是分在一个离县城很近的一个学校，跟现在差不多的学校。但是出来的时候，因为是新的老师要求也比较高。当时出来接手教的就是小学一年级语文、数学，全班70多个人都一个人教，相当于是包班教学，很辛苦，但是自己也得到了很多锻炼。

问：当时您任教的学校招老师的标准是什么呢？会对中师生相对宽松一点吗？

答：没有，是因为当时教育的政策，不是招，是只要我们拿到文凭，不管中师生还是中专生都是统一分配的，只是优等生会被分配到好一点的学校，条件要好一点，能力不一样，安排的任务也不一样。

问：那您当年的中师同学现在在从事什么工作呢？

答：在成都，大多数都还在从事教学，有幼儿园的、小学的、初中的、高中的。也有一部分同学转行了，在政府各大局里面，有的现在已经是主要的领导了，也有极少部分同学走出了教育行业，自己又去闯了另一番事业。

问：那您毕业的工作是自己寻找的还是分配的呢？

答：都是教育局统一分配的。

(周洪春，2019年10月5日，四川省遂宁市大英县)

有些中师生想改行，却又犹豫不定。四川旺苍的一位卢老师回忆说，当年看见同学改行，想跟着一起改行闯荡一番，考虑到风险问题，加上对工作地点和教育行业有了感情，就放弃改行了。

问：您当时为什么要去读3年师范呢？

答：在我们那个年代，很多人想的是多赚点钱，所以没有考虑读大学的想法。就算有想法去考大学的人家庭也没有经济能力去负担。对我而言是想考大学的，但是家庭经济条件不允许，还有就是师范只需要读3年，出来还包分配工作。想的是也算有一个稳定的工作，所以选择了去师范学校读书。

问：那您没有读成大学您感觉后悔吗？

答：读完3年师范后，一直在分配的岗位上工作至今。有时觉得没有上大学很遗憾，后悔还是有的，觉得应该上大学多学点知识。所以你要珍惜大学时光，多学点知识。

问：您一直教书这么多年，有没有想过改行呢？

答：我也有同学改行，我当时也有点想。但是风险大，教书稳定。教书教久了，就喜欢教书了，并且对这份职业和这个地方也有了特殊的感情。久而久之，舍不得了。

问：当时读师范出来的人是不是工作很厉害呀？

答：那是的。当时的师范生很多人都羡慕，一个师范生也算是在当地小有名气的了。但是现在时代又不一样了。现在本科生、研究生一抓一大把，高学历的人越来越多，我们这些中师生渐渐地退出舞台了！娃儿你虽然是二本，你也不要灰心，争取考研，考得起考不起都试一下，尽量不要给自己留下遗憾。

问：那你们万家小学的学生现在还多不多呢？

答：不多，好多家长都把娃儿送到旺苍国华（广元市旺苍县的一个镇）的小学去了，生源少得很。老师也缺，很多年轻的老师都不愿意到这里来。年轻老师不愿意到乡下教书，乡下学生多数也到城里念书去了。所以，现在乡下小学的发展情况不容乐观。

问：多有一些老师到万家小学来教书，多一些生源，是不是您所期望的呢？

答：那是肯定的，现在还是希望能重视村镇小学的教育发展。社会变好了，自然也希望孩子们能够接受更好的教育。

问：那您教书这么多年，有没有印象特别印象深刻的事情？

答：印象深刻的事情有很多，但是一时间又想不起来。汶川地震那一年，听见其他学校都有人员伤亡，我就很紧张，害怕学生出现意外。当老师的当然有时会把学生们当自己的孩子一样对待。地震那一次真的是非常担心学生们出现什么问题。时刻担心会不会出现余震什么的，很多天都没有睡过一个好觉。这是令我印象最深刻的事情。

问：那您教学中遇到过什么困难吗？

答：现在人年纪大了，眼睛看不太清楚了。还有现在推广普通话教学，我们那个时候哪儿学过普通话，所以这对我来说是一个很大的挑战。在任何一个工作岗位都会遇到点困难，困难也是一个学习的过程，我也在困难当中不断地学习新的知识。有时感觉非常有压力，因此为了更好地教书育人，会经常去外面学习，去年还参加了普通话考试，紧跟教育发展的步伐。

问：您在工作中有没有感到什么压力呢？

答：压力肯定是有的，特别是在现在这个高学历社会。以前的师范生很少，而且师范生的文凭在当时比较有含金量，但是现在有本科、研究生学历的人太多了，感觉师范生渐渐退出了舞台。像我们这样一群人与他们相比较，完全没有竞争优势，所以现在来说，压力还是挺大的。

（卢仁科，2019年10月9日，四川省广元市旺苍县）

还有一部分中师生不甘心于所谓中师生的"学历胎记"，花费巨大精力自习，相继取得大专、本科、硕士、博士的学历，成为高校的教师和科研工作者。已在高校任教多年的一位何老师回忆说，很多博士甚至知名学者的最初学历是中师，他们的自身条件很好，只不过由于时代原因和个人选择而成为中师生。

问：何老师，请问您了解中师生吗？

答：我是1992年初中毕业，来自农村，那个时候最主要的目的就是跳农门。当时我在我们那个乡初中，成绩是很好的，全年级排第一，当时我班上的老师动员我考高中，但是我家里面包括我自己都说要早一点摆脱这个农民的身份，就选择考中师，所以我当时填的志愿全是中师，没有报高中。那年我的中考成绩是在我们绵阳市中区排前几名的，但是后来的绵阳南山中学给我寄了一份通知书，我没报那个学校，所以我就把通知书给扔了，没去读。后来我报的绵阳师范学校，现在在绵阳的丰谷，但是机缘巧合，不仅我考上了中师而且我还在中师校区复试，复试通过了，复试当时有画画、素描、体育什么的，虽然这些都没学过，但是我们还通过了那个复试，都准备去读那个学校了。

结果，当时四川省有几个地方搞改革，什么改革呢？就是增加当时中学的师资力量，当时普遍是中师生当老师，改革就是把一部分中师生的前几十名去读高中不读中师，但是保留中师生的待遇。什么待遇呢？转户口。就是从农村户口转为城市户口，然后读书的时候，不收学费，什么费都不收，而且每个月还要给钱，补助读高中。据我了解，当时四川省好像有绵阳，还有一个当时的万县市，现在已经划给重庆了，还有的我就记不清楚了，当时就把我们绵阳市考上中师生的前40名去读高中，去当时绵阳比较好的一个高中叫三台中学，当时是国家级首批的重点中学，历史悠久。当时我被分在一班，我们班的名字叫高师预科班，为什么叫高师预科班呢？高师就是高等师范，规定我们这40名学生毕业必须考师范院校，毕业之后必须在绵阳市从事中学教育工作。当时我们去之后，我们班的学风特别好，因为当时考上中师的已经很好了，中师前40名是优中之优的，我们在三台中学是一个非常优秀的班集体，当时中学也给我们配备了最优质的老师，三台中学当时有4名特级教师，有3名给我们上课。三年后，我们40名同学考上大学的有36人，1995年的时候，当时录取率是比较低的，也没扩招，剩下没有考上的这4名同学，就享受中师生待遇，就到当时的三台师范学校，现在已经改制为高中了，大概是学习半年还是一年的时间，就以中师生的身份大部分就分配作为小学老师。考上大学的都报了师范大学，我报了西南师范大学，西南大学的前身，当时我们毕业分配时，绵阳也没把我们要回去，所以当时我们找工作的时候也没想着一定要回绵阳，就没回去。本来是中师生结果机缘巧合也没有读中师，但后来也读了师范，也做了一名老师，那我毕业之后是到了广东的一所中学，教了5年的书，后来觉得在中学教一辈子的书人生是不是太单薄了，我觉得要立体一点、丰富一点，后来我就考了川大研究生，研究生毕业之后就来到这个学校，是2007年来的，后来再回到川大去读博再回到了这个学校。

虽然我不是中师生，但对中师生是比较有感情的，而且绝大部分是来自农村的孩子。他们为什么考中师，最主要原因就是我刚才说的，就是要尽早地跳出农村。当时城乡差距很大，中国城乡二元结构很严重，所以当时是为了解决这样一个问题。我当时印象很深刻，当时我考上中师后，但是没有去读而去读高中。我们当时有任课老师知道这个事情觉得很惋惜，因为考了高中之后还要考大学，大学还要读 4 年。意思就是说你会晚 4 年参加工作，你就会少拿 4 年的工资，就觉得很惋惜。所以，可见大家当时的情况和他们的想法，用我们现在的眼光去看可能不太理解，但是回到当时 20 世纪 90 年代初期的时候，是很好理解的。当然最后回头去看还是挺幸运的，因为中师生在初中的表现是非常优秀的。但由于各种原因他们可能很多人失去接受高等教育的机会，那么就失去了自己在人生求学舞台上的一次机会，而且有些人当时读了中师，但他们也不满足这个现状，所以他们凭借自身比较优秀的天赋并经过个人努力，很多人提高了自己的学历层次，走向了更为广阔的人生舞台。

我记得我在川大读博的时候，那栋博士宿舍楼，有个很有趣的现象，很多博士最初学历是中师生。所以，可见他们的自身条件是很好的，只不过可能时代的原因与个人选择的原因成了中师生。而且这个中师生当初在农村从事教学工作的时候，我们当时农村中学绝大多数师资都是中师生，他们的教学水平一点都不差，综合素质很高的。刚才我说过面试的时候要唱歌，即兴写作文，还画素描，这以前都没学过的，但这是中师生最基本的课程，他们是很多学科都拿得出手的。所以，当年的中师教学模式教学体制，可能还会为我们现在这种师范院校的改革，提供一些启示和借鉴。我们在这种专业训练的时候，可能在其他的素质的方面有一些好的经验值得我们去学习。但他们已经退出历史舞台，中师这个名词很多人都不知道了。现在你们来采访，我还很欣慰，还有年轻人知道中师这个名词，但是他们那些历史经验是值得借鉴的。

（何刚，2019 年 11 月 8 日）

四川资阳的一位邓老师回忆说，当年正是靠着从中等师范学校里养成的进取精神和优秀的综合素质，脱颖而出，进入公务员系统，顺利转岗，如今已经身居政府机关领导岗位多年。

1996年，我以全镇第一名的成绩初中毕业，之所以选择读师范，是因为父亲早逝，母亲独自抚养三个孩子，无力承担读高中上大学的学费，师范学校毕业可以分配工作，跳出"农门"。

在各方的资助下，毕业分配到一所不算太偏僻的小学（学校外面就是省道），恰逢农村初中生源倍增，有幸得组织信任报到后借调于镇初中上班。遂心怀感恩，努力工作，积极向党组织靠拢。任教一年后，得知所在镇公选镇团委书记，当时对这一职位没有太多的认识，靠着在学校养成的进取精神报名参加公考，得益于师范学校培养的综合素质和担任班干部、校学生会干部锻炼的统筹协调能力，尤其是一口流利的普通话在面试中脱颖而出，顺利转岗。

到党政机关工作后，先后在乡镇、县级、市级单位工作任职，到省级部门、中央国家机关锻炼，不管在哪个单位、哪个岗位，凭着吃苦耐劳的精神，爱岗敬业奉献，工作实绩突出，得到组织的认可。

工作20余载，最大的收获是对党的共产主义事业有了更深刻的认识，全心全意为人民服务的宗旨意识扎得更加牢固，工作作风更加务实，希望通过努力办更多更实有益于群众的事。

（邓良钱，2020年7月6日，四川省资阳市）

四川隆昌的一位涂老师，在乡村小学工作时通过自学考试获得大学文凭，后又经多年努力考上了研究生，毕业后入职重庆主城区公务员。已经转岗多年的涂老师回忆起中师岁月时说，对于中师生，"何其有幸、又何其不幸成为其中的一员"。

欣闻兄欲编一部反映"中师生"群体大致人生轨迹之书，以口述史的方式反映国家建设特定历史阶段那批"少年"在15、16岁的懵懂年纪做出人生之重大决定及对人生之影响，实在很有意义。他们中很多人以名列全校甚至全区（镇）、全县前茅之初中毕业成绩，闯过升学的独木桥，走进各县（市）中等师范学校，从此被冠以"中等学历"标签，或扎根山村在基础教育的三尺讲台一生耕耘，或如同当年跳出"农门"一样通过各种渠道再跳出"校门"，或坚韧不拔久久为功从"教坛"进入"政坛"……活出多姿多彩的人生。他们的小我，亦生动印证了国家基础教育事业从无到有、从弱到强、从简陋到繁荣的发展历程。多少兄弟姐妹，如坚定的摆渡人把一批又一批的孩子送到光明的彼岸，自己却在家、校两点一线中熬去了芳华；多少个开学季，如坚毅的苦行僧把一个又一个将在辍学的孩子劝返课堂，自己却在不理解、不支持中苦涩的填报"普及率"。

何其有幸，又何其不幸，我成为其中一员。1997年，我从隆昌县（现为隆昌市）石碾镇中学（现已撤销）初中毕业，考入资阳市中等师范学校。我所在的石碾镇中是隆昌众多乡镇中学之一，办学规模、学校条件及教学水平自不能和县属中学比。记得1994年入学时我们年级有4个教学班，每个班约有60左右学生，到初三年级，由于学生流失已由4个班变成3个班，我所在的三班接收了不少原四班的同学。初中三年我的学习成绩总体上呈上升趋势，但印象中应该没有出过年级前10名。到了初三年级，语文、数学、化学、物理老师我都很喜欢，所以这几门课有比较大的提升，现在还记得在隆昌新华书店买了数理化3门课的"中考宝典"（书名大约是这个），在自己课余练习的同时还受老师安排把上面的题出在黑板上给全班同学练习。头一天在黑板上的题目，晚自习时无论如何也要把它搞明白，第二天自习课再到讲台上给全班"评讲"（当时好像是这个叫法），满满的成就感！不知道是不是从那时起就在锻炼上讲台的胆，或许就预演了未来。初中的具体成绩早已记不清了，印象比较深的是初中毕业考试和升学考试（大约在毕业考试后一个月左右进行，以此成绩决定能否读中师、中专），两次考试在石碾全区（包括五坡等几所初级中学）均排在前三内。

本来可以选择去隆昌一中读高中或者读中师，至于为什么最终读了中师，现在想来应该是主客观两方面的因素。一是受到转户口、农转非的诱惑。从小在农村长大，虽然那时不懂什么是城乡差距，但父母从小到大有关农村如何不好、吃皇粮的工人（统称）如何好的思想灌输早已根深蒂固，高中不能转户口、中师可以转户口成了最明显的对比。二是按照隆昌县当时的政策，1997届的中师生是国家统一分配工作，而多数中专却要自谋职业了，读中师有较强的优越感。三是当时认为读高中是选择了一份不确定，因为读完高中可能考不上大学，还得回到农村，而选择中师是选择确定，读完就有一份稳当的工作、稳定的收入。

至今还记得很清楚，1997年9月15日，我人生中第一次坐上"长途火车"，经过差不多4个多小时，来到了学校所在的资阳市，火车站广场上的水池中那只大雁塑像依然清晰。提着家里特地为我准备的出远门的大帆布袋，"奢侈"地坐着从火车站到学校的"三轮车"，印象中一路下坡，不一会儿就到了位于南门市场附近的资阳师范学校。与我见过的所有学校相比（小学、中学），师范校宽大的操场、高高的教学楼，特别是当时还比较新的宿舍楼，都给我很好的印象，让我确信选对了。当我把从大队（村）开出的户口迁移证明交到新生报到户口接收老师手中时，颇有如释重负的轻松。

师范三年，学习的课程很多，常规的高中阶段课程几乎都有，不过很遗憾没有再学英语，只有年级中两个专门的英语班才学习英语。进校时，我一度想进英语班，但可惜教务处的老师说国家统一录取的不能到英语班，虽然至今我也没有弄清楚统一录取与非统一录取的区别。师范校不学英语一度让英语成为后来各种学习、考试最大的拦路虎。在师范3年所学习课程中我实在想不出有哪一门功课特别喜欢或者特别擅长，感觉都差不多。如果硬要分个高下的话，觉得化学、心理学和教材教法几门课程现在想来印象要深一些，且认为学得更好吧。化学之所以学得认真，主要是因为当时是一位刚从川师大毕业的女老师，年轻充满活力，不似师范其他老师一样，讲起课头头是道，之乎者也，暮霭沉沉，不过这位老师长得是不是漂亮现在真想不起来了。虽然记不得什么课学得好，但什么课学不好却是印象颇深。无可争议，当然是音乐，至今我也搞不明白如小蝌蚪爬在线上的五线谱是什么原理，更不用说后来学风琴了。一直到毕业，我也没学会双手同时弹奏，单手"按出"简谱记谱的曲调倒是勉强可以。

师范三年，除了学习外，参加团委是我人生中一段难忘的经历，对我后来的工作和成长有较大的影响。资阳师范团委活动有四大品牌。一是晚自习前半个小时读报活动（具体什么名称有点记不准了），各班团支部组织，校团委检查并评比，一、二年级都是我班团支部书记组织策划班上读报。二是雁江之声广播站，除了早起播放早操音乐，审稿、组稿和组织播出一些广播栏目，还有就是每天下午放学至晚自习时间大家在广播里为某同学、朋友生日点歌，一元一首，有时生意还挺好，可以收到十来元甚至更多，当然全部登记上缴到团委经费中。三是前两年周末舞会、录像或旱冰，作为团委资深老员工录像是免费看了不少，记得还约过三五好友在团委办开过录像"小灶"。四是第三年（1999年下半年）开始的志愿者服务队，到过敬老院、烈士公墓等资阳不少地方开展活动，也为后团委培养了一些后备力量。

师范三年，除了学习学校安排的课程，大约是从第二学期或者第三学期开始参加了四川省统一的自学考试。自考一度是师范校的高频热词，我们班约有一半多的同学都参加，专业人数从多到少大致有汉语言文学、法律、教育管理、数学等专业。我选的是教育管理专业，大专阶段好像有13门课，在校期间我大概考合格了10门左右的课程，但没有在毕业时同步取得大专学历。我们年级中，有少数同学毕业时考完了大专课程取得了文凭。

（涂春元，2020年7月5日，重庆）

四川隆昌的另一位佼佼者谢老师在乡村小学任教7年后，同样通过自考获得大学文凭然后考上了重庆大学的研究生，毕业生考入中国银行重庆分行工作。

进入中师之前，初中学习成绩还不错，在当时所在学校还算比较靠前，班级上一般排名是第一名，年级里排名是前三名，总体感觉初中时期的学习状态还是比较好，方法得当。然后，自己比较肯下功夫，基本上就是说能够在花同样时间的前提下，能取得比别人更好的效果。之所以报考中师主要基于家庭原因，因为1996年初中毕业的时候，中师毕业还可以包分配工作。

我入学中师，还有一个小小的插曲。实际上，就是在我同时取得中师和我们县城最好的重点中学录取通知书之后，家庭内部还是有一个关于读中师和读高中的这样一个小小的思考和权衡的过程。因为当时各有利弊，读中师就是毕业之后可以包分配工作，高中就是说有更广阔的前景。但是1996年进入高中，1999年毕业，那时候大学已经实行自费了，家里压力比较大。可能父亲还是更希望能够我有一个更好的前景，所以父亲还是力主读高中，并且亲自送我去省重点中学履行报名手续，我也在这个重点中学读了大概一个月。后来，我们初中班主任就找到我，跟我联系，说我们中师的班主任给他发电报，询问我的入学事宜。初中班主任对我挺好啊，就劝导我说，中师毕业之后给分配工作，家庭压力没那么大。我当时也是在农村，父母经济能力有限，经过班主任这么一劝导，再加上我读高中的时候，那一个月感觉还没有完全适应过来，自己就不那么坚定地读高中。然后再回家和父母商量一下，最终还是选择了读中师，就和父亲一道前往师范学校入学。当我入学的时候，其他同学已经入学大概两个星期左右，实际上我是最晚一个报到的同学。

在中师，没有一个很喜欢的课程。一方面，中师课程没有延续初中的难度和深度；另一方面，也因为中师这种学校性质，让自己有所懈怠。只是比较喜欢自学英语，因为英语是我初中以来就比较喜欢也比较擅长的课程，但是，因为方法不对，一直没有一个明显的突破，后续感觉英语久久难以突破。毕业之后就开始自学汉语言文学，倒是在汉语言文学中找到了一些乐趣和文化滋养。

中师毕业后，通过努力分配到了县城一个偏远的郊区小学，在这个小学待了两年半。也是因为英语的关系，自己一直在自学英语，所以后面调到了这一个小学的上级中心学校。在中心学校很快就做了少先队大队辅导员，与领导同事的关系都比较融洽，在学校被笑称为"第五把手"，排于正、副校长和教导主任、后勤主任后。在这个学校工作了4年多，但是也没有特意地想在职务上有所提升。

我的学生，大部分在后续的发展中联系不多，因为后来我也离开家乡学习、工作。只有个别学生，后来有些联系，其中成绩最好的一个学生，是我出来任教师之后教的第一批学生，这个学生后来到了一个成绩比较好的县城小学学习，后面继续上的重点中学，最后是考上了清华大学，这个成绩应该说在我们所在县城都是比较顶尖的，也是我学生里面学习成绩最好的一个。

中师刚毕业出来任教的时候，工资应该是非常低的，我记得应该是在每月150元钱左右。之后逐渐的有所提升，到我辞职的时候也不过五六百元，也就是说在我任教的7年里，其实工资变化不大。因为我初任教师的时候应该是一个实习工资，后来转正之后是正式工资，之后根据自己的任教的这个教龄等有所提高。我之后出来读研究生，工作之后的工资就有一定提升，应该是提升比较大。

其实每个人婚恋应该可能更多地和他的人生经历、家庭出生等等有很大关系，当时总体来说应该是不顺利的。其实，在中师毕业之后，是因为那个时候年龄较小，初中毕业之后上三年师范也不过19岁，所以那时候其实并没有考虑婚恋这一块。在后来的鲜有介入中，总体来说都是不顺利的，因为当时所在的小县城更多是看重这个家庭的背景，本来出身农村，所以没有什么背景。

我任教7年之后就转行了，这个转行也是受到几个朋友的影响，他们纷纷也是从教师岗位自学、自考，读研究生，之后到了新的一个领域从事工作。我在任教7年之后，也是辞职，到重庆大学读研读了3年，之后进入中国银行。之后发展比原来任教有一些好转，一个是工作的环境发生了很大变化，原来是在一个小县城，之后到了这个大城市重庆，在新的领域，也因为自己还是比较的扎实努力，也得到了很大锻炼，在这个职业的发展上也有一定的积累和提高。

（谢辉，2020年6月4日，重庆）

在本书的正文即将结束前，笔者也想把自己的经历记录下来。我也是"中师生"中的一员，在中师就读期间通过自考获得了大专文凭，就职乡村小学期间再次通过自考获得本科文凭，之后相继考上四川大学、中山大学，先后获得硕士和博士学位，如今已在高校工作多年。

从小生长在农村，信息闭塞，对于专业和职业选择基本上没有概念。父母面朝黄土背朝天，也不可能提供什么指导。家里亲戚的见识也大致和父母差不多，对我没有多少建议。在那个年代，掏空了脑袋也只能想到教师、医生、公务员这几个有限的职业。至于农民，则是大家想极力避免的职业，多以跳出农门为荣，因为当时农村与城市的生活水平、基础设施、配套政策相差非常远，发展极不平衡，简直一个在地下，一个在天上。值得一提的是，小学班主任老师对我们一视同仁的关爱，让我对教师这个行业有了模糊的好感。

那时农村人口特别密集，乡里还有不少"农中"。幸好，那一年城里刚办了一所初中，我有幸到城里读了初中。进入初中之后，我脑袋好像一下开窍了，各个学科都学得不错，尤其是数学、英语、物理、化学，所以每学期都能考到年级第一名，得到了老师和学校领导的特别关注。当时报考中师、中专是最优先的选择，其次才是考高中。中师相当于中专里的师范专业，单列出来叫中师。考高中的考试叫会考，考中师中专的考试才叫中考，与今天的概念相差很大。中师中专的考试是相当严苛的，全市统一出题，难度要大大超过会考。当时，我已经具备了报考中师中专的实力。有一天，偶尔发现中师招生简章上要求最低身高为1米50，而我是学校的四大"不长"，当时只有1米48，一下没有了学习的动力。于是，主动去找校长倾吐心声，校长告诉我说，这只是一般原则，历年都没有强制要求身高，不用担心。我就放心了，开始全力准备中考。考试包括语文、数学、英语、政治、物理、化学六科，各100分，总分600分。

考试那天特别热，考语文的时候因为太热的原因，突然大量流鼻血，弄得身上到处都是。监考老师让我去看医生，我坚决拒绝，跳出"农门"在此一举，如果去看了医生，一切将化为泡影。父母早就有言在先，如果真考上，去哪里读都支持；如果没考上，则决不出半分冤枉钱供我去读书。那时我认为这是一个决定命运的时刻，怎么能为了二两鼻血而回去继续务农呢？后来，感谢那位监考老师为我找了张手帕，打湿后给我冷敷后脑勺，再用橡皮筋缠住中指，一会儿鼻血就没再流了，考试得以顺利进行。那年的题比往年要难，能够考到400分已经是高手，而当年内江地区中师的录取线是500分，我考了525分。只是笔试通过了仍然不能保证录取，还要参加面试。学校组织我们到隆昌幼儿师范学校参加中师入学面试的培训，内容包括国画、书法、试唱、实心球、立定跳远、十字往返跑等。面试是在内江师范学校（今西林中学）进行的。那一年，整个隆昌县有3000人左右报考中师，里面包含不少复读生，最后录取了应届生24人，往届生6人，真的是百里挑一。幸运的是，我以总分全县第一名被录取，考入资阳师范学校。当时还没有电脑，录取信息用大字报贴在县招办楼下（今顺河街小学门厅处）。当我看到自己的名字位居榜首的时候，真的感慨万千，我知道自己跳"农门"成功了。当我领到资阳师范学校的录取通知书时，有一位张阿姨和她家人专程来到我家，劝父母不要送我去读中师。这位张阿姨是中石油的职工，我小时候经常到中石油下属的一个作业处去卖菜，她见我边卖菜边看书，就很喜欢我，经常和我说话。她告诉我妈说，应该送我去读隆昌一中，将来考个好大学，前途更好。当然，我父母没听她的，那时我也不太明白她说的那些道理。

1996年秋天，父亲送我到资阳师范去报名，从来没有出过远门的我，连资阳在哪个方向都不知道。当时，成渝高速公路还没有通车，隆昌到资阳只有乘坐火车，绿皮火车，又慢又少又挤，今天短短的100多公里当时要乘坐4个多小时。在资阳读书的3年，坐火车一直是梦魇一般的记忆。送我到资阳，父亲就走了，我明白此后的路只能靠自己了。资阳的一切对我而言都是陌生的，不一样的口音，不一样的饮食习惯，不一样的老师和同学，总之是一个全新的环境。我当时很不明白，既然内江有师范学校，为什么把我分配到资阳来读书，但也没有疑惑太久，就投入到学习中了。

我们那一届已经有所谓统招生和委培生的区分，统招生全年级只有100个，另有100多个委培生。统招生可享受每月34元的生活补贴；通常教师子女才具有委培生资格，不享受生活补贴，但录取分数往往会比统招生低四五十分。全校同学几乎全是农村来的，看不见城里来的同学。学校的课程与高中截然不同，大致分为文化、艺体和技能三大类。文化类包括阅读与写作、现代汉语、代数、几何、物理、化学、生物、地理、历史、哲学常识、经济常识、计算机、心理学、教育学、小学语文教学法、小学数学教学法等；艺体类包括节拍、试唱、舞蹈、琴法、队列指挥、武术、球类、田径、素描、色彩、国画、书法等；技能类包括劳动技能、演讲、教具制作等。除此之外，还有"二课堂"，每个人可以凭兴趣选择若干组来学。没有高考指挥棒，也没有主科副科之类的观念，中师没有专业的概念，就叫普通师范，是要培养可以教初中小学任何一门课程的教师，所以每一门都很重要。

遗憾的是，学校没有开设英语课。那些年通讯不发达，流行写信，一个去读高中的同学来信中写了一句"with my regard"，我不认识那个 regard，回信去问是什么意思，同学大为惊讶，说一个英语几乎长期得满分的人居然不知道这个简单的高一单词，这给我很大的触动。触动接二连三的到来，第一学期回隆昌和上了高中的同学玩耍，发现他高一数学的期末试卷我几乎完全不会。我隐约感觉哪里出了问题，但又说不上来。

学校非常重视师范技能的培养。每周都有专门的读报和演讲，每天下午2点至2点20分都是固定的练习"三笔字"的时间。这么练3年，多数同学的说话和写字水平都比较了得。当时中师生在师范技能上所下的功夫，绝不是今天师范大学的学生所能比的。而我，在老师的特别栽培下成了学校"雁师之声广播站"的播音员，每天早晚播新闻。在中师之前，自己写的字很不好看，等毕业的时候情况已大为好转，居然得到了很多人夸奖。中师二年级的时候，我获得了资阳师范学校"学生综合素质特等奖"，学校发放了大约380元奖金，这在当时是一笔不小的收入。家里提供的生活费是很有限的，要想另外买点书或者其他都非常困难。有了这笔奖金，我去参加自学考试就有了物质基础。

从1997年开始，我用这笔钱报名参加全国高等教育自学考试。一门课程报名费20元，每科的自学教材大概10元至30元不等，我选择了当时最流行、自己也挺喜欢的汉语言文学专业来学习。中师生相当于高中文凭，只能报考大学专科，四川师范大学汉语言文学专业专科共设10科。全国高等教育自学考试，俗称大自考，与当时盛行的函授小自考相比，难度大很多，绝非花钱拿文凭那种。大自考每年考两次，大约每年4月、10月考试，每次最多可报考6科，一般是安排在周六、周日和周一。中师的日常学习压力已经不小，所以一般同学每次报考一科或两科。而我发现中师课堂所学与自考可以相互促进，而且自考教材中的语言文学知识非常有趣，所以并不觉得特别难，第一次就报考了4科，结果全部通过，这让我在资阳师范1996级师生和资阳自考界有了点小名气。1999年4月，我考完了四川师范大学汉语言文学专业专科的全部课程并取得合格证书，顺利获得了四川师范大学文学院的专科毕业证，这居然比领取中师毕业证还早了两个月。当然，此处需要特别提到班主任老师对我参加自考的大力支持。

中师的课余生活也很丰富，可以说，是高中完全无法望其项背的。学生每个月都可以去资阳电影院免费观看一场电影，不少电影就是在那时观看的。学校有录像厅、舞厅，全是正能量的那种，但是那五角钱的门票、固有的羞涩和笨拙、身材矮小带来的自卑让我从来不敢踏足其中。打免费的露天乒乓球，打升级（一种纸牌游戏），周末到各乡镇的同学家去蹭吃蹭喝，成了我们常有的活动。资阳盛产柑橘和甘蔗，到了收获的季节，热心的同学带回很多柑橘，分给全班同学吃，其乐融融。老师在教室里教我们跳舞，我们半生不熟，依样画瓢；大家在那个10多岁的年纪，故作深沉地唱起20世纪90年代从香港传过来的伤心情歌。我和另一位隆昌老乡在同学中做了点小生意，比如批发方便面回来卖给各寝室的同学，买大包饼干回来拆了论块数卖，买香烟回来拆了论支卖，帮部分经济条件好的同学有偿洗衣服等等，就像小孩子过家家。还有一件事让我印象很深，就是：1997年香港回归，我们全校师生在得到资阳市相关部门的允许后，统一着装，上街进行爱国游行。我们声嘶力竭地呼喊着爱国口号，引来了资阳城乡数万群众的围观，那一刻真的感到无比自豪，仿佛我们自己就是五四运动时期参加游行的学生。

1999年夏天，1996级的学生毕业了，大家需要回到各自家中，等待各县教育局的分配通知。临别时，老师和同学们哭作一团，而我在离别的忧伤中更焦虑自己的未来何去何从。那一年是中华人民共和国成立50周年，刚刚成立不久的资阳地区要排练一个规模宏大的合唱，需要从我们这一届毕业生中挑选音色好、咬字准、乐感好的同学去参加，我和另外几位隆昌老乡恰好被选中了，于是就比其他同学迟一些离校。离校时，我们去看望了实习时的指导老师，是雁江一小的一位数学老师，他再次教我写字好看的技巧，并赠送了我一支钢笔，从那以后再也没有见过面。几位资阳的同学特意前来送我们，那时资阳已经从内江地区分离出去单独成为地级市了，隆昌和资阳从此分属于两个不同的地区，我们都认为以后可能没什么机会再见面了。

回到隆昌老家，父母觉得我学成归来了，给我买了一辆自行车。这并没有减弱我的焦虑，当时分配的原则是从哪个乡镇来就回哪个乡镇去。另一位同学的父亲是教师，他说他已经定了回他父亲那所小学，离家特别近，很满意。在等待中，我静静地看着儿时很要好的3个伙伴参加高考了，一个考上了国防科技大学，一个考上了西安空军工程大学，另一个考上了合肥工业大学，都是不错的大学，可要知道，当初他们的成绩与我都是有明显差距的。后来有一次到隆昌二中去，看见宣传栏里表彰一位同学考上了复旦大学，我久久不愿离开，因为我认为如果没去上中师，自己也有不小的概率考上这样的学校。那段时间有点迷茫，一边收着水田里的稻子，一边在苦苦思索着未来。隆昌县教育局的分配通知要8月底才发放，我决定在参加工作之前最后一次回资阳缅怀一下那3年独特的岁月。父亲在一番苦口婆心之后，资助了我50元路费，我再次乘坐那一列绿皮火车去资阳看望了几位关系较好的同学，便头也不回地回到隆昌了。

1999年8月30日，我骑着父亲送的自行车去工作的学校报到了，那是我此生经济独立的开始，从此自己所穿的一针一线、所用的一分一厘就得靠自己了，那一天成了自己一个人的节日——"独立日"。此时的我，不过才18岁。18岁就站上讲台了，有些高年级的学生都有十五六岁的，我甚至见过12岁才读一年级的女孩。这所小学共有七八百学生，30来个老师。有了在中师的严格训练，工作中这些事情都显得那么简单。不少前辈都是中师毕业的，已经在这里工作了多年。当时还没有实行教师资格证制度，但是却对"三笔字"和普通话有着极为严格的要求，教育管理部门有专门负责测试的人员，根据他们的认定将大家的表现划分为五级、四级和三级，五级为合格，四级为良好，三级为优秀。2000年，我的"三笔字"被认定为四级，普通话被认定为三级。学校每周要更换墙报，须踩在高梯上作业，一般由我和另外一位男老师负责，我们还要负责刷新学校围墙上的巨幅标语。这些我们在中师都有学过，所以都是信手拈来。因为学校没有足够的师资，我还客串过体育老师、思想品德老师、计算机老师。学生家长普遍不重视教育，基本态度是把孩子扔给学校，一切由老师负责，就算每学期的家长会，到会率一般也不超过六成，其中相当一部分是爷爷奶奶到个场，老师说了什么他们根本就不关心，遑论与老师交流教育孩子的心得。就算在这样的环境下，教书育人的成果仍然是比较可观的，教学效果不见得比县城里的小学差多少。

学校离家太远，我只能住在学校，周末回家一次。学校根本没有多余的房子可供住宿，刚开始只能住在学校的杂物间里。到了晚上，杂物间里老鼠们就在开party，它们根本不怕人，就算我猛砸一下床，它们也只会安静十几秒钟，然后一切照旧。晚上睡不好，早上6点左右就有学生到校，在楼道里弄得响声震天，根本无法继续休息，后来干脆睡教室，把几张书桌拼起来就睡，等学生来之前就走。好在这样的日子并没有持续多久，镇政府资助学校修了几间平房。我便搬到其中一间房子，终于可以睡安稳觉了。其他老师下班就要回城，学校只剩我一个老师和食堂师傅一家三口，学校里养的两条护校的大狼狗就成了那段孤独岁月的陪伴，食堂师傅给它们取名为"乌龙""黑虎"，那几年我就算与"狼"共舞了。吃的方面，工作日的午餐由食堂师傅帮我们做，其他的我自己做，因为工资太低，生活比较节俭，大都吃素菜，很少买肉吃，经常因为吃菜油太多而上火流鼻血。午餐后，大家会去逛逛山坡、田坎，穷是穷了一点，但是比较开心。

当然，绝大多数时候都是自己独守空房，连电视也没得看的，百无聊赖中只能看书。一边继续参加大自考，一边广泛看些杂书。大自考开始进入本科阶段，我继续选择了四川师范大学文学院的汉语言文学专业，本科专业的难度比专科大很多，比如古代汉语、文艺理论和大学英语，尤其是大学英语，对我这种没有学过高中英语的人来说是相当有挑战性的。其他学科的学习按部就班，大学英语的学习就从重温初中英语开始，进而找到高中英语书，把它全部背下来，再结合自考的英语教材来学习。花了4年的时间，终于考过了本科阶段的全部课程并完成了毕业论文写作，成功获得了四川师范大学文学院汉语言文学专业的本科文凭。掐指一算，艰苦的自学已经持续7年了。后来进入高校工作后，看到许多大学生对于学习的态度，回想起自己当初的大自考，每每摇头叹息。只是大自考还不足以打发无数个漫漫长夜，于是我几乎把这所学校图书室所有可看的书全看完了，包括儿时看的那种连环画小人书。后来，去隆昌县城图书馆办了一个长期阅览证。每周二下班便骑着我那辆除了铃铛不响哪里都响的自行车去图书馆，借几本书回来，次周二下班再去还书、借书（星期一图书馆闭馆），小学下班比图书馆早些。其中，有3本期刊给我留下深刻印象：《知识经济》《中国大学生》《中国研究生》。漫无目的地看书，让我积累了不少知识。

对前路的探索一直没有停止，自己年纪轻轻，实在有些不甘心一直承受那么低的工资。1999年刚入职时一个月的工资大概300元，当时的猪肉也要五六元一斤，3年后工资涨到了550元。后来，学校开设少儿空中英语课程，请来了一位英语老师。她毕业于成都一所大学，因为回老家带孩子的缘故，临时来学校代英语课。有一天大家在一起吃午饭的时候，她发现我吃饭都在看书，便对我说，那么喜欢学习，不如去考研究生，说我已经具备考研的资格了。我从来没想过自己可以考研究生，什么专业，考什么，怎么考，考上之后会怎么样，完全不知道。她人很好，为我引荐了她的一位正在贵州大学读研究生的同学李老师。李老师当年毕业于内江师专，是隆昌一所农村初中的老师，后来考上了研究生。他把考研的来龙去脉给我说得清清楚楚，考虑到我的基础不好，特别叮嘱我报考一个不太好的学校，先考上再说。李老师的出现，让我看到了前所未有的光明和希望，认定考研是自己最佳的选择。可是，除了那位英语老师，身边的人没有一个理解我的思想和行为。同事们大都是中师甚至初中毕业，他们安于现状，没想过这样的改变，我成了他们眼中的异类。父母更是不明白，我为什么不安心于这来之不易的稳定工作，还要天天看书，认为看那些书是没什么用的。我也不跟大家争辩，直接动手准备考研了。

关于学校和专业的选择，我谨记李老师的指导，要找一个容易考的大学。可是，从来没有上过大学的我根本不知道哪些大学好哪些不好，于是就选定了四川大学。至于专业的选择，更加盲目，因为就连有哪些专业自己都不知道。于是，我迅速坐车去成都，赶往四川大学研究生招生办公室，在研招办的墙上看到了头一年的招生简章。因为在准备自考时，"中国革命史"这一科我学得不错，就选择了中国近现代史专业，其他的什么都没考虑。然后便在川大校园的各个书店里买到了政治、英语的所有教材和辅导资料，专业课的参考书太多太贵，我便前往川大历史文化学院，买了川大学生们用过的二手胶印书。就这样，我一个人挑着几十本书回到了隆昌，许多人开玩笑似的问我是不是要开书店,我只能笑而不答。

  考研是很不容易的,因为只能在工作之余学习,有时候没课也只能趁办公室人少的时候看书,免得别人说闲话。因为把考研当成了唯一的救命稻草,所以每天的时间安排得很紧,基本上除了上班和吃饭睡觉的时间,全部时间都投在考研中了。2003年的考研结束后,我一直坐卧难安,英语试卷我全部能够回忆出来,觉得能考45至55分。正月初二晚上,梦见英语考了49分,我知道一定考不上,被惊醒后默默流泪。2003年2月,刚刚处理完外公的丧事,就查到了考研成绩,总分313,居然比上年考试还低20多分,英语果然是49分,噩梦成真,我差点就瘫了。几位很要好的小伙伴见我那段时间状态很差,就约我去放风筝,散散心。3月19日凌晨,答案揭晓:中国近现代史专业分数线,英语41分,总分310分。虽然侥幸过线,但我仍然高兴不起来。因为考研复试会淘汰20%的人员,我总分刚好过线,而且自考出身,知识基础比起其他读正规大学上来的人想必要差,所以认定自己很可能是被淘汰的20%。恰好,有一位曾经在凉亭小学实习过的中师生保送到四川师范大学读本科去了,于是我再次抱着死马当活马医的态度,请她帮我到四川大学研究生招生办公室登记查分。然后就把这事忘了,继续准备2004年的考研。4月初,我接到了四川大学的复试通知,也接到了四川师范大学自考办关于本科毕业论文答辩的通知。我请了一个星期的假,先住县城舅舅家,打算第二天前往成都。一进舅舅家门,舅妈便说前几天有四川大学研招办的人打电话来找我,但不知道是什么事。原来,报名的时候要留联系电话,当时我根本没有电话,就留了小学校长办公室和舅舅家的电话。第二天我打回去,被告知:有一门专业课少加了22分,已经补上。想不到这种比被雷劈概率还小的事情在我身上发生了。这样一来,我的总分就变成了335分,录取的可能性就很大了。最后,我以第13名的成绩被四川大学历史文化学院录取。

我成为整个隆昌县第一个从农村小学考上研究生的中师生，一时在全县的教育界有了点小名气。几位隆昌的中师生小伙伴也由衷地为我高兴，大家一起去唱歌庆祝，我记得自己那天用最大的力气吼了一首《沧海一声笑》，尽情抒发多年来的忧郁和愤懑。伙伴们说我是第一位到省城去打拼的人，不能丢了他们的面子，便给我买了两套衣服。我回家告诉父母，自己考上四川大学的研究生了，父母可能不明白那是什么，竟然没什么反应。恰好，村里有人考上了个专科学校，她父母在那里大肆宣扬，还准备大宴四方，我看了看自己手里四川大学研究生的录取通知书，苦笑了一下，继续和家人一起去水田里收稻谷了。我也告诉了中师的班主任和几位方便电话联系的同学，令我感动的是，有3位中师生同学主动借给我1000元到2000元不等的钱，那时大家工资都低，要存这个数目的钱并不容易。我在心里一遍又一遍地感谢一路上对我好的那些人。

有多少人像我一样，当初成绩很优秀，后来去做了乡村小学教师。我其实还算幸运的，这么几年就能冲出重围。还有更多的中师生呢？

（赖伟，2020年9月28日，四川省隆昌市）

从生存教育的角度而言，中师生的身份意味着事业编制，也就意味着农村出身的他们能够得到最向往的"铁饭碗"。在很长一段时间里，中师生在其视野中看到了相对于面朝黄土背朝天的农民的职业优势。在改革开放的前中期，农民的平均收入水平及其稳定性显然不如"旱涝保收"的中师生。每月的固定工资和国家干部的身份成为中师生们最大的底气和自信的来源。

不过，考虑到中师生们的优秀素质和时代急剧变化的因素，他们在职业发展上面临的形势并不乐观。首先，中师生们会在与各方的比较中终于"发现"自己的优秀，进而产生更高的职业期待。1979年至21世纪初，不少农村地区还在进行艰难的扫盲和"普九"工作，许多小学还有大量未受过师范教育的代课教师，科班出身的中师生在农村环境甚至城镇环境中显得比较出众。乡镇和县城公务人员也常常从乡村小学教师队伍中补充人员。因此，许多中师生产生了更高的职业期待。其次，改革开放的深化使乡村小学周围的一部分农民迅速成为"先富"起来的一批人，使一些中师生产生强烈的失落感。中师生们的收入，连相对于农民的优势都在逐渐消减，不少人因而产生强烈的下海经商或转行或当公务员的想法，进行一次从生存到地位的第二次"跳农门"。

凭借优秀的综合素质、强大的自学能力和吃苦耐劳的精神，中师生中的一小部分人克服重重困难，达成了自己的职业目标。有的转行进入党政部门，很快走上领导岗位；有的相继获得大专、本科学历，然后考研、考博，成为高校教师或者科研人员，极个别优秀者甚至成为全国知名的博导、教授；有的停薪留职，在商海中沉浮。而更多的中师生则没有如此幸运。受限于交通的简陋、信息的闭塞、家庭的羁绊、工作的繁忙等，大部分中师生只能长期在乡村任教。随着时间的推移，很多中师生还是迎来了职业升迁或收入增加的机会。原因大略有三：其一，县城小学教师群体的新陈代谢，需要从乡村教师中补充血液；其二，长期教学工作的历练使中师生们已经成长为骨干教师，被提拔成为中层干部甚至校长；其三，从2009年起开始普遍施行的绩效工资改革使乡村小学教师的工资收入增加不少，这使得中师生们的生活得到很大改善。

结　语

不管从哪个角度观察，都不能否认一个事实：改革开放以来，中国的基础教育（尤其是农村基础教育）取得了突飞猛进的发展。考察师资方面的因素，中师生可谓居功至伟。

其历史经验大略可从以下几个方面言之。第一，国家宏观政策的支持。改革开放以来，面对第三次科技革命的快车风驰电掣、亚洲四小龙迅猛发展的事实，国内上下均有一种时不我待的紧迫感，党和国家将发展教育、培养人才提到了前所未有的高度。然而，普遍的师资缺乏并非能够迅速解决的问题，刚刚复苏的高等师范教育尚不足以培养广大农村所急需的大量小学师资，因而，各级政府支持和发展中等师范教育便成了一种务实的选择。中央在宏观方面对中等师范教育出台政策，地方政府则在财政、招生、就业、户籍等方面提供了坚实的保障。从此，中师生便有"国家干部"身份加持，与"农转非""铁饭碗"相连，最终能够吸引最优秀的农民子弟前来报考。国家宏观政策的支持，是中师生能够在改革开放教育史中扮演重要角色的根本原因。如果没有这些有力措施，是否仍旧能够有足够多的优秀青年加盟农村基础教育，尚在未定之天。20世纪八九十年代，改革开放尚在逐步推进，社会主义市场经济体制尚在逐渐完善之中，各级财政并不宽松，政府能够用以支持教育的资源较为有限，能够落实上述保障政策20余年而不辍，殊为不易。

第二，广大农村家庭的主动选择和资质最好的青少年广泛参与。纵观 20 年间，加入中师生队伍的绝大多数是农村子弟。20 世纪八九十年代，城乡二元社会结构尚未打破，城镇化率远低于当下的水平，大多数农民仍然居住在农村，其就业和创业的渠道与城镇居民相比还是有些差距。很多农民单纯依靠农业获得收入，加之当时经济社会的发展还没有达到可以全部减免农业税的水平，因而农民的总体收入并不高。另外，当时九年制义务教育尚未完全普及，高中教育在数量上更是不足。农村子弟要考上高中，自费就读 3 年，再参加一场充满不确定性的高考，才知道自己教育投资能否得到回报，这对当时的许多农村家庭来说是难以承受的风险。在这种情形下，中师生的优惠政策对广大农村家庭是极具吸引力的。还有一个因素，即文化因素。20 世纪八九十年代，农村还保有较为浓厚的尊师重道的观念，农民十分乐意通过培养一名"教书先生"获得他们心目中的乡村"话语权"。因此，全国都有数不清的农村学生心之向往，报考和录取比例便极为可观了。与之相应的，录取的中师生都是资质最好的那群农村青少年。

第三，中等师范学校的教育策略。仅有国家宏观政策的支持、广大农村家庭的主动选择和资质出众的农村青少年加入，还不足以成就改革开放以来的农村基础教育。中等师范学校恰当的教育策略，最终培养出一批批素质过硬、能够适应农村基础教育的小学教师。首先，中等师范学校的农村小学教师职业教育定位清晰，不存在干扰。几乎所有的中等师范学校都定位为培养农村小学教师，中等师范教育基本立场是农村小学教师的职业教育。尽管中师生在 20 世纪八九十年代被用作农村初中教师的屡见不鲜，但是培养农村小学教师的总体定位一直简单而清晰。其次，中等师范学校的课程设置与其定位相匹配，无意中与素质教育的理念高度契合。从中等师范学校遗留下来的课程文件和中师生的回忆中都可以发现，尽管各地的中等师范学校开设的课程略有差别，但是大体上都包括文化、艺体和技能三大类。今日的各类学校似乎也开设有此三类课程，然而中等师范学校对各类课程的重视程度又是不同的。除了文化课的学习，中师生在回忆中几乎都提到，音乐、美术、体育占据了非常重要的地位，若非"能歌善舞""多才多艺"，不足以称中师生。师范技能更是成为中师生的立身之本。钢笔字和板书是否优美，普通话是否流利、标准、悦耳，是否能言善辩，在他们心目中是事关"江湖地位"的大事。可以说，中等师范学校的课程设置，既没有高考指挥棒的影响，也没有主科副科之类的观念。20世纪八九十年代，教育界尚不流行"素质教育"的提法，如果诉诸事实，中等师范教育的安排恰好能够最大限度地促进中师生在德、智、体、美、劳各方面的综合发展。拥有此等素质的中师生加入农村基础教育，学生岂能不爱，农村基础教育岂能不腾飞？再次，中等师范学校在教育环境创设和教育实践安排上具有鲜明的产出导向。中等师范学校大都开设有"二课堂"（各地称呼不同）。"二课堂"以拓展各学科的知识面为中心，其项目涉及中师生未来可能任教的所有科目，既注重陶冶中师生的教育情怀，又注重培养其师范技能和积累教育经验。在教育实践安排上，中等师范学校往往在第二年就安排不少时间进行见习、试讲，第三年则在师范学校所在城市集中安排较长时间的实习。此种见习、试讲、实习，每位中师生必须逐一过关，绝无替代方案。

　　时至今日，农村社会环境和教育环境都发生了较大的变化。农村的交通、水电、网络等基础设施已经得以根本性地改善，农村小学的硬件条件也今非昔比。随着城镇化的加速，许多适龄儿童已经跟随父母前往城市就读小学，许多农村小学面临生源不足的问题，甚至濒临关闭。但是，中国毕竟是一个农业大国，农村和农民是这个国家的底色。在推进乡村振兴的新征程中，农村小学不但不会缺席，还会发挥新的作用，农村小学会以另一种新姿态呈现在人们面前。那么，现有的农村小学教师将何去何从，未来的小学教师又该如何培养呢？

现有的农村小学教师以中师生为主力，可是当年在风口浪尖的中师生已经纷纷老去。以 1999 年最后一批统招生为例，他们如今也已经 40 多岁。也就是说，顶多在未来 20 年后中师生群体将会彻底离开农村小学教师的岗位。从中师生的回忆中可知，他们在主观上早已摆正个人与国家的关系，对于今日教师待遇的改善常怀感激之情，决心在教育战线上继续无怨无悔的付出。一群群走出大山的农村孩子和日新月异的乡村不会忘记中师生群体的付出。中师生群体的奉献精神以及他们在过去几十年里为农村基础教育所做出的贡献和牺牲，将被人民牢记，被历史牢记。

在当下，教育行业尤其是农村教育，在多大程度上吸引了最杰出的青年加入，尚待证明。将来，如何吸引资质最优的青年人投身于教育尤其是农村教育呢？正在承担培养基础教育师资重任的师范大学（学院）如何培养适应新时代的中小学教师呢？改革开放以来中师生和中等师范教育的发展历程，或可提供有益的镜鉴。显然，受人尊重的社会地位、有吸引力的经济待遇、通畅的晋升通道等条件，是吸引一流人才报考师范院校并扎根于农村基础教育的关键。而再次检视师范大学（学院）的学术性和综合性，重新评估师范性的价值，或可为高等师范教育开拓一片新的天地。

参考文献

[1] 崔运武.《中国师范教育史》[M]. 太原：山西教育出版社，2006年.

[2] 顾明远.《教师教育》[M]. 长春：吉林教育出版社，2000年.

[3] 何东昌.《中华人民共和国重要教育文献（1976—1990）》[M]. 海口：海南出版社，1998年.

[4] 金长泽，张贵新.《师范教育史》[M]. 海口：海南出版社，2002年.

[5] 静清斋.《逝去的芳华》[M]. 福州：海峡文艺出版社，2019年.

[6] 康红霞.《中国教育之魂——百年中等师范教育的历史研究与反思》[D]. 福州：福建师范大学2007年硕士论文.

[7] 李书磊.《村落中的国家——文化变迁中的乡村学校》[M]. 杭州：浙江人民出版社，1999年.

[8] 刘问岫.《当代中国师范教育》[M]. 北京：教育科学出版社，1993年.

[9] 马啸风.《中国师范教育史》[M]. 北京：首都师范大学出版社，2003年.

[10] 唐松林.《中国农村教师发展研究》[M]. 杭州：浙江大学出版社，2005年.

[11] 信阳师范学校志编纂委员会.《信阳师范学校志（1903—1992）》[M]. 郑州：中州古籍出版社，1993年.

[12] 赵金坡.《声音与回响：我国农村中师毕业生的历史考察（1979—2009）》[M]. 上海：华东师范大学2011年博士论文.